U0896820

新时代大学生职业生涯规划与就业指导

朱艳军　夏利波　黄快生　主编

彭富强　主审

科学出版社

北　京

内 容 简 介

本书针对高职大学生的特点组织和选取教学内容，突出应用性和实践性的特点。全书分为三大部分，分别为大学篇、生涯篇、谋职篇。大学篇包括探究大学本质和规划学业发展。生涯篇包括洞悉职业生涯规划、探索自我职业倾向和探索外部职业世界、框定职业生涯方向、体验评估职业生涯。谋职篇包括了解就业形势与法规、做好就业求职准备及提升面试与笔试技能。

本书既可作为高等职业院校公共基础课教材，也可作为相关培训机构的培训参考书。

图书在版编目（CIP）数据

新时代大学生职业生涯规划与就业指导 / 朱艳军，夏利波，黄快生主编. —北京：科学出版社，2020.10

ISBN 978-7-03-065577-6

Ⅰ. ①新… Ⅱ. ①朱… ②夏… ③黄… Ⅲ. ①大学生－职业选择－高等职业教育－教材 Ⅳ. ①G717.38

中国版本图书馆 CIP 数据核字（2020）第 108405 号

责任编辑：徐仕达 宫晓梅 / 责任校对：赵丽杰

责任印制：吕春珉 / 封面设计：东方人华设计部

科学出版社 出版

北京东黄城根北街 16 号

邮政编码：100717

http://www.sciencep.com

北京九州迅驰传媒文化有限公司 印刷

科学出版社发行 各地新华书店经销

*

2020 年 10 月第 一 版 开本：787×1092 1/16

2020 年 11 月第二次印刷 印张：14 1/4

字数：335 000

定价：39.80 元

（如有印装质量问题，我社负责调换〈九州迅驰〉）

销售部电话 010-62136230 编辑部电话 010-62135763-2041

编　委　会

主　编　朱艳军　夏利波　黄快生

副主编　黄德斌　涂晴晖　蒋丰伟　张　娜　刘　超

主　审　彭富强

前　　言

就业是民生之本、安国之策，是社会和谐与国家发展的基石。面对经济新常态和就业新形势，2019 年的政府工作报告，首次将就业优先政策提升至国家宏观政策层面，重新定义就业和经济增长的关系，摒弃了经济增长就必然带来就业岗位的传统理念，从就业出发，稳住就业才能保证经济稳定、可持续增长。

据教育部统计，全国高职招生规模已从 2015 年的 348.4 万人增长到 2019 年的 483.9 万人。2020 年 5 月 22 日，李克强总理在《政府工作报告》中提出："义务教育阶段学生生活补助人数增加近 40%，高职院校扩招 100 万人。""资助以训稳岗拓岗，加强面向市场的技能培训，鼓励以工代训，共建共享生产性实训基地，今明两年职业技能培训 3 500 万人次以上，高职院校扩招 200 万人，要使更多劳动者长技能、好就业。"可以预见，高职大学生的就业总量性矛盾将会凸显，加之高职大学生就业的结构性和摩擦性矛盾日益突出，高职大学生的就业质量亟待提高，就业压力持续加大。

高等职业教育是一种类型教育，而非层次教育，是以支撑区域经济发展、服务产业结构升级和就业为直接导向的教育。高等职业教育一方面通过调整人才培养方案，优化技术技能型人才的供给；另一方面加强指导学生自我认知、科学规划、合理就业，增强毕业生职业能力的可持续发展，提升高职大学生就业率和就业质量。

当前，高职毕业生在就业过程中仍存在择业期望值过高、就业竞争力欠佳和职业可持续发展能力欠缺等问题。解决高职毕业生就业问题，需要完善就业服务和进行系统的就业指导与教育，引导学生改变择业观念、提升职业能力和综合素质，增强就业竞争力。

在此背景下，编者结合高职院校人才培养和就业实际情况，按照大学生职业发展与就业指导课程教学要求，总结多年来大学生就业指导和教育经验，设计和选择教学内容、教学方法及教学策略，制定了本书的开发框架，力图实现就业指导与教育的系统化、创新化和实效化。在本书的编写过程中，编者做了一些新尝试：一是针对当前高职毕业生就业过程中普遍存在的问题，以精要的理论知识和丰富的实践经验，系统地讲解了择业定位与自我优势挖掘、求职信息收集与准备、简历与求职信的撰写、求职方法与技巧、择业心理与调适、职业素养与职业能力的培养、择业程序与途径等内容；二是精选了富有时代气息的高职毕业生就业的典型案例，尽可能地使用简约质朴的语言进行表述。在编写体例上，本书突出就业的自主实践性质和课堂互动教学设计两个方面，设计了包括本章导图、至理名言、案例导入、探索活动、课后作业等结构化的模块，旨在提高学生学习和老师教学的实效性。

在编写过程中，本书借鉴、参考了部分就业指导与教育方面的文献，以及一些专家学者的理论观点，在此一并表示感谢。

由于编者水平有限，书中难免有疏漏及不妥之处，敬请读者提出宝贵意见。

目　　录

第一部分　大学篇

第二部分　生涯篇

第三部分　谋职篇

第一部分　大　学　篇

第一章　探究大学本质

本章导图

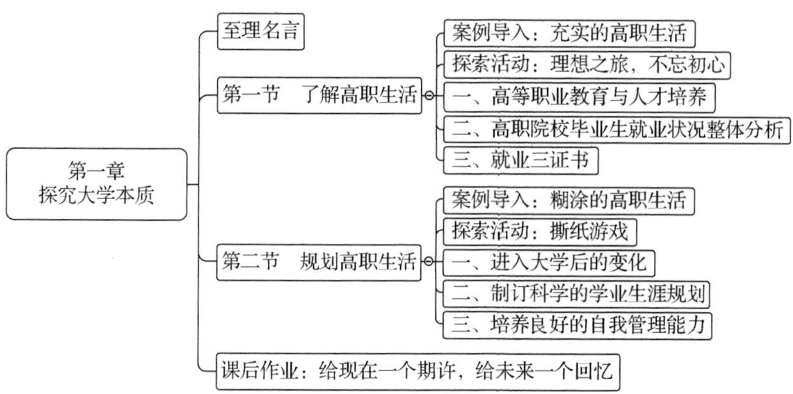

至理名言

大学之道，在明明德，在亲民，在止于至善。知止而后有定，定而后能静，静而后能安，安而后能虑，虑而后能得。物有本末，事有终始，知所先后，则近道矣。

——《大学》

如果人生没有意义，我就给人生一个意义，用自己的双手去创造一个有意义的人生。

——尼采

第一节　了解高职生活

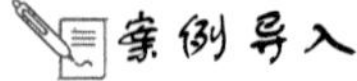

充实的高职生活

付同学考入某职业技术学院后，在老师的帮助下，进行了3年的学业规划，确定了未来的职业发展目标：第一，努力学习，熟练掌握相关专业知识和技能；第二，积极参加学院各类活动，在实践中锻炼自己的能力；第三，积极向党组织靠拢，以优异的表现加入中国共产党。

这3个目标都是他经过深入调研思考所确立的。首先，文化知识在任何时候都是必不可少的，文化知识是成功的基础，是日新月异的知识经济时代的必然要求。其次，如今人才的标准是宽泛而又严格的。人才要求不仅仅是学习成绩好，更多的时候是考查综合素质与能力。必须通过有目的地参加各种社会活动，来锻炼思考解决问题、待人接物、组织领导等综合素质与能力。

付同学给自己设定清晰的目标以后，按以下方面付诸行动。

学习方面。首先，他的专业成绩名列前茅。大学的6个学期，他有5个学期都是综合成绩第一，每年都获得学院的奖学金；其次，他抓住机会积极参加“奥迪职业学校”项目。

课外活动方面。首先，他进大学伊始就通过自己的努力成为班长，并一直保持到大学毕业；其次，他积极参加学校各类活动，如“湖南省职业院校技能竞赛”“省厅学会技能竞赛”“北汽新能源杯”“行云新能杯”等，获得了多个证书和奖杯。

最难能可贵的是，付同学从未放弃过自己的目标，而是坚定信念，付出百倍努力，收获了3年充实而成功的学业人生。由于学习目标清晰，职业目标定位准确，毕业后付同学顺利进入某汽车股份有限公司工作。

正式工作后，他为人勤快，还勤学好问。不到3个月，主管就认可了他的能力，开始给他安排重要的工作，这让他得到了锻炼，提高了专业素养和能力。

回首往事，他说人生最重要的就是任何时候都不要气馁，要给自己制订目标，要付出努力，要耐得住寂寞和诱惑；决定的事情一定要坚持，不管面对多少困难，都要将自己的命运牢牢掌握在自己手中，只有这样，未来才会更美好。

（资料来源：黄必义，李金莲. 大学生职业发展与就业指导教程[M]. 北京：高等教育出版社，2018.）

探索活动

理想之旅，不忘初心

经过高考，同学们来到了大学。高中学习的目标似乎就是考上大学，这个目标曾经激励着同学们为之刻苦努力地学习。如今，这个目标已经成为过去，面对未来，同学们需要有新的目标来指引自己前进。请认真思考：你为什么要上大学？在大学里，你要实现的目标有：

1）________________

2）________________

3）________________

以下问题，可以帮助同学们重新探索自己的人生理想与目标：

很小很小的时候，我的理想是________________

小学，我的理想是________________

初中，我的理想是________________

高中，我的理想是________________

现在，来到大学，我的理想是________________

以上这些理想的共同之处是________________

认真分析上大学的初始目标和理想的自我探索是否有交集？请牢牢地把交集记在心里，这是为之努力的初心所在。

通过以上思考与分析，我发现：

____

____

基于现实，我实现理想的具体计划：

____

____

在理想实现的过程中，我希望获得的支持：

____

____

一、高等职业教育与人才培养

教育部2020年发布的全国高等学校名单显示，目前我国有1078所高职（专科）院校，高职院校在助力欠发达地区发展、助力乡村振兴、助力脱贫攻坚方面正发挥着日益重要的作用。

资料卡

湖南交通职业技术学院的历史沿革

湖南交通职业技术学院是经湖南省人民政府批准成立的全日制公办国家示范性高等职业院校。学院的前身是创建于 1956 年的湖南省交通学校。2001 年经湖南省人民政府批准成立湖南交通职业技术学院，相继兼并了湖南公路技工学校和湖南交通高级技工学校。

1956 年 1 月，交通部长沙航务工程学校创建；

1956 年 4 月，湖南省交通学校创建；

1957 年，湖南省交通干部学校创建；

1958 年 7 月，交通部长沙航务工程学校更名为湖南航务工程学校；

1959 年 7 月，湖南省交通学校更名为湖南省公路学校；

1959 年 9 月，湖南航务工程学校更名为湖南省航务学校；

1960 年，湖南交通技工学校创建；

1960 年 4 月，湖南省公路学校更名为湖南省交通学院；

1961 年 1 月，湖南省交通学院和湖南省航务学校合并组建成湖南省交通学校；

1963 年，湖南省交通学校更名为交通部长沙交通学校；

1963 年 1 月，交通部长沙交通学校并入湖南省交通干部学校；

1976 年，湖南省公路技工学校创建；

1978 年 12 月，湖南省交通干部学校迁址另建，名字依旧为湖南省交通干部学校；

1981 年，湖南省交通干部学校迁址另建；

1999 年 1 月，湖南省交通学校创建，湖南省交通干部学校并入湖南省交通学校；

2001 年 8 月，湖南省交通学校升格为湖南交通职业技术学院；

2002 年，湖南交通技工学校更名为湖南交通高级技工学校；

2004 年，湖南省公路技工学校并入湖南交通职业技术学院。

2006 年，湖南交通高级技工学校并入湖南交通职业技术学院。

2007 年，湖南交通职业技术学院成为湖南省省级示范性高职学院和国家示范性高等职业院校建设单位。

2010 年，湖南交通职业技术学院被教育部评为全国毕业生就业典型经验高校。

2015 年，湖南交通职业技术学院被评为湖南省首批卓越院校立项建设单位。

2017 年，湖南交通职业技术学院被教育部评为全国毕业生创新创业典型经验高校。

2019 年 12 月，湖南交通职业技术学院入选中国特色高水平专业群建设单位（C 档）。

（一）高等职业教育的性质与定位

1. 高等职业教育的性质

随着改革开放后经济转型升级，高等职业教育从无到有、从小到大、从弱到强，逐步探索形成具有中国特色的教育模式，把一批又一批高素质技术技能人才输送到生产建设管理服务第一线，加速了我国经济社会的发展进程。2019 年《国务院关于印发国家职业教育改革实施方案的通知》提出“职业教育与普通教育是两种不同教育类型，具有同等重要地位”。高等职业教育具有高等教育和职业教育的双重属性，但本质上是职业教育。

2. 高等职业教育的定位

1）目标定位。高等职业教育的目标是培养面向生产、管理和服务第一线的德、智、体全面发展的，具有一定的文化基础知识、专业理论知识及较强的实践技能，能够适应市场经济建设和社会发展需要的高级应用型技术人才。同时，高等职业教育关注的焦点是尽可能地提高劳动者适应社会发展与技术变革的能力，满足社会对就业者越来越高的学历要求，为职业生涯的进一步发展提供一个坚实的平台。

2）职业定位。高等职业教育属于能力为本的教育，是为学生进入社会和未来市场进行就业或创业准备的教育。面对就业市场的需求，高等职业教育的培养目标应锁定在就业有优势、创业有能力、继续教育有基础、发展有空间的位置上，其职业能力的培养应体现实用性、技能性和职业性。

3）能力定位。高等职业教育是对学生进行某种生产技能培训和管理的教育。高等职业教育以就业为导向，以岗位群的需要为依据，来研究制订教学计划；按职业岗位、职业能力的要求组织理论和实践教学；着眼于地方产业结构和产品结构的调整，选择教学内容与构建课程体系。这种体系必须打破学科型的教学模式，建立技术主导型的教学体系，培养具有实践技能、创新精神、创业意识的与市场经济相适应的高素质劳动者。

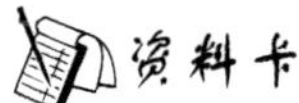
资料卡

技能人才的分类与定义

由劳动和社会保障部（现为人力资源和社会保障部）于 2007 年 3 月 14 日发布的《劳动和社会保障部关于印发高技能人才培养体系建设“十一五”规划纲要的通知》附件中，对技能人才给出了明确定义：

1）高技能人才：高技能人才是在生产、运输和服务等领域岗位一线的从业者中，具备精湛专业技能，关键环节发挥作用，能够解决生产操作难题的人员。主要包括技能劳动者中取得高级技工、技师和高级技师职业资格及相应职级的人员，可分为技术技能型、复合技能型、知识技能型三类人员。主要分布在一、二、三产业中技能含量较高的岗位上（《中华人民共和国职业分类大典》中第三至第六大类）。

2）技术技能型人才：技术技能型人才是在企业生产加工一线中从事技术操作，具有较高技能水平，能够解决操作性难题的人员。主要分布在加工、制造、服务等职业领域。比如，高级钳工、中式烹调师等。

3）复合技能型人才：复合技能型人才是在企业生产加工一线中掌握一门以上操作技能，能够在生产中从事多工种、多岗位的复杂劳动，解决生产操作难题的人员。比如，机电一体化人才，综合服务一体化人才，以及新兴的创意和操作一体化的人才等。

4）知识技能型人才：知识技能型人才是既具备较高的专业理论知识水平，又具备较高的操作技能水平的人员。能够将所掌握的理论知识用于指导生产实践，创造性地开展工作。主要分布在高新技术产业和新兴职业领域。

（二）高等职业教育人才培养模式

1. 就业导向的专业结构体系

高等职业教育贯彻“以就业为导向”的方针，专业设置要紧贴区域经济与社会发展的需要，紧贴特定行业的职业岗位群的需要。专业建设以行业技术领域内的岗位群整合设立专业群，以岗位群所需知识、素质和关键能力的培养构建专业群公共技术平台；根据特定就业岗位的需求灵活设立专业方向，构建准订单式专业教学体系。基于这种思路形成的专业结构体系，与传统的专业设置相比，具有明显的优势：专业群内共享公共技术平台（包括课程、师资、实训条件等），公共技术平台的教学内容相对稳定，有利于教学建设和规范管理；专业群内设置的专业方向，依据特定就业岗位的变化和市场需求而灵活设置，满足企业对人才的即时需求。

2. 双证融通的课程体系

“以就业为导向”“工学结合”的重点和难点在课程体系。在人才培养方案的设计上，根据技术领域和职业岗位（群）的任职要求，参照相关的职业资格标准，重构课程体系和教学内容，把岗位职业资格所要求的应知内容和应会技能融入教学过程中，使学生在取得毕业证书的同时获得岗位职业资格证书。课程建设过程中有两个重点环节：一是根据行业技术领域内岗位群所需基本职业素质，构建专业群公共技术平台的知识和能力模块；根据特定就业岗位所需的专业知识与技能，构建专业方向的知识和能力模块。二是将岗位群内完成典型工作任务所需的关键知识和能力分解为单项（单元）知识和能力及综合能力，并按实际培养的需要划分形成一组公共技术平台的核心课程和实训项目；按照同样的原理方法，形成各专业方向的岗位职业资格课程和技能综合实训。

3. “基于工作过程”的系统化课程

“工学结合”的人才培养模式，强调的是学生校内学习与实际工作的一致性，探索课堂与实训地点的一体化。通过先进的职业理念和课程开发方法，结合典型的职业工作任务，以工作过程系统化为主线开发课程。结合新课程的开发，高职院校一般配套开发教材和数字化课程资源，建立系统的工学结合的校本教材、知识点素材库和虚拟实训项目，建立利用课程数字化教学资源助教的资源利用共享平台，以及数字化的工作任务项目库。这些系统化、标准化的课程建设保证了人才培养的质量。

4. 校企合作的实训基地

实施“工学结合”的人才培养模式，生产性实训实习基地是不可或缺的关键因素。高职院校一般通过校企合作、校内校外结合两种方式来实现人才培养。校内生产性实训基地，就是校内的实训基地按工厂模式办，校内的工厂按实训基地办，给参加实训的学生一个真实的生产环境，让学生通过这样的实训，学到职业岗位需要的实际知识和技能。实际上，校内生产性实训基地就是一种教学工厂。满足各专业顶岗实习需求的校外实习基地是将教学实习基地与学生就业基地相结合，建立学生顶岗实习、毕业设计与就业三位一体的运作机制。这种做法可以有效提高高职生就业从业的竞争力，从而达到较高的就业率和就业质量。

5. “双师”结构的教学团队

“工学结合”的人才培养模式需要工学结合的教师队伍。“双师”结构的教学团队，不仅注重提高专业教师的“双师型”或“双师素质”的比例，更重要的是大量聘请行业企业的专业人才和能工巧匠到学校来担任兼职教师，逐步形成实践技能课程主要由具有相应高技能水平的兼职教师讲授的机制。这样，学校教学就能与生产实际始终保持最紧密的联系，始终与前沿的技术与工艺保持最迅速的对接和应用，使高职院校培养出来的人才能直接胜任岗位工作。

6. 专业人才培养规范与课程质量标准

为保证高职人才培养质量，高职院校在人才培养规格与定位、专业设置、教学设计、过程控制、教学考核、质量评价及其他教学建设等方面，都有基本的制度规范；在各专业的核心课程中，制订反映教学文件制订、备课、授课、教学手段与教学方法、辅导、作业、单元与单项能力训练、考核等课程教学各环节的课程质量标准。

二、高职院校毕业生就业状况整体分析

（一）高职院校毕业生就业状况

1. 总体就业率

根据麦可思研究院发布的公开资料，近 10 年应届高职高专毕业生的就业率稳步上升。

2. 高职院校毕业生就业的优势分析与就业机会

（1）优势分析

1）比较优势：首先，与本科生相比，大多高职院校毕业生就业目的更为实际，能理性就业，这使他们的就业空间更为广阔，就业层次更为丰富。其次，高职院校毕业生

具有动手能力强的特性。这些特性更符合企业注重职员的实践经验的意向。因此，企业择人趋向于高职院校毕业生就业态度和个性表现的契合，使他们在就业时具有比较优势。最后，用人成本相对较低。现在越来越多的用人单位开始注重用人成本，对某些岗位来说，录用高职院校毕业生比录用本科生可以节省薪酬与培训成本，还可以获得更高的用人效率，更符合企业从经济角度的考量。

2）先发优势：一是高职院校以就业为导向，按订单培养人才，有的学生刚进学校就被用人单位预订；高职院校毕业生具有实训和顶岗实习的机会，这使高职院校毕业生在岗位职业能力储备上具有一定的先发优势。二是高职院校的职业生涯教育前移，对毕业生就业的准备工作做得较早，使高职院校学生较早地做好了就业心理准备。这样，高职院校毕业生在就业心理准备上就具备了一定的先发优势。

3）竞争优势：首先，高职院校毕业生技术应用能力较强。高职院校毕业生实践操作和实训的机会较多，因此，能较快地适应并融入新的就业环境中。其次，高职院校专业对口的特色使一些高职院校在设置专业时，岗位针对性较强；一些高职院校还设有以企业“冠名”的班级，该班级的学生毕业后可直接进入该企业。因此，高职院校毕业生在自己的岗位领域中占有竞争优势。

（2）就业机会

中小型企业和民营企业是吸纳劳动力就业最多的地方。中小型企业、民营企业的快速发展为社会提供了大量的就业岗位，眼下，我国经济正在向高质量发展迈进，从制造大国向制造强国转型，一方面需要一批优秀的科技领军人才，加强基础研发，努力攻克关键核心技术；另一方面需要一批素质高、动手能力强、能够独当一面的技术型人才队伍。一些地区出现的“用工荒”一定程度上是“技工荒”，巨大的人才缺口，为高职毕业生提供了良好的就业机遇。

用人观念的转变使一些用人单位更青睐高职院校毕业生。现在越来越多的用人单位有用人成本意识，这种成本不但包括给员工的薪酬待遇，还包括培训员工所花费的成本。企业选拔人才从看“学历”到看“学力”的转变，给高职院校毕业生的就业带来了难得的机遇。

（二）用人单位对高职院校毕业生的建议

越来越多的用人单位认为，高职院校毕业生正确积极的工作态度和良好的道德修养比专业技能更重要，特别是有 80%以上的企业在招聘时，把正确积极的工作态度作为最重要的因素进行考虑。团队合作精神和人际交往能力等也受到了用人单位的重视。在社会化大生产的条件下，无论是生产、管理，还是服务一线，各项工作越来越需要团队的合作和沟通，这是胜任工作的一个重要条件。

在管理型、服务型企业中或者在生产型企业的管理岗位中，高职院校毕业生的学习能力、创新能力及分析和解决问题的能力受重视程度相当靠前，是用人单位考虑是否录用的重要因素。

三、就业三证书

（一）实习证书

实习是为就业打基础。在正式就业前，学生通过实习，开始了解职场，了解各类岗位的职责、工作内容等，并在此过程中探索个人职业目标和职业定位，即未来的发展方向和个人的定位。实习的过程不仅是接受企业考察的过程，也是高职生和企业相互了解的过程。在实习的过程中，高职生能够较深入地融入企业，感受企业的文化。

结束实习期，通过企业的鉴定，高职生会获得实习证书。这个证书相当于一张职场通行证。拿到这张职场通行证，就意味着高职生已经初步获得了企业的认可，积累了相应的知识和技能，也为今后的工作打下了基础。

（二）毕业证书

获取毕业证书，是学校对每个学生的基本要求。学生学籍管理规定，具有正式学籍的学生通过考核后，在规定的学习年限内学完教学计划规定的全部课程，修满规定学分，德、智、体达到毕业要求，准予毕业，颁发毕业证书。

1. 修完教学计划规定的全部课程

高职生须修完学校教学计划中的公共基础课、专业理论课、实践课及选修课。

2. 修满规定学分

高职生获得学分的方法是按照教学计划学完某门课程，考核及格。学生应按所学专业教学计划修读完全部必修课、实践课和部分选修课，取得规定的总学分。必修课、选修课的学分不能相互替代。

3. 成绩评定

成绩评定考核高职生英语及计算机水平、专业课程的平均成绩和学分积累。

（三）职业资格证书

高职生在比拼毕业证书的同时，职业资格证书已成为另一个重要砝码。良好的开端等于成功的一半，获得一个职业资格证书已被不少高职生纳入学业计划。

职业资格证书制度是劳动就业、用人制度的一项重要内容，也是一种特殊形式的国家考试制度。职业资格证书制度是指按照国家制订的职业标准或任职资格条件，通过政府认定的鉴定评价机构，对从业者的技能水平或职业资格进行客观公正、科学规范的评价和鉴定，对合格者授予相应的国家职业资格证书。

通过职业资格考试的人员，由国家授予相应的职业资格证书。职业资格证书是证书持有人专业水平能力的证明，可作为求职、就业的凭证和从事特定专业的法定注册凭证。大学生可以报考的职业资格考试几乎覆盖所有行业。交通运输类施工现场管理人员岗位可获得的证书，见表1-1。

表1-1 交通运输类施工现场管理人员岗位证书汇总表

所颁岗位证书全称	管理部门	颁证机构名称	所盖印章名称
安全生产考核合格证书(公路水运工程施工企业安全生产管理人员)	交通运输部	交通运输部、省级交通运输主管部门	交通运输部及各省级交通运输主管部门公路水运工程施工企业安全生产管理人员考核专用章
交通运输专业能力培训合格证书（施工员）		交通运输部职业资格中心	中华人民共和国交通运输部职业资格证书专用章
公路工程造价人员资格证书（甲、乙级）		交通运输部职业资格中心	中华人民共和国交通运输部职业资格证书专用章
公路工程施工现场管理人员岗位培训证书（施工员、造价员）		中国公路建设行业协会	中国公路建设行业协会
水运工程施工现场管理人员岗位培训合格证书		中国水运建设行业协会	中国水运建设行业协会

第二节 规划高职生活

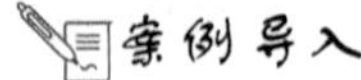

糊涂的高职生活

上大学后，小刘最大的感受就是告别了中学时代学习的压力，远离了父母家人的管束，还有很多的闲暇时间可以自由支配。他没有有意识地去经营大学生活，而是把更多的注意力、大量的时间与精力耗费在娱乐上，甚至缺课，影响了专业课的学习。他安慰自己说："落一次课没什么大不了的，等课后我自己补上就好了。"结果每一次都这样安慰自己，最后课没有补上，考试也没有及格，大学3年很快就过去了。小刘非但专业没学好，还耗费了父母的血汗钱。

就业时，小刘连续面试了几家公司，都因专业能力、英语水平或没有某方面的特长等而以失败告终。小刘很是郁闷，后悔莫及。这时他才发现，曾经总觉得很遥远的就业问题已经迫在眉睫，如果当初合理规划自己的大学生活，并有针对性地提升素养，努力学习专业知识，就不会出现现在的问题了。

探索活动

撕纸游戏

生命不是掌握在他人手里的，它只有一个主人，那就是你自己。

生命最宝贵之处，不在于它的长度，而在于它的广度和深度。

生命是一段旅程，值得回味的，不仅仅是目的地，还有路上的风景。

现在的你，是3年前的你所决定的。3年后的你，是现在的你所决定的。

现在请进行以下操作：

1）如图1-1所示，准备一个1厘米宽的纸条，这个纸条的长度代表你的一生。

2）撕去你作为大学生已经度过的岁月。

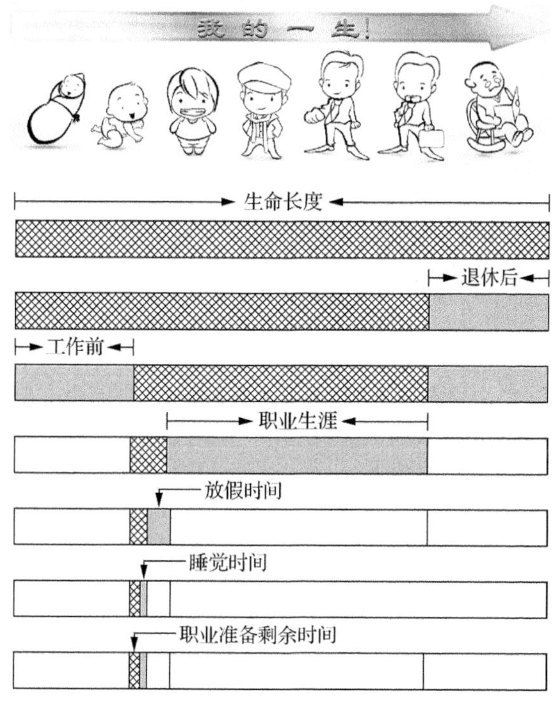

图1-1　我的一生

3）撕去退休后的时间。

4）撕去从开始工作到退休的时间。

5）撕去睡觉时间、放假时间……现在，看看你的纸条还剩多长。

我们大致来计算一下，按1年365天计算，大学3年共有1 095天，除去暑假、寒假和其他假期，剩下的时间还有多少？

剩下的纸条就是能够做职业准备的时间，拿着手中的小纸条，你想到什么？

由此，你明白了什么，你有哪些感悟呢？

一、进入大学后的变化

（一）学习要求的变化

大学的学习特点与中学时代相比已发生了明显的变化：学习内容相对深奥，学习方法由“学什么”转变到“怎么学”，学习态度由“要我学”转变到“我要学”，培养自学能力是关键。

大学阶段的学习，知识的广度和深度大大增加，专业方向基本确定，需要大力发挥学习的主动性、创造性。

大学实行学分制，除了公共基础课、专业理论课、实践课等必修课，各专业都开设选修课，大学生可以根据个人兴趣和能力选修相关课程，学习的自主性大大加强。

大学信息资源丰富，获取知识的渠道更加多样化，利用图书馆和互联网来搜索资料、获取信息，成为必备的学习技能。广泛涉猎相关知识，掌握科学的学习方法，培养自主学习和独立思考问题、分析问题、解决问题的能力，也是大学阶段学习的重要特点。

（二）生活环境的变化

大学的生活环境较之于中学，在空间、内容、方式上都发生了很大变化，自理能力强的大学生会很快适应，应对自如；自理能力弱的大学生，则可能会计划失当，顾此失彼。大学生要尽快适应新的环境，既要适应集体生活，又要学会独立处理学习、生活中遇到的问题。

进入大学之后，大学生离开父母独立生活，衣、食、住、行等都要靠自己安排处理；学校管理由“封闭型”向“松散型”转变，不再有固定的班级和教室，不再有统一的作息时间，很少有经常性的集体活动；大家来自五湖四海，兴趣爱好、生活习惯可能存在差异，互相理解和关心成为一种需要。

大学阶段是人生的重要阶段，对于大学生而言，大一是关键时期，它是人生的新起点，也是大学生从中学向大学过渡的重要阶段。为了尽快适应大学的学习、生活，大学生应积极调整心态，主动适应各种改变。当发现自己不因生活环境不适应而产生失望感、不因人际关系不适应而产生孤独感、不因在中学时的优势消失而产生失落感的时候，说明自己已经顺利适应大学生活了。

（三）社会活动的变化

大学是一个“陌生型”的“小社会”，大学生的人际交往由“一元化”向“多元化”转变。突出表现是：大学生参加各种社会活动的概率大大增加；党组织、团组织、学生会、班委会等组织的活动增多；由志趣、爱好相同的学生自愿组织的各种学生社团开展的活动也丰富多彩；人际关系交往，如老乡会等活动也更加频繁。

参加社会活动，有利于培养大学生主动学习能力、人际沟通能力及自我管理能力。大学生可以根据自己的特点、爱好、时间及精力积极参加各种活动，合理安排课余生活，锻炼组织与交往能力，在交往中拓展人脉、促进了解、增进友谊。

二、制订科学的学业生涯规划

大学生的主要任务是学习文化知识，锻炼生存技能。因此，制订科学的学业规划是很有必要的。大学生可以从学习技能检测、确立学习目标、学业规划评估修正 3 个方面进行大学学业的规划。

（一）学习技能检测

同学之间出现学习成绩的差异，除了智力、学习态度等因素外，学习技能也是一个非常重要的因素。研究发现，成绩好的学生多具有有效的学习方法，即“学习得法”；成绩差的学生则缺乏一套正确的学习方法，即“学习不得法”。得法与不得法实际是指是否具备一定的学习技能。一个人的学习技能贯穿于整个学习过程中。

1. 学习技能测验

下面有 25 道题，每道题有 5 个备选答案。请根据自己的实际情况，在题目后面圈出相应字母，每题只能选择一个答案。

A——很符合自己的情况；B——比较符合自己的情况；C——很难回答；D——不太符合自己的情况；E——很不符合自己的情况。

1）记录阅读中的不懂之处。 A B C D E
2）经常阅读与自己专业无直接关系的书籍。 A B C D E
3）在观察或思考时，重视自己的看法。 A B C D E
4）重视预习和复习。 A B C D E
5）按照一定的方法进行讨论。 A B C D E
6）做笔记时，把材料归纳成条文或图表，以便理解。 A B C D E
7）听人讲解问题时，眼睛注视着讲解者。 A B C D E
8）合理利用参考书和习题集。 A B C D E
9）注意归纳学习中的要点。 A B C D E
10）经常查阅字典、手册等工具书。 A B C D E
11）面临考试时，能克服紧张心理。 A B C D E
12）认为重要的内容，就格外注意听讲和理解。 A B C D E
13）阅读中若有不懂的地方，非弄懂不可。 A B C D E
14）联系其他学科内容进行学习。 A B C D E
15）解决问题注意抓重点。 A B C D E
16）阅读中认为重要或须记住的地方，会做记号。 A B C D E
17）经常向老师或他人请教不懂的问题。 A B C D E
18）喜欢讨论学习中遇到的问题。 A B C D E
19）善于学习别人好的学习方法。 A B C D E
20）对需要记牢的公式、定理等会反复进行记忆。 A B C D E

21）观察实物或参考有关资料进行学习。　A　B　C　D　E
22）听课时做笔记。　A　B　C　D　E
23）重视学习效果，不浪费时间。　A　B　C　D　E
24）如果不能独立解出习题，就会看完答案再做。　A　B　C　D　E
25）能制订出切实可行的学习计划。　A　B　C　D　E

记分与评价：统计所圈各个字母的次数，每圈一个A得5分、B得4分、C得3分、D得2分、E得1分。把所得的分数全部相加，计算出总分，对照表1-2了解自己的学习技能水平。

表1-2　学习技能评价表

总分	评价
101分及以上	优秀
86～100分	较好
66～85分	一般
51～65分	较差
50分以下	很差

建议：任何一个学习者，都有必要培养和提高自己的学习技能。要想提高自己的学习技能，必须全面掌握各学习环节的具体方法。对于在校学生来说，提高学习技能就是要掌握预习、听课、复习、作业和应考方法。只有在学习过程中摸索出适合自己的、行之有效的学习方法，才能真正提高学习技能。

上述“学习技能测验”仅作参考，其中所列举的项目，可以逐项进行对照，看看自己在哪些方面没有做到。这些没有做到的方面便是影响你学习效率的因素。经过你的努力，你做到的项目越来越多了，就表明你的学习技能提高了。

2. 分析优势和劣势

结合自己的实际情况，进一步分析，明确自己在学习方面的优势和劣势。

（二）确立学习目标

确立学习目标，是大学学业规划的前提。大学生需要在认真分析自我的基础上，综合大学各阶段的特点，做出合理的大学学业规划，进而确立正确的学习目标。

1. 大一——探索积累

大一阶段的目标是适应大学生活，打好专业知识基础。

1）完成从中学生到大学生的角色转变。虚心请教师兄、师姐，积极参加集体活动，建立新的人际关系。

2）适应大学生活，树立新的奋斗目标。如果说之前的努力是为了考上大学，那么现在的努力就是为了以后的就业和职业发展。

3）在学好各专业课的同时，深入了解专业，做好专业所对应行业与岗位需求的探索。

4）树立职业规划意识，开始自我和职业的探索。通过职业测评等工具全面客观地探索自己，思考有哪些职业与自己所学的课程、专业相吻合，通过互联网、报纸杂志和访谈等渠道进一步了解这些职业。

2. 大二 —— 全面提升

大二阶段的目标是确定发展方向，培养综合素质。

1）虚心请教师长和校友，不断探索并分析自身状况和社会需求，确定自己的发展方向。

2）根据发展方向，构建合理的知识结构，注重提高专业技术和培养各种能力，参加英语、计算机等等级考试。

3）积极参加学生会或社团工作，培养自己的组织协调能力和团队合作精神，提升自己的综合素质。

3. 大三 —— 完善冲刺

大三阶段的目标是提升职业技能，做好毕业准备。

1）加强专业知识、专业技能学习的同时，取得与职业目标相关的职业资格证书。

2）增强兼职、实习工作的针对性，有效积累各种实践经验。

3）提升求职技能，为顺利就业做好各种准备。

（三）学业规划评估修正

学业规划实施过程中，需要适时总结和评估，不断优化和修正自己的规划与行动方案，这是实现学业目标的必要手段。针对每个学年的短期目标和中期目标，大学生需在学年将结束的时候，进行系统深入的总结和评估。总结与评估之后，进行自我诊断与修正，总结经验，吸取教训，调整行动计划和方案。

三、培养良好的自我管理能力

自我管理，是指对自身事务的管理，具体而言是指大学生为培养自己全面发展的素质，而进行自我认识、自我评价、自我约束和自我激励的活动。实施自我管理可以使大学生更深入地认识、评价自己，培养并有效提升职业发展所需要的素质和能力。

（一）自我管理的内容

大学生自我管理的内容一般分为学习管理、目标管理、时间管理、财务管理、人际管理和健康管理 6 部分，如图 1-2 所示。

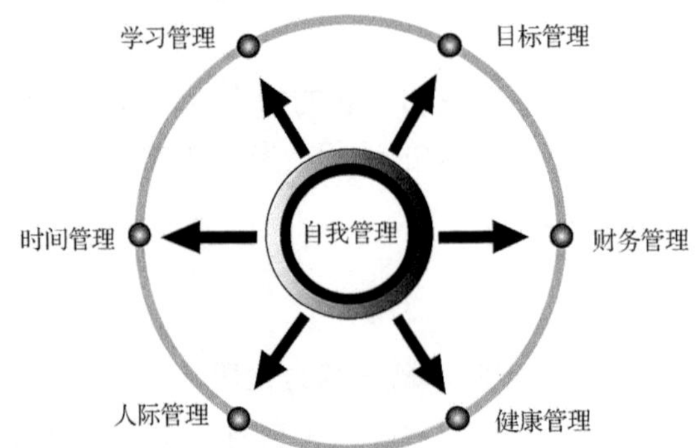

图 1-2　大学生自我管理的内容

1. 学习管理

学习管理也叫学业管理，是大学生最基本、最重要的自我管理。

2. 目标管理

目标管理是自我管理的主要手段，目标的实现过程也就是自我管理的实施过程。做好目标管理，还要注意以下几点。

1）设立目标一定要结合自己的优点，围绕自己的长处。设立的目标，要能强化自身的长处，把潜在的优势转化为现实的优势。

2）目标必须具体，不能模糊不清，任何人都不可能去实现一个模糊的目标。例如，考取一些资格证，打算毕业后从事某类职业等，一定要把资格证的名称、职业的性质确定下来。

3）目标要适中，不能眼高手低。设立的目标如果超出自己的知识、能力水平，目标就会成为空中楼阁，可望而不可即。

4）充分发挥目标的导向和激励作用。如果目标按期完成则给自己一定奖励，反之则对自己做出相应的惩罚。

3. 时间管理

时间管理技能被称为当今职业人的三大核心技能之一，是一个人职业化素养的重要体现。高效的时间管理技能，不但是实现自我目标的保证，也是团队和企业完成任务目标的重要保障。培养自己高效的时间管理技能，将大大提高实现目标的可控性，提升未来职业发展的核心竞争力。

大学生提高时间管理技能通常有 3 个途径。

1）养成良好的个性习惯。大学生要区分自己的习惯中哪些是好习惯，哪些是坏习惯，并设法改掉坏习惯。好习惯要坚持并强化；坏习惯要抑制并克服。例如，在学习方式上，有的人是阅读者，通过阅读的收获最大；有的人是倾听者，通过倾听的收获最大。

2）要善于协调两类时间：一是他控时间，如学校安排上课、实验的时间；二是自控时间，即属于我们自由支配的时间。提高时间管理技能的具体方法：要善于制订长期计划并编写“每日必做表”，做到时间的高效立体支配；养成使用备忘录等以减少时间浪费的习惯；学习回避干扰的技巧，提高效率；立即行动，养成绝不怠惰和拖延的习惯；养成时刻检查并改进自己的时间支配效率的习惯等。

3）养成思维行动的理念和习惯是时间管理的关键。在做决定或做计划安排时，一定要想清楚，哪些是重要的，哪些是紧急的。学会并习惯优先做重要而紧急的事务，就表明自己掌握了良好的时间管理技能。

4. 财务管理

美国哲学家兼诗人爱默生把金钱花销看成一项管理工作，当作对人的挑战。因为金钱是一把双刃剑，它可以助你一臂之力，也可以消磨你的意志。大学生要学会支配金钱，成为它的主人，而不要为金钱所支配。

大学生要树立财务管理意识，为未来独立的经济生活做好准备。大学生消费观念还不太成熟，常常出现追求品牌、攀比穿戴、挥霍无度等种种不良的消费方式。理财是为了合理规划自己的钱财，为生活提供充分保障。大学生可以通过建立账目明细表，明确金钱的去向和投资方向，“把钱用在刀刃上”，养成良好的消费习惯，学会生活。

5. 人际管理

现代社会是一个竞争合作的社会，单枪匹马的孤胆英雄基本没有用武之地。大学校园生活圈子小，人际关系相对简单，但未来要步入社会，人际关系复杂，因此大学生可以把校园当作练兵场，注意培养与人相处的技巧，培养建立良好人际关系的能力。有人说“成功=30%知识+70%人脉”；还有人说“人际关系与人力技能是第一生产力”。

人际氛围可以看作以自我为中心、以真诚待人为辐射线的场。大学生要有把自己建设成吸引他人的磁场的理念，以真诚和宽容待人处事。首先要相信自己，因为信任自己是信任他人的前提；其次要信任他人，在一定程度上敞开心扉，信任他人，他人才会相信自己，自己才能拥有良好的人际关系。

6. 健康管理

健康是一切的基础，没有了健康，就谈不上事业、生活和人生。健康管理包含健康的知识和观念、体育运动、心理健康和调适等。要拥有一个健康的身体和心灵，一方面要养成良好的生活习惯，有规律地进行体育锻炼，增强体质；另一方面要特别注意心理健康，确定高尚的人生目标，拥有健全的人格，学会控制自我情绪和行为，调节自我不良心理。

（二）自我管理的操作维度（图 1-3）

自我管理在操作层面，主要包括自我认知、自我规划、自我控制和自我激励 4 个维度。良好的自我管理是指在深入透彻的自我认知基础上，做好自我规划，在实施各种自我规划的过程中，适当采取自我控制和自我激励的方式，顺利高效地达成自我规划的目标。

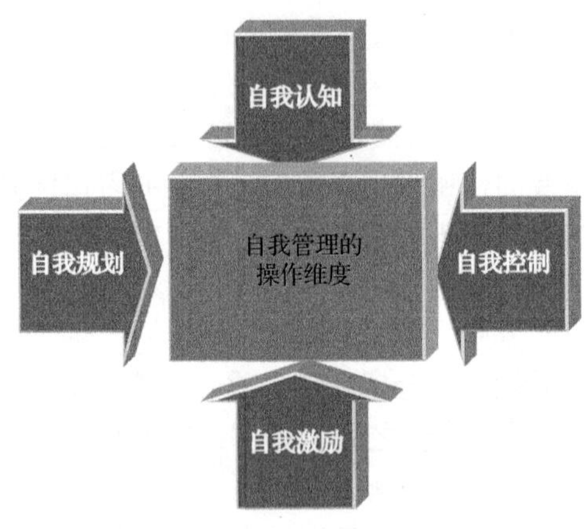

图 1-3　自我管理的操作维度

1. 自我认知

自我认知是大学生对自己的言行及特点的感觉和了解，即能充分了解自己的性格特征，心理状况，学习、工作、生活现状，寻找自身优势和劣势，扬长避短。一个人只有客观、正确地了解自己的积极面和消极面，才能正确评价自己、约束自己和激励自己，才能对自己进行正确的评价和定位，从而合理地进行自我管理。自我认知是大学生自我管理的前提和基础。

2. 自我规划

根据目标对自己的未来进行有目的的规划，是自我管理不可缺少的重要组成部分。自我规划可以使行为有目标、有组织、有效率。制订自我规划的核心是明确目标，目标是生命存在的轴心，偏离了轴心，生命便没有了意义。大学生应清楚自己的目标是什么、怎样达到、何时达到及如何进行目标效果评价。一个个目标的确立和完成，构成了充实的大学生活。

3. 自我控制

自我控制是指能动地控制自己的情感冲动，并通过自身检查把握目标实现的进度和质量，自我纠正偏差行为，从而使自己的思想和行为有利于目标实现，有利于他人和社会的自律活动。面对大学学习生活中的多种压力和诱惑，大学生必须学会自我控制，培养坚强的性格和意志，对自身的行为、情绪、经济等方面进行自我约束、自我调节、自我监督。自我控制是保障自我管理顺利沿着自我计划的既定方向前进的重要环节。

4. 自我激励

自我激励是指个人由于内在的动机和愿望产生的一种内在的驱动行为，即自我向所期望的目标前进的心理活动过程。大学生必须树立远大的理想和人生追求，面对现实，总结经验教训，如果做得好，就给自己奖励；若做得还不够，就给自己敲响警钟，运用各种方法充分挖掘和发挥自身潜质，积极乐观地投入学习工作中，以达到目标和实现自我价值。自我激励是自我管理的推动力，是引导自我行为的重要一环。

给现在一个期许，给未来一个回忆

畅想一下，给5年后的自己写一封信，你会写点什么？你对未来的自己有哪些期许，希望自己5年后成为什么样的人，达到什么样的状态？也许，当5年后的你再次打开这封信时，会发出很多感慨。请放飞自己，给现在一个期许，给未来一个回忆。

要求：不少于1 000字。

第二章　规划学业发展

本章导图

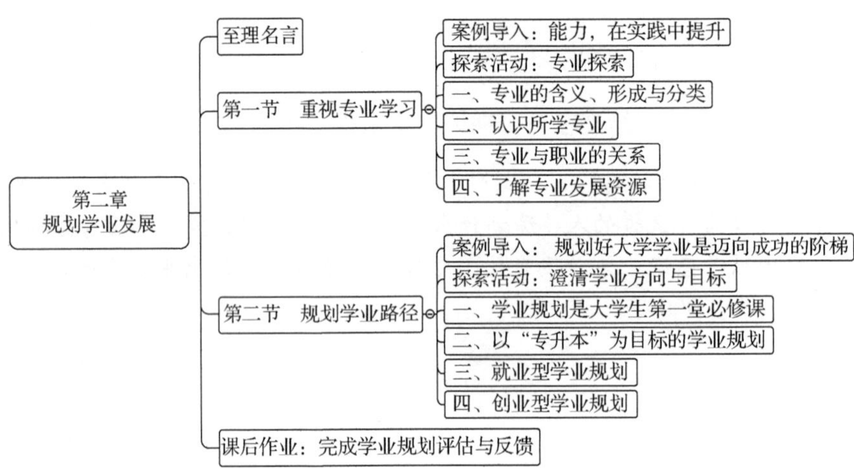

至理名言

古之立大事者，不惟有超世之才，亦必有坚忍不拔之志。

—— 苏轼

第一节　重视专业学习

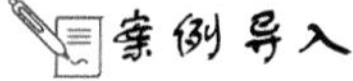

能力，在实践中提升

闫伟在大学学的是物联网应用技术专业，大一期间他了解到物联网是继计算机、互联网之后，世界大多数发达国家从国家战略高度来大力推动的新兴产业。我国政府也高度重视物联网的发展，将物联网作为国家战略性新兴产业来推动。闫伟觉得物联网专业非常有前途，下定决心一定要学好。

闫伟了解到本专业毕业生主要为智能交通行业，重点是城市交通监控、交通信号控制、城市停车管理、车辆监控调度与导航、智能交通诱导和交通信息服务等城市智能交通领域服务。这些领域要求从业者掌握智能交通中物联网的基础知识和基本技能，具备物联网系统的系统方案设计能力，以及系统施工实施、调试测试、安全监测、交工验收、文档撰写等能力。为此，他一方面重点学习专业知识，如C语言程序设计、电工技术、通信系统典型设备操作与维护、综合布线等，使自己具备城市道路交通相应物联网系统的方案设计技能、工程图纸的识读能力等；另一方面考取了物联网工程师证等相关证书。

大学期间，除了提升专业能力，闫伟还积极竞聘学生干部，进一步强化自己的责任意识和担当意识，不断增强社会责任感。此外，他还经常参加各种社会实践活动和志愿服务、聆听社会各界知名人士的讲座、与知心老师探讨人生……这些不仅为他积累了丰富的经验，也为他顺利走进社会打下了良好基础。毕业后，他凭借过硬的专业本领找到了一份很好的工作。

探索活动

专业探索

对大学生而言，专业是每一位大学生与大学的直接交叉点，不管这个专业的学习难度有多大，都应该珍惜专业学习的机会，选择自己所爱的专业，爱自己所选择的专业。

大学时代的专业知识和技能是就业之后知识与技能的基础。因此，大学生必须正视专业知识的学习，学好专业，打下扎实的专业基础。

你对自己所学专业了解多少？现在，试着填入表2-1中。

表 2-1　专业探索记录

探索内容	描述
专业名称	
培养目标	
专业价值	
核心课程	
教学方法	
知识和技能	
相关专业	
近年就业状况	
近年升学状况	
对口行业状况	
可能适合职业	
学习资源渠道	
专业相关名校、名师、学习达人	

如果你对自己填写的内容不满意，或对自己所学专业了解还不够深入，可以去找自己的辅导员、班主任、师兄、师姐或熟悉的专业课老师讨论一下。他们会帮你进一步认识本专业的价值，帮助你思考和明确自己未来的专业出路。

一、专业的含义、形成与分类

（一）专业的含义

专业是教育部门根据社会分工需要和学科体系的内在逻辑而划分的学科门类。高校按照专业设置组织教学，进行专业训练，培养专门人才。专业是学科和职业之间的桥梁，它按照学科进行划分，对应着一定的职业群。专业也是职业发展的基础，它为若干相近的职业群提供必要的基础知识和基本技能。

（二）专业的形成

专业的形成有其内在的必然规律，它与社会分工的发展、自然科学与社会科学的分化与综合及高等教育自身发展有着极其密切的联系。人类的知识最初是混沌一体、彼此不分的，自然也不存在专业的问题。但随着人类社会的发展，知识的不断扩张，最终产生了知识的分化。古希腊哲学家亚里士多德极为重视对知识的系统考察和全面把握，并对人类知识首次进行了系统的学科分类，使专业的概念初现端倪。专业的形成是社会发展的必然，社会需求是其生命的源泉。

（三）专业的分类

专业分类的依据是教育部颁布的《普通高等学校高等职业教育（专科）专业目录（2015 年）》，它是高等教育工作的基本指导性文件之一。它规定了专业划分、名称及所属门类，是设置和调整专业、实施人才培养、安排招生、指导就业、进行教育统计和人才需求预测等工作的重要依据。

根据《普通高等学校高等职业教育（专科）专业目录（2015 年）》，专业大类维持原来的 19 个不变，排序和划分有所调整；专业类由原来的 78 个调整到 99 个；专业由原来的 1 170 个调减到 748 个；列举专业方向 746 个、主要对应职业类别 291 个、衔接中职专业 306 个、接续本科专业 343 个。在相关学校和行业提交增补专业建议的基础上，教育部自 2016 年到 2019 年先后又增补了 31 个专业。

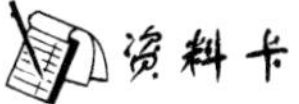

专业建设

2016～2018 年，湖南交通职业技术学院紧紧围绕交通运输产业和湖南省汽车、工程机械等装备制造产业发展及对高端技术技能人才的需求，瞄准“交通强国”等重大国家战略需求，谋划专业发展方向，凝练建设重点，创新发展机制，停办了文秘、计算机应用技术等 6 个非交通类和技术落后专业，对原有的 7 个专业进行调整合并为 3 个专业，对 2 个专业进行了更名，新增新能源汽车技术、智能监控技术应用、工业机器人技术等 6 个专业，使专业总数由原有的 35 个减少至 31 个，交通运输类及相关专业总数达到 22 个，占专业总数的 70.97%，形成了以公路运输为主体、以轨道交通和水路运输为支撑、涵盖智能交通和运输服务的综合交通运输专业体系，构建了交通土建技术、汽车技术服务、智能交通技术、交通运输服务 4 个交通特色专业群和工程机械运用技术、建筑工程技术 2 个湖南区域特色专业群，凸显了学院的交通运输行业特色。

2017 年，湖南交通职业技术学院汽车运用与维修技术、道路桥梁工程技术、智能交通技术运用 3 个专业被教育部、交通运输部等共同确定为全国职业院校交通运输大类示范专业点，见表 2-2。

表 2-2 2017 年在建的省级重点专业（群）项目一览表

序号	专业（群）名称	级别	立项年份
1	交通土建技术专业群	湖南省卓越高职院校重点建设特色专业群	2015
2	汽车技术服务专业群	湖南省卓越高职院校重点建设特色专业群	2015
3	智能交通技术专业群	湖南省卓越高职院校重点建设特色专业群	2015
4	交通运输服务专业群	湖南省卓越高职院校重点建设特色专业群	2015

续表

序号	专业（群）名称	级别	立项年份
5	交通土建技术专业群	国家发改委交通土建建设开放性公共技能实训基地	2016
6	汽车运用与维修技术专业	全国职业院校交通运输大类示范专业点	2017
7	道路桥梁工程技术专业	全国职业院校交通运输大类示范专业点	2017
8	智能交通技术运用专业	全国职业院校交通运输大类示范专业点	2017

二、认识所学专业

通过专业学习，大学生可以学得专业知识和专业技能。同时，在通用知识和通用能力方面也分别可以得到学习和锻炼。从普遍意义说，每个学科、每个专业的学习过程都可以锻炼学生的通用能力，如学习能力、发现问题和解决问题的能力、沟通与合作的能力等，这些通用能力可能会在职业领域中发挥重要作用。

要完成专业学习，需要选择和了解自己的专业，了解所学专业的培养目标和课程体系。

（一）所学专业的培养目标

目前很多高职院校在招生时按学科大类进行招生，入学后的培养模式也是大类培养，大一、大二主要开设公共基础课程、通识教育课程和学科通修课程，大三、大四按照学生兴趣爱好、学习能力和未来规划进行专业分流，分流之后主要学习专业方向课程和其他教学内容。大一新生要尽可能通过新生入学教育、研讨课、导师指导等方式，充分了解自己所学专业的发展现状、社会对专业人才的需求，在兼顾个人能力和学习兴趣的基础上，确定自己的专业。

了解专业的核心是要了解本专业的培养目标和培养过程（方式）。了解本专业的培养目标，就好比司机出发前要知道自己的目的地和路线。例如，某高校新闻学专业的培养目标：培养系统掌握新闻学与传播理论知识，熟练运用各类媒体技术，能从事新闻采访写作、出版与宣传、网络编辑与策划、信息传播与咨询等工作的新闻传播人才；某高校服装设计专业的培养目标：强调设计与艺术观念结合的具有前瞻性的设计理念，加强学生创造性设计思维的训练，注重培养学生在服装成型过程中的操控能力，强化产品品牌概念，将品牌效应和品牌运作知识引入教学中，培养学生对服装品牌设计风格的掌控能力，注重培养学生的综合能力和创新能力。

各专业的培养目标具体规定了各专业所要培养的专门人才应达到的基本素质要求和业务规格，其内容包括基本理论、专业知识、专业能力及身体方面的特殊要求和职业道德等。

（二）所学专业的课程体系

高职院校在培养大学生过程中，最重要的环节是构建课程体系及确定培养方式。课程既根据培养目标设置教学内容和教学环节，同时又将培养目标具体化，把培养目标落实到具体的教学内容和教学环节中，从而对专门人才的培养产生现实的定向和规范作用。若干门相关联的课程组合成课程体系。不同院校的相同专业，所开设的课程体系可能也有所不同。大类招生政策在“厚基础，宽口径”的原则下，通常建立“全校必修课程+学科必修课程+专业发展课程+开放选修课程”的模块化课程体系，引入第二课堂资源，建立多元化的实践教学育人体系。为了更好地帮助学生学习，有些高职院校为学生编制了“修读导引图谱”，把大学期间每个学期所学的基础理论课、专业核心课、实践课等标识出来，便于学生安排大学生活。

不同院校的相同专业，所开设的课程体系和培养方式都各有差异，学生要充分利用学校资源，贴合学科专业人才培养目标、培养路径，选择适合自己的方向，并通过构建课程体系来达成自己的目标。一般来说，学生有以下几种成长路径：一是成为学业达人，这类学生可以按照学院安排，按部就班地完成学业，取得毕业证书和学位证书；二是在完成学业的基础上“遨游世界”，这类学生可以参加国际化试点班，参加学校的交流项目；三是博览群书，跨界发展，这类学生可以参加学校的辅修学习，涉猎不同专业领域的知识；四是成长为创新创业精英，这类学生要多参加创新创业项目和学校的卓越人才培养计划；五是成长为超级学霸，今后继续研究深造，这类学生可以参加学校的拔尖计划和荣誉课程。为了让以上学生多元成长，学校应制订相应的培养方案：一是在大一到大二上学期，注重对学生进行扎实的基础知识培养，学生先学习社会科学各专业方向通用的基础知识，再根据兴趣选择精修方向；二是大二下学期进行专业分流，开展精深的专业研究，每个专业均实行小班授课，重视对学生们一对一的学业指导；三是主辅修共同发展，学校实行主辅修制度，学生在主修一门专业课程的同时，可辅修其他学科专业，毕业时可获得两个学士学位；四是国际化培养模式，社会科学实验班的近半课程采用英文授课或使用英文原版教材，60%的学生可以获得出国深造的机会。为更多的学生提供更多的选择机会，并在这个过程中对全体学生进行全程的学业指导，是很多高职院校教学改革的重点。构建符合个人特征的课程体系，将课程与职业生涯联系起来，是体现个人自我管理能力、自我认知能力、信息搜集能力、有效规划能力的最好方式。

将你所学专业的课程体系填写在表 2-3 中。

表 2-3　所学专业的课程体系

专业名称	必修	选修
公共基础课程		
通识教育课程		
学科选修课程		
学科或专业方向性课程		
其他教学环节（实习、创新创业训练、社会实践、毕业论文）		
其他		

（三）通过专业学习获得的学习成果

通过专业学习，你获得了什么样的学习成果呢？我们已经分析了所学专业的培养目标和课程体系，现在让我们尝试通过以下步骤更加直观地分析你所学的专业。

步骤一：在纸的中间写上你的专业，然后用圆圈圈起来。

步骤二：在纸上分散地写上以下词语，分别用圆圈圈起来。

课程、技能、理论（观点）、知识、在其他教学单位学到的相关课程，以及其他你认为重要的内容。

步骤三：记下和每个项目有关的想法（尽可能多地写上去，将你知道的关于你所学专业的一切内容都写在上面），用圆圈圈起来。

步骤四：如果你遇到了阻碍，可以考虑和其他同学一起完成这个练习。

步骤五：完成上述步骤之后，观看一下你的知识图，思考以下问题。

你看到了什么？知识图上最有趣的部分是什么？它告诉了你什么？在你的专业中你是怎样完成那些独一无二的事情的？你是怎样使它和你的兴趣相贴合的呢？你是否学习了一系列对你的专业很实用的课程？你享受这些课程的哪些部分？你学到了什么技能？

步骤六：将你的想法集中到一起。你的专业中最重要的因素是什么？如果要你选择3个从专业中学到的特质，你会选择什么？

三、专业与职业的关系

通过分析所学专业，已经对自己所学专业的培养目标、课程体系、所获得的知识、技能及养成的态度有了进一步明确的认识。那么，专业与职业是什么关系呢？是否学了某个专业就一定要从事对口的职业呢？

（一）专业是选择职业的重要依据

社会分工和劳动组织内部的劳动分工交互发展，决定和制约着现代社会的职业发展，劳动分工越发达，专业化程度越高，职业也就越多。因此，专业与职业都是社会分工的结果。社会分工体现在经济、社会领域，就是职业；其体现在学习领域，就是专业。高职毕业生通常都以职业身份进入社会从事各行业的活动，所掌握的专业知识成为其从事行业工作的基础。因此，所学专业成为高职生选择职业的重要依据。

（二）专业与职业不能一一对应

我们把每个专业可能对应的职业或行业情况称为专业口径。一个专业可以对应一种职业，也可以对应多种职业，一个专业对应的职业种数越多，表示专业口径越大，该专业的适应性越强，但针对性较差；专业口径小，则表示该专业对应行业或岗位的针对性较强，适应性较差。

一个专业可以对应一个职业群，或者几个相关的职业群。职业群由基本技能相通，工作内容、社会作用及从业者所应该具备的素质接近的若干个职业构成，见表 2-4。职业群的横向划分，使相同的职业存在于不同的产业或行业中，如人力资源专业所对应的职业群广泛分布于国民经济的各个产业和行业中。

表 2-4　专业群专业设置、服务的产业及对接产业（岗位）链

专业群名称	设置专业	服务的产业及对接技术岗位或产业链
交通土建技术专业群	道路桥梁与工程技术（核心） 道路养护与管理 城市轨道交通工程技术 高速铁道工程技术 港口和航道工程技术 工程造价（公路工程造价方向）	服务“一带一路”和“一带一部”的交通基础设施建设产业。对接公路、铁路、桥梁、隧道、港口、航道等交通设施建设的施工员、监理员、造价员、检测员、养护员等技术技能岗位
汽车技术服务专业群	汽车运用与维修技术（核心） 汽车营销与服务 汽车制造与装配技术 汽车车身维修技术 汽车电子技术 新能源汽车技术	服务汽车产业。对接汽车生产、产品调试、销售服务、二手车评估、保险理赔、维修服务等汽车制造及后市场产业链
智能交通技术专业群	智能交通技术运用（核心） 物联网应用技术 移动互联应用技术 智能监控技术应用	服务指挥交通产业。对接智能交通系统集成与施工、应用系统设计与开发、设备的销售、使用与维护等高端技术技能岗位
交通运输服务专业群	物流管理（核心） 城市轨道交通运营管理 交通运营管理 会计 电子商务 商务英语	服务综合交通运输产业。对接物流、客运、快递、电商等行业的物流师、站务员、调度员、快递业务员、会计师、电子商务师等一线技术技能岗位
工程机械运用技术专业群	工程机械运用与维护（核心） 轮机工程技术 数控技术 机电一体化技术 工业机器人技术	服务工程机械产业链。对接湖南工程机械产品生产、销售、售后服务、租赁、使用维修等产业链
建筑工程技术专业群	建筑工程技术（核心） 建筑装饰工程技术 工程造价（建筑工程造价方向） 建筑经济管理	服务建筑产业。对接民用建筑工程技术领域的施工员、造价员、质量员、监理员、绘图员等技术技能岗位

一种职业可能涉及一种专业，也可能涉及多种专业。例如，国际商务师可对应的专业包括经济学、国际经济与贸易、英语等多个专业，而卫生专业技术人员（如内科医师、外科医师、儿科医师等）只对应某个专业。

（三）专业和职业的关系

研究发现，不同专业的学生，在就业过程中的专业、职业对口率是不同的。相关度最高的是医学专业，毕业3年内的对口率在90%以上，其次是工科，对口率在70%～80%，然后是经济专业、管理专业、文学专业、教育专业、法律专业，对口率较低的是历史、哲学、理学、艺术等专业。由此可以看出，基础专业的对口率要低于应用专业，但这并不意味着基础专业的就业质量和职业发展前景要比应用专业差。

在人才市场上，越来越多的岗位招聘不限专业。上学期间写的各种论文、上课学习的各类知识、做过的各种实验，都可能与职业的发展有意想不到的联系，并且可能创造意想不到的职业机会。因此，大学的学习不能过于功利化，大学生还是要基于自己的兴趣、知识体系的内在逻辑去完成自己的专业学习，培养通用能力。

直接与职业相联系的专业包括医学、法律、教育、机械、计算机等，这些职业一般都有相应的职业资格证书，一般称为专业性职业，即具有高水平专业知识和技能的职业。现代社会已形成了更多的不同的专业性职业，从事专业性职业的人被称为专业人员。专业人员通常受到其所从事的行业长期而又严格的专门训练，工作内容具有高度的专业性，因此他们必须在获得有关部门授予的资格证书、执业资格证书后才能从事此类职业。专业性职业区别于一般职业的主要特征是每一种专业职业都有一个科学的知识体系，而高等职业院校在发展专业科学知识体系方面扮演了重要角色。

从岗位需求来看，技术含量越高的岗位，对专业知识和专业技能越重视。例如，对销售、服务类岗位来说，通用知识和通用技能更加重要。

学习相同专业的学生，也可能选择对口、相关或不对口的职业，不管是怎样的选择，在应聘时，为了更好地向招聘主管介绍你的专业，请回答以下几个问题。

1）针对你应聘的岗位，你的专业具有什么样的优势？

____

2）你的专业让你在写作能力、人际交往能力、组织能力、学习能力等这些通用能力方面，有何提高？为什么？

____

3）你在大学期间，最喜欢的课程是什么？为什么？

____

4）在大学期间，你养成了什么样的习惯，它们会让你在职业领域中有更好的表现吗？

____

四、了解专业发展资源

大学是一个自由开放的地方，学生的专业知识可能来源于专业课程，也可能来源于其他感兴趣专业的课堂、图书馆、讲座等。从这个角度来说，学习任何专业的学生在同一所高校中拥有的资源是相似的，可先了解本校的人才培养模式和学科结构、教学管理制度等。

（一）了解本校的人才培养模式和学科结构

目前很多高校在推进“大类招生、大类培养”模式，力求打造个性多元的人才培养模式，为学生自主选择提供更多的空间。一些高校为了适应经济社会发展需要和满足学生个性化需求，深入实施以“自主学习、研究性学习、实践性学习”为特征的人才培养新方案。有些学校实行小班教学，强调师生互动，鼓励探究式学习，以激发学生学习的主动性、创造性和内在潜力；同时，在经济全球化的推动下，学生有越来越多的跨学科、跨学校、跨国界的学习和研究机会。有的学校还推进网络教育，增加网络课程的种类，细化内容，为学生学习提供了更大的灵活度，为学生的职业生涯提供了更多的机会。

学生应重点了解本校的人才培养模式，如有没有实施“基础学科拔尖学生培养试验计划”“卓越工程师教育培养计划”“国际化专业改革试点计划”的专业，通常这些专业都是学校里的重点专业或特色专业。了解本校的学科结构，分布在哪些一级、二级学科中，有哪些是重点学科，有哪些学科专业是综合改革试点专业，这些专业可能在人才培养模式、教师队伍、课程教材、教学方式、教学管理等方面都有独特的地方。

（二）了解本学校的教学管理制度

学生可了解学校有哪些制度可能会对学习有影响，如通识教育课程和选课制度、主辅修制度、转专业制度、导师制、“双证教育”制度、联合培养人才和其他教学管理制度。

1）通识教育和选课制度。了解本校的通识教育课程和选课制度，课程资源是否共享，可否进行跨学科自由选修课程。

2）主辅修制度。了解本校是否推行主辅修教育。主辅修教育是指学生在规定的时间内完成主辅专业培养方案规定的学分，毕业时可以获得记载两个专业学习经历的毕业证书和学位证书（修读的两个专业属于同一学科门类的，获得一个学位证书）。

3）转专业制度。了解本校每年可以接收学生转专业的专业目录及计划接收学生人数情况。

4）导师制。了解本校为各专业配备的导师。要尽可能密切地与导师交流。

5）“双证教育”制度。了解本校是否推行“学历证书+职业资格证书”制度。

6）联合培养人才。了解本校是否有境内外合作、中外合作、校企合作办学，以及是否有到国内外高校学习交流的机会。

7）其他教学管理制度。

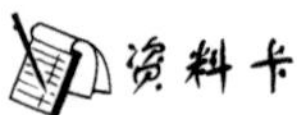资料卡

湖南交通职业技术学院专业群核心课程建设

1. 校企共建课程门数及成效

湖南交通职业技术学院各专业群共建成120门校企共建课程，其专业核心课程较好地体现了课程内容与企业相关的工作内容高度一致，课程目标与企业岗位能力目标高度一致，课程实操考试与企业认证考试内容一致。课程内容更贴近企业生产实际，制订的课程标准贴近职业标准，有利于培养学生的岗位职业能力，提高了人才培养质量，受到学生和用人单位的一致好评。

2. 吸收最新技术标准建设课程及成效

随着新技术在各个行业的应用，各专业群每年修订部分课程标准，如汽车总线控制技术近年发展迅速，汽车技术服务专业群在“汽车电气设备检修”“车载网络技术”等课程中，不断增加新内容来满足市场要求。随着新能源汽车的高速发展，学院除了开设新能源汽车技术专业外，还在传统专业中增设了新能源汽车技术概述的课程及相关教学内容。学院各专业群吸收的最新标准建设课程突出了课程内容的前瞻性，有效提高了学生的岗位适应能力，为学生毕业后迅速适应岗位打下了坚实的基础。

3. 引进国际标准建设课程及成效

湖南交通职业技术学院汽车运用与维修技术专业通过中德项目，德国汽车机电技能型人才培养课程体系与课程标准完成本专业（中德班）人才培养方案及本专业八大学习领域课程标准，形成了本土化的“双元制”专业课程标准。课程的开设有力地推动了学生对于德系汽车各个系统的学习和掌握，为学生进入相关企业打下了良好的知识储备和能力基础。

第二节　规划学业路径

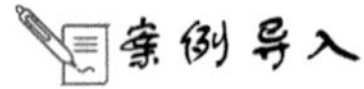案例导入

规划好大学学业是迈向成功的阶梯

张静是工业机器人技术专业2016届毕业生。刚进大学时，张静和其他的大一新生一样，不知所措。但很快在辅导员的指导下，她开始思考并行动，确立了自己的学业目标和行动计划。她的大学生活非常充实，尽可能地展示并完善自己，挖掘自己的潜力，取得了累累硕果。她还积极参加实习项目，考取了工业机器人应用工程师证书。作为班

级团支书，她工作踏实肯干，有很强的责任心，得到了老师和同学们的一致好评。毕业时，她顺利进入一家智能装备公司。

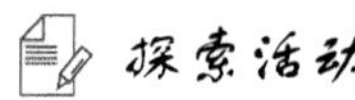

澄清学业方向与目标

写下你未来学业的整体设计，或者学业理想与目标。不必考虑这些理想目标该用什么方式去实现，不要做任何限制。

图 2-1 是大学目标规划九宫格，供参考。

学习	专业	人际交往
情感	身心健康	休闲
自我成长	社会工作	兼职工作

图 2-1　大学目标规划九宫格

然后，审视写下的未来学业的整体设计或学业理想与目标，思考预期达成这些目标的时限，有的目标可短期内达成，而有些却遥遥无期。如果你的目标多为近期的，那就把眼光放得远些，制订长期目标；如果你的目标多为长期的，可制订一些阶段性的目标。

选出一年内对你最重要的 4 个目标，选出你最愿意投入、最能令你满足的 4 件事，并把它们记录下来。

明确、扼要、肯定地写下你实现它们的真正理由，告诉自己有多大把握能实现这些目标和它们对你的重要性。

审视你所列的4个最重要目标，你对这些目标是否有期望？预期结果如何？如果你达成这些目标，结果对你及社会是否有积极影响？

____

____

如果你要实现这些目标，应该具备什么样的条件或资源，如人脉、财物、专业背景、知识能力等。列出你已经具备或拥有的资源条件。

____

____

____

____

针对你制订的4个最重要目标，规划实现目标需要的必要步骤。了解有什么因素妨碍自己前进，应该如何改变自己。

____

____

一、学业规划是大学生第一堂必修课

学业规划是做好职业生涯设计的前提和基础，同时也是职业生涯设计的组成部分，制订并实行良好的学业规划可以让大学生更好地迎接社会的挑战。制订学业规划的优点如下。

（一）有助于大学生发掘自我，促成自我发展

一份有效的学业规划设计，包括自身条件和现实问题两个方面，因此它能够引导大学生认识自身的个性特征、现有的和某些潜在的资源优势，重新认识自身的价值并使其持续增值，对自身的长处和短处及综合素质进行对比分析，认清个人目标与现状之间的距离，学会如何应用科学有效的方法、采取切实可行的行动，不断增强自己的专业竞争力，从而实现自己最初的梦想。

马斯洛的需求层次理论指出，高层次的认识需求能否实现很大程度上取决于自己职业生涯的进展状况，而一个科学可行的职业生涯又是以一个良好的学业规划为前提和基础的。现代著名文学家刘英曾说："人生最可怕的不是疾病、贫穷、死亡，而是自己拥有很多的剩余时间而不能过有价值的生活。"

因此，大学生都应该是自己人生、学业、事业的规划者和耕耘者，设计自己的发展蓝图，为实现自身价值创造机会，从而使自己成功的可能性更大。

（二）有助于促使大学生集中精力、提高热情、增强主动性

没有学业规划的大学生，时间、精力就会被荒废，很容易思考与学业无关的琐事，虚度美好光阴；相反，拥有自己学业规划的大学生能够合理安排自己的日常学习，自己做的每一件事情都是实现未来目标的一部分。学业规划使大学生心中的理想具体化，让理想更容易实现，对学业的顺利完成做到心中有数，热情高涨。学业规划也使他们的学习意识从“要我学”变为“我要学”，变被动为主动，增强学习的主动性。

（三）有助于大学生尽早明确自我人生目标

学业规划的前提是认识自我。只有认识自我、了解自我，才能有针对性地选择学业方向。认识自我是对自我深层次的解剖，了解自己能力的大小，明确自己的优势和劣势，根据过往的经验、经历，选择未来可能的工作方向，从而解决“我想干什么”和“我能干什么”的问题。自我定位是学业规划乃至人生规划和行动得以成功的基本依据，知己知彼，方能百战不殆。

二、以“专升本”为目标的学业规划

每年的“专升本”考试，都会引起众多专科生及其家长的高度关注。不少专科生说：“专科生找工作不容易，升本后拿个本科文凭，求职更自信！”随着高校扩招，就业压力越来越大，选择升学既可以解决就业压力，多一块敲门砖，又可以重新选择自己所喜欢的专业，也为改变未来就业方向提供了一个机会。

其实，很多同学选择升学，还是“好学生就得升学”的旧观念在起作用。现在社会上在职深造的机会越来越多，工作后再充电也未尝不可，特别是对于家庭经济条件比较困难的学生来说，就业比升学更划算。

什么是专升本

中国高等专科学生升本科考试（简称专升本），是专科层次学生升本科学校或者专业继续学习的考试制度。这一考试在大多数有专升本教学系统的高等教育学校举行，一般每年举行一次。

参加考试必须具有专科学历，在读和专科毕业生才可以参加专升本考试的报名及考试，考试分数及其他身份考察通过后可进入本科学校继续学习。

4种专升本考试类型、特点和文凭含金量对比见表2-5。

表 2-5　专升本考试类型

考试类型		特点	文凭含金量
普通专升本		又称统招专升本，招生对象是应届优秀普通全日制专科毕业生。省级统一招生标准选拔性考试，即全省统考。只限报考本省本科院校，不允许跨省报考	享受与本科学校学生一样的待遇，毕业证和普通本科生略有差异，即专科起点修完两年制本科和高中起点的修完四年制本科的差异。毕业证含金量较高
成人高等教育专升本	成考专升本	参加全国统一入学考试，考试相对容易，录取率较高	毕业证盖所学习高校章，证书上显示“成人教育脱产或函授”字样，国家承认学历。在同等情况下，社会认可度低于普高本科和自考本科
	自考专升本	没有入学考试，但考试课、实践课、毕业论文都须及格，才能拿到毕业证，毕业难度较大	全国统考，毕业证盖主考大学章和省自考委的章，国家承认，在工资、人事待遇、考研究生、考证、考公务员、出国留学、职称评定及其他方面与普通本科具有同等效力
	远程教育专升本	只要具有国民教育专科学历就可入学，较为简单	毕业证盖所学习高校章，证书上显示“网络教育”字样，国家承认，电子注册。在同等情况下，社会认可度低于普高本科和自考本科

三、就业型学业规划

就业，即大学生毕业后直接选择求职择业，走入社会。通过学校推荐、参加各种“供需见面会”、双向选择、签订就业协议，是目前大多数毕业生的选择。

通过大学的历练，根据自身条件和社会需要选择未来的职业及人生发展道路，进行人生规划与设计，是大学生成才的必由之路。

（一）提高竞争力

就业成功的关键在于竞争力。竞争力是大学生职业生涯中参与职业活动所必需的、最基本的能力。竞争力必须具有普遍的适用性和广泛的可迁移性，其影响辐射到行业通用技能领域和专业特定技能领域，对大学生的终身发展和终身成就影响深远。以就业为导向的学业规划的关键是，提高自身的综合素质。这就要求大学生必须正确认识自己，并根据社会需要来调整自己的知识结构和综合素质，在校期间不仅要学好科学文化知识，还应努力提高自身的竞争力，为顺利就业创造条件。

1）认知上，大学生在学习知识的同时要学会如何学习，如何认真把握学习的方向，如何开发自己的潜能，提高解决问题的能力。

2）学习上，大学生要学会安排自己的时间。大学中，很多时间都是学生自主安排的，要学会统筹规划，把学习、做作业、锻炼身体、娱乐及休息时间安排好。

3）生活上，大学生要学会共同生活。大学生活既是集体生活，也是独立生活，大学生必须树立正确的生活观念，有序生活，有益娱乐，有度交往，怀着宽容和理解的心去处理生活中的各种小摩擦、小矛盾。

4）思想上，大学生在思想上要注意全面发展，即身心、智力、责任感、精神、价值观念等方面的协调发展；掌握所需的基本能力，即思考、判断、想象、表达、情绪控制和社会交往等方面的能力；不断提升自身综合素质，获得未来职业发展的通行证。

（二）就业规划

大学时期的学业规划，是一个不断攀爬“金字塔”的过程，不同年级有不同的目标与任务。大学生在学习的不同阶段，应针对学业能力及职业生涯发展阶段的特征，进行针对性的规划，打好基础。

1）大一阶段，适应大学生活，树立规划意识。大学生要完成从中学生到大学生的角色转变；虚心请教师兄师姐，积极参加集体活动，建立新的人际关系圈；熟读学生手册，关注辅修专业和第二学位的申请条件，保证较好的学习成绩。

2）大二阶段，确定主攻方向，培养综合素质。大学生要虚心请教师长和校友，根据自己的发展意愿选定主攻方向；建立合理知识结构，注重专业能力的培养，参加英语、计算机等级考试；根据自己的兴趣爱好加入学生会或社团，培养自己的组织协调能力和团队合作精神，提升自己的综合素质。

3）大三阶段，提升求职技能，做好就业准备。大学生在加强专业知识学习的同时，还应取得与职业目标相关的职业资格证书；增强兼职、实习的职业针对性，积累对应聘有利的实践经验；扩大校内外交际圈，加强与校友、职场人士的交往，提前参加校园招聘会，与用人单位招聘人员进行沟通；学习求职技巧，学会制作简历、求职信，了解面试技巧和职场礼仪。

4）大四阶段，充分掌握资讯，实现毕业目标。大学生可以留意学校就业中心通知和其他重要的招聘渠道，不要遗漏关键的招聘信息；登录招聘单位网站或通过咨询、访谈等方式，了解招聘单位的相关信息，为面试做好准备；选择实用性较高的毕业设计（论文）题目，借机证明自己的应用研究能力。

四、创业型学业规划

当前，我国正处于创业经济的活跃期。越来越多的大学毕业生加入自主创业的大军中，成为创业洪流中的主力军。创业不是一个被动的“等、靠、要”的过程，而是主动的自我雇用的过程。创业已成为有愿望、有条件、有能力的青年人主动就业的积极选择。

大学生有追求人生的激情和梦想，然而理想和现实总是存在着一定的差距，真正的创业之路必然是艰辛和曲折的。自主创业，不同于一般意义上的就业，创业是有风险的。但是，创业是主动的，就业是被动的。年轻人开创的事业能否真正维持下去，并得到稳定经营和有效发展，是人们关注的焦点。良好的心理素质、必备的专业知识技能和相应的经营管理知识，以及坚忍不拔和勇于奋斗的精神，是创业的重要条件。

（一）了解创业意愿

在创业开始之前，大学生需要评估自己的优势和劣势，看看自己是否具备创业的基本素质和能力。大学生可通过认真思考和回答以下问题，来初步判断自己是否有创业的基本素质和能力。

1. 你适合创业吗

作为创业者或者小企业的领导者，在如何拓展业务、如何定位市场、如何管理财务和员工等各个细节方面，经常需要做出决定，而这些决定是在压力环境下要求创业者迅速独立完成的。创业需要热情、需要理念，更需要能力，如策划和组织能力、团队组建和管理能力、决策和综合管理能力、创业风险（资金风险、竞争风险、团队分歧风险、核心竞争力缺乏风险等）规避能力。

2. 你能长时间保持创业激情吗

运营一家企业有时能把创业者的意志耗尽。尽管有些创业者感觉自己快被肩上的重担压垮了，但是强烈的创业激情和坚强的意志，能够使其企业获得成功，并且在遇到经济衰退等困境的时候能顽强地生存下来。因此，思考你选择自主创业的动力，确保这些动力在今后创业的道路上无论碰到什么困难，都将激励你勇敢地坚持下去，至少你的创业冲动能够强到使你长时间保持创业的激情。认真思考你拥有的技能、经验和意志。因为有可能在相当长的一段时间内，企业的业务没有进展，有可能会出现与员工发生思想激烈碰撞的现象，不理解你、不支持你的现象也可能会经常发生，这将会使你感到郁闷、孤独，你准备如何承受？

3. 你的身体和精神状态适合创业吗

创业过程充满挑战，这就意味着你需要做好长期进行艰苦工作的准备。同时，创业也意味着你需要更加努力、自觉地工作，即你将失去很多休息时间。身体健康是承受创业高强度体力和精神压力的前提，你的身体健康状况是否允许你从事这样的工作？

在创业过程中，有时会令人非常兴奋和愉快，有时又会令人烦恼和颓丧，你有没有这样的心理准备？

4. 你的家庭支持你创业吗

和谐稳定的家庭是事业成功的基础，创业之初会对你的家庭生活影响很大，能否获得家庭支持也很重要。你的家庭会支持你吗？

5. 你准备承受创业初期的风险了吗

创业始终伴随着风险。在确定创业目标后，创业者接下来要思考的问题是：创业的风险有哪些？创业最坏的结果是什么？我能否接受这个结果？我能否从坏结果中走出来？

（二）明确创业决策

对于大学生来说，选择就业还是创业，关系到自己一生的职业起点。希望获得最理想的职业发展状态，就需要认真地对自己进行剖析，知道自己真正希望得到什么，想要达到何种状态。

做出创业的决策应遵循以下几个原则：①择世所需，选择真正有市场需求、真正有社会价值的创业项目；②择己所爱，要结合自己的性格、兴趣、价值观来进行决策，创业应该是自己主动选择的结果，而不应是被逼的无奈之举，创业的决策应与自己职业生涯的愿景相一致；③择己所能，决策时要考虑自己是否有能力做到，以及创业的现实可操作性；④择己所利，创业决策应能给自己带来较为丰厚的物质或精神回报。

创业有风险，大学生在进行创业决策时，一定要科学、客观地分析和思考。在创业之前问自己的问题越多，做出的决策越理性，有明确答案且思路清晰的方法越多，创业的成功率就越高。

（三）提升创业能力

1. 刻苦学习创业知识

知识可以促进能力的提高。任何能力的形成和提高都是在掌握和运用知识的过程中实现的，创业能力也不例外。在学习创业知识的过程中，要认真思考，吸取他人的经验，同时也要锻炼自己综合分析问题的能力。“知识就是力量”，要使知识变成力量，一定要有能力。不能死读书，读死书，成为书呆子。要学会将学习、思考、实践综合起来，经过自己的消化、吸收，转化为运用知识的手段和本领，进而为创业能力的形成和提高打下坚实的基础。

首先，课堂、图书馆和社团是获得创业知识的一个重要途径。通过课堂学习能掌握过硬的专业知识，在创业过程中将受益无穷。在图书馆，我们通常能找到创业方面的报刊和图书，广泛阅读能增加对创业市场的认识。参加大学社团活动能锻炼各种综合能力，这是积累经验必不可少的实践过程。其次，纸质媒体和网络媒体也是一个很好的途径。通过阅读和浏览相关内容能了解更加丰富的创业知识。最后，注意培养良好的社会意识，包括与人协调合作、集体工作的意识和强烈的社会责任感，以及竞争意识、环境意识、质量意识、品牌意识、安全意识等，这是提高创业素质极其重要的社会基础。

2. 加强社会实践

创业能力的形成和提高必须在创业实践中实现。创业者应根据自身条件和专业特点，在培养自己强烈的创业意识、创业精神、认真学习创业知识的基础上，积极参与创业实践活动，提升创业能力。

1）利用空闲时间进行尝试性、见习性的实践活动。创业者可以和家人、朋友或同学合作，也可独立投入一点小资本进行经营活动；参与家庭或他人的创业活动；到公司实习等。

2）模拟实践。创业者可以参加创业实践情景模拟，进行有关创业活动的情境体验，如招聘面试、应聘面试、产品推销等。

3）利用实习期进行创业实践训练。进入创业启动阶段后，创业者可以单独或与同学轮流租赁或承包一个小店铺，可提供加工、修理、销售等服务，在实际的创业实践中提高自己的创业能力。

3. 向专家或行家咨询

大千世界，藏龙卧虎。有些人身怀绝技，能解决常人所不能解决的问题。商业活动无处不在，在生活中，可以与有创业经验的亲戚、朋友、同学、老师交流，得到最直接的创业技巧与经验。大学生创业者还可以通过邮件和电话等方式拜访专家或行家，或咨询与创业项目有密切联系的商业团体，保持认真谦逊的态度，总能得到他们的帮助。

完成学业规划评估与反馈

学业规划评估与反馈见表 2-6。

表 2-6　学业规划评估与反馈

<table>
<tr><th>发展规划</th><th>内容</th><th>规划内容</th><th>完成情况</th><th>总结分析</th><th>后续规划修正</th></tr>
<tr><td rowspan="4">专业知识和技能发展规划</td><td>课程成绩计划：必修课、限选课、任选课等的成绩；英语、计算机等的等级考试</td><td></td><td></td><td></td><td></td></tr>
<tr><td>获奖学金计划：综合测评奖学金及其他各类奖学金</td><td></td><td></td><td></td><td></td></tr>
<tr><td>专业素质拓展计划：与专业相关的知识、素质、技能发展</td><td></td><td></td><td></td><td></td></tr>
<tr><td>其他方面发展计划：如发表专业论文、参加专业竞赛等</td><td></td><td></td><td></td><td></td></tr>
<tr><td rowspan="6">个人特长及素质发展规划</td><td>文娱特长发展计划：音乐、舞蹈曲艺、美术设计等方面</td><td></td><td></td><td></td><td></td></tr>
<tr><td>体育特长发展计划：体育运动、比赛等方面</td><td></td><td></td><td></td><td></td></tr>
<tr><td>计算机特长发展计划：计算机软硬件的学习、利用、活动等</td><td></td><td></td><td></td><td></td></tr>
<tr><td>思想政治素质发展计划：积极争取参加各级党校培训等</td><td></td><td></td><td></td><td></td></tr>
<tr><td>心理健康发展计划：健康积极的心理素质等</td><td></td><td></td><td></td><td></td></tr>
<tr><td>其他方面发展计划：如演讲、辩论等</td><td></td><td></td><td></td><td></td></tr>
<tr><td rowspan="2">兴趣爱好发展规划</td><td>读书计划：阅读课外书籍，提高知识面和个人修养</td><td></td><td></td><td></td><td></td></tr>
<tr><td>其他计划：其他</td><td></td><td></td><td></td><td></td></tr>
<tr><td rowspan="3">综合素质拓展规划</td><td>技能认证考试计划：考取与所学专业相关或跨专业的技能认证证书</td><td></td><td></td><td></td><td></td></tr>
<tr><td>组织能力发展计划：担任学生干部参与班级管理，组织大型活动等</td><td></td><td></td><td></td><td></td></tr>
<tr><td>社会活动计划：青年志愿者服务、社会实践、爱心奉献、专业实习等</td><td></td><td></td><td></td><td></td></tr>
</table>

第二部分　生　涯　篇

第三章　洞悉职业生涯规划

本章导图

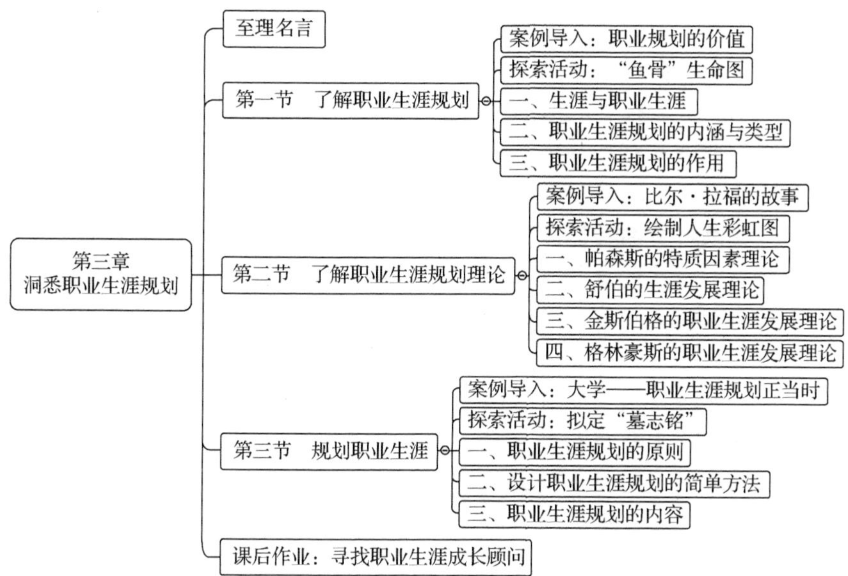

至理名言

凡事豫则立，不豫则废。言前定则不跲，事前定则不困，行前定则不疚，道前定则不穷。

——《礼记》

第一节　了解职业生涯规划

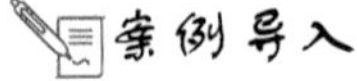

职业规划的价值

小黄是工业工程专业本科毕业生，毕业后进入一家世界500强的快速消费品行业做管理培训生，成为众多同学，甚至硕士研究生羡慕的对象。在介绍经验时，小黄非常坦诚地说，她没有社会关系，也没有超常的智力，更没有非凡的能力，之所以能顺利应聘，靠的是认清自我，早定目标，持之以恒，积极关注。

小黄在刚入大学的时候就参加了职业生涯规划训练活动。通过这次活动她对自己进行了一次职业规划，之后经过深入的思考和实践，基本确定了进入快速消费品行业的外企做管理培训生的职业目标。确定这个目标后，小黄又对这个职业目标进行了研究，把英语口语、表达能力、团队合作能力、外企的实习经历等作为自己大学期间要努力积累和提升的方面。在做好前期功课后，小黄又给自己制订了一个非常详细的行动计划，包括英语口语的练习、社团的选择、人际关系扩展、实习计划等。在行动计划的指引下，小黄一步步提升自己，终于在毕业的时候顺利地拿到了心仪企业的录取通知。

从小黄这个案例中可以看出，规划的力量有多大。如果小黄没有在低年级的时候开始考虑自己未来的职业发展，没有根据自己职业目标的要求提升自己，而只在大学期间埋头苦读，也许最终会取得很好的成绩，但未必会如愿获得自己想要的录取通知。

企业选人的标准与学校选人的标准不同，学校对学生的评判标准比较单一，而企业用人的标准是多维的，企业考察应聘者的方法也是多种多样的。虽然职业生涯规划的本意并不是帮助学生就业，但是良好的规划会让学生有针对性地积累职位所需要的经验、知识、技能等，使学生在求职时更具竞争力。

探索活动

“鱼骨”生命图

在图3-1的“鱼骨”图上绘制自己的“鱼骨”生命图。

填涂说明：鱼眼，表示原点，即出生时刻及出生地；鱼头，呈现三角形，代表人出生后0～3岁迅速发展的阶段；鱼尾，表示职业生涯结束后，生命逐渐老去的部分；鱼尾尖，表示生命的终点。

1）请你在生命的圆点写上出生日期和“0岁”。再根据自己的健康状况、家族的健康状况和所生活地域的平均寿命来预测自己和世界说再见的时间，并标注在箭头的终点上。

图 3-1 “鱼骨”图

2）请找出你现在的位置，用一个自己喜欢的标记表示在生命线上，并写上今天的日期和年龄。

3）请你进一步仔细回忆过去，以生命线上的原点为初始点，标出过去影响你最大或令你最难忘的 5 件事，积极影响事件的鱼刺朝上，消极影响事件的鱼刺朝下；并以线段的长短表示事件对自己影响的大小。

4）现在请你在生命线上标出今后你最想做的 3 件事或最想实现的 3 个目标，能够由自己全权决定的鱼刺朝上，需要他人参与或者全部由他人定夺的鱼刺朝下。

参考自己绘制的“鱼骨”生命图，深入思考，并回答下面的问题。

1）过去的事情对你有怎样的影响？你对这些事情的看法怎样？

____

2）对于现在的自己，你是否感到满意？哪些人或事促成了现在的你？

____

3）对未来的自己，你的预期是什么？如果想要成为这样的人，你现在需要做什么？

____

一、生涯与职业生涯

（一）生涯

1. 生涯的含义

“生涯”出自《庄子·养生主》：“吾生也有涯，而知也无涯。以有涯随无涯，殆已！已而为知者，殆而已矣！为善无近名，为恶无近刑，缘督以为经，可以保身，可以全生，可以养亲，可以尽年。”此处我们所说的“生涯规划”中的“生涯”，是指个人通过从事工作所创造出的一个有目的的、延续一定时间的生活模式，实际上就是指“职业”。生，即“活着”；涯，即“边界”。广义上理解，“生”，自然是与一个人的生命相联系；“涯”，则有边际的含义，即指人生经历、生活道路和职业、专业、事业。人的一生，包含少年、成年、老年几个阶段，成年阶段无疑是最重要的时期。这一时期之所以重要，是因为这是人们从事职业的关键时期，是追求自我、实现自我的重要人生阶段，是人生全部生活的主体。

2. 生涯的特点

生涯是一个人一生中各种角色的统合，因此在生涯发展过程中，个人必定会在不断地角色扮演中寻找自我，发掘人生意义。了解生涯的特点，有助于人们认识生涯的本质，更合理地规划人生，从而在面对不同情境时都能坦然以对。

（1）独特性

每个人的生涯都不一样，就像世界上没有两片相同的叶子，人与人之间也绝不会完全相同。因此，每个人都有其专属的生涯规划。

（2）终身性

生涯是一个人一生的事情，包含上学、就业、退休后的生活等。如果今天有一个生涯规划，明天又有另外一个生涯规划，就不能称为生涯规划，只能算是计划。

（3）发展性

生涯是人生发展的整个历程，贯穿人从生到死的过程，且在人生发展的不同阶段呈现不同的形态和特点，因而具有发展性，且随着个人成长、经验积累、社会发展而变化。

（4）全面性

生涯包含人生整体发展的各个层面，所规划的内容包罗万象，即对一个人生涯规划的点、线、面考虑极为广泛，几乎无所不包。

生涯并不局限于个人的职业角色。尽管生涯与职业相关，但比职业的内涵更加丰富，它涵盖了更长的时间，既包括就业前的活动，也包括退休后的生活。每个人的生涯发展都是独一无二的，是依据个人的人生理想，为了自我实现而逐渐展开的一种生命历程。

（二）职业生涯

职业生涯是一个人一生的工作经历，特别是职业、工作待遇、职位的变动及工作理想实现的整个过程。职业生涯是人一生中最重要的历程，人们从 20 岁左右参加工作，到 60 岁左右退休，职业生涯约占人生的 2/3，也是人生中精力最旺盛、创造力最强的时期。

作为一种较为复杂的客观存在，我们需要从以下几个方面来理解和分析职业生涯的内涵。

1）职业生涯是个体的概念，是指个人的行为经历，而不是群体或组织的行为经历。

2）职业生涯是职业的概念，是指一个人在一生中的职业历程。

3）职业生涯是时间的概念，是指职业生涯周期，起始于初次工作之前的学习阶段、培训阶段，终止于完全结束或退出职业活动。实际生活中，职业生涯的时间期限在不同的个体之间有很大差别。

4）职业生涯是发展和动态的概念，是指个人的具体职业内容和职位是不断发展和变化的，而不是固定、单一的。职业生涯更重要的内涵，是职业的变革与发展的经历和过程，包括职业的转换、职位的晋升等具体内容。

二、职业生涯规划的内涵与类型

（一）职业生涯规划的内涵

职业生涯规划是指个人结合自身情况及机遇和制约因素，为自己确立职业目标，选择职业发展路径，制订教育、培训和发展计划等，并为自己实现职业生涯目标而确定行动方案。规划的实质是选择追求目标和实现目标的最佳方案。因此，职业生涯规划的实质就是结合自身情况及各种制约因素，为实现职业目标，制订一个完备的行动方案。简而言之，职业生涯规划是指个人为自身的职业发展所做的策划和准备。

大学阶段是职业生涯中的准备期和探索期，对于大学生来说，职业生涯规划有着更具体、更重要的内涵。在大学阶段，大学生应当客观、全面地认识自己的能力、兴趣、个性和价值观；了解各种职业、行业、环境的需求趋势和影响因素，确立职业生涯发展目标，选择实现这一目标的职业方向，制订行之有效的实施方案，包括相应的学习和培训计划，并做到及时反馈和修订。

（二）职业生涯规划的类型

按照规划的时间维度，职业生涯规划可以分为短期规划、中期规划、长期规划和人生规划 4 种类型。

1. 短期规划

短期规划是指 2 年以内的规划，主要是近期目标，规划近期应完成的任务。

2. 中期规划

中期规划一般是指 2～5 年的职业目标和任务，是最常见的职业生涯规划。

3. 长期规划

长期规划是指 5～10 年的规划，主要是设定较长远的目标，以及为实现此目标应采取的具体措施。

4. 人生规划

人生规划指整个职业生涯的规划，时间长达 40 年，设定整个人生的发展目标。

个人职业生涯规划从短期到中期，再到长期，直至整个人生规划，如同台阶一样，需要一步步地制订。在实际操作中，时间跨度太长的规划由于环境和个人自身的变化难以把握，而时间跨度太短的规划意义又不大，所以，一般把职业生涯规划的重点放在 2～5 年的中期规划，这样既便于根据实际情况设定可行目标，又便于随时根据现实的反馈进行修订或调整。

三、职业生涯规划的作用

（一）确立目标

很多大一学生面对新的环境、新的同学、新的学习生活，显得不知所措，不知道自己的人生目的是什么。职业生涯规划能够帮助大学生全面认识自我，了解社会，找出自己在知识、能力等方面与社会要求的差距，进而帮助他们明确人生目标，形成高品质的人生价值追求，并以积极进取的态度面对生活。

（二）实现职业成功

现实生活中，人们对职业生涯规划的理解千差万别。有的人以胜任力为导向，认为自己能在什么工作岗位上取得最大的成就就从事什么样的工作，这就是职业生涯规划；有的人以兴趣为导向，认为从事自己喜欢的工作并不断进步才是职业生涯规划。第一种观点是“我能做什么”，第二种观点是“我想做什么”，职业生涯规划是把二者结合起来，思考在社会的需求下如何实现的问题。

大学生想要在以后的职场环境中取得良好发展，离不开职业生涯规划的理论指导。大学生可以通过职业生涯规划找到自己喜欢从事的领域，并培养自己的岗位胜任力，确定自己的优势所在，明确切入社会的起点及提供辅助支持、后续支援的方式，从而找到让自己职业成功的有效途径。

（三）提升综合素养

一份切实可行的职业生涯规划在制订过程中会帮助大学生进一步认识自己，明确自身的优势与劣势，对自身的价值进行合理评估并让自己持续升值，在自我认知清晰的基础上树立职业发展目标，认清自身实力、所处环境与目标之间的距离及为了实现目标所要付出的努力，并在实现职业发展目标的过程中不断发现新的职业机会，通过不断完善自己、提升自己的岗位胜任能力，增强职业竞争力，提升综合素养最终实现职业生涯规划制订的职业目标。

职业生涯规划促使人不断自我完善及全面发展，实现人的价值最大化，促使人们追求更加健康的生活，帮助大学生健全自己的人格，构建合理的知识体系，拓展、维护好自己的人际关系等。

（四）提高就业能力，实现成功就业

2018 年我国高校毕业生就已超过 800 万人且呈逐年增加趋势，在经济下行压力下职业竞争将会越来越激烈，要想在职业竞争中脱颖而出，取得用人单位的赏识，制订合理的职业生涯规划是非常有必要的。

有些大学生前期没有制订职业生涯规划，等到毕业求职的时候在求职网站上投下海量简历，不停地参加各种招聘会，结果往往不尽如人意，到头来自怨自艾，抱怨用人单

位不能慧眼识“英雄”。这些大学生没有认识到职业生涯规划的重要性，觉得要找到好工作是要凭借自己的专业知识和技能、社会关系等，与其浪费时间制订职业生涯规划，不如多参加两场招聘会，多投几家公司的简历。这种观念无疑是错误的，我们常说磨刀不误砍柴工，毕业求职前先做好职业生涯规划，并按照规划一步步完成，这样效果会更好。

第二节　了解职业生涯规划理论

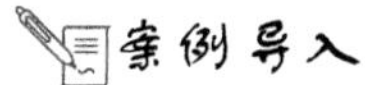

比尔·拉福的故事

一个美国小伙子立志做一名优秀的商人。

中学毕业后，他考入麻省理工学院，没有去读贸易专业，而是选择了工科中最普通、最基础的专业——机械专业。

大学毕业后，这位小伙子没有马上投入商海，而是考入芝加哥大学，攻读为期3年的经济学硕士。

出人意料的是，获得硕士学位后，他还是没有从事商业活动，而是考了公务员。

在政府部门工作了5年后，他辞职到通用公司工作。又过了2年，他开办了自己的商贸公司。20年后，他的公司资产从最初的20万美元发展到2亿美元。

这位小伙子就是美国知名企业家比尔·拉福。

1994年10月，比尔·拉福率团来中国进行商业考察，在北京长城饭店接受《中国青年报》记者采访时，他谈到他的成功应感激他父亲的指导，他们共同制订了一个重要的生涯规划。最终这个生涯设计方案使他功成名就。

我们来看一下比尔·拉福成功的历程：工科学习→工学学士→经济学学习→经济学硕士→政府部门工作→锻炼处世能力，建立广泛的人际关系→通用公司工作→熟悉商务环境→开公司→事业成功。

1. 第一阶段：工科学习

选择：中学时代，比尔·拉福就立志经商。他的父亲是洛克菲勒集团的一名高级职员，他发现儿子有商业天赋，机敏果断，敢于创新，但经历的磨难太少，没有经验，更缺乏必要的知识。于是，父子俩进行了一次长谈，并描绘出职业生涯规划的蓝图。因此升学时他没有像其他人一样直接去读贸易专业，而是选择了工科中最基础、最普通的机械专业。

评析：做商贸必须具备一定的专业知识。在商品贸易中，工业品占绝大多数，不了解产品的性能、生产制造情况，就很难保证在贸易中得到收益。工科学习不仅是知识技能的培养，而且能帮助建立一套严谨求实的思维体系。清楚的推理分析能力和脚踏实地的工作态度，正是经商所需要的。

收获：比尔·拉福在麻省理工学院的4年，除了本专业，还广泛接触了其他课程，如化工、建筑、电子等，这些知识在他后来的商业活动中发挥了举足轻重的作用。

2. 第二阶段：经济学学习

选择：大学毕业后，比尔·拉福没有立即进入商海而是考进芝加哥大学，开始了为期3年的经济学硕士学习。

评析：在市场经济下，一切经济活动都通过商业活动来实现，不了解经济规律，不学习经济学知识，就很难在商场立足。

收获：比尔·拉福掌握了经济学的基本知识，厘清了影响商业活动的众多因素，还认真学习了有关法律和微观经济活动的管理知识。几年下来，他对会计、财务管理也较为精通，在知识上已完全具备了经商的条件。

3. 第三阶段：政府部门工作

选择：比尔·拉福拿到经济学硕士学位后考取了公务员，在政府部门工作了5年。

评析：经商必须有很强的人际交往能力，要想在商业上获得成功，必须深知处世规则，善于与人交往，建立诚信合作关系。这种开拓人际关系的能力只有在社会工作中才能得到提高。

收获：在环境的压迫下，比尔·拉福养成了强烈的自我保护意识，由稚嫩的热血青年成长为一名老成、处事不惊的公务员，并结识了各界人士，建立起一套关系网络，为后来的发展提供大量的信息和便利条件。

4. 第四阶段：通用公司锻炼

选择：5年的政府工作结束之后，比尔·拉福完全具备了成功商人所需的各种素质，于是辞职下海，进入通用公司。

评价：通过各种学习获得足够的知识，但知识要通过实践的锻炼才能转化为技能。

收获：在国际著名的通用公司进行锻炼，比尔·拉福不仅为所学的理论找到了一个强大的实践平台，而且学习到了丰富的管理经验，完成了原始的资本积累。这也是大学生创业应该借鉴的地方，除了激情还应该考虑更多的现实问题。

5. 第五阶段：开公司

选择：大展拳脚2年后，比尔·拉福已熟练掌握了商情与商务技巧，便婉言谢绝了通用公司的高薪挽留，开办了拉福商贸公司，开始了梦寐以求的商人生涯，实现多年前的目标。

点评：比尔·拉福的准备工作，几乎考虑到了每个细节。拉福公司的成长速度出奇的快，20年后，拉福公司的资产从最初的20万美元发展为2亿美元，而比尔·拉福本人也成为一位成功人士。

收获：比尔·拉福的职业生涯规划脉络清晰，步骤合理，充分考虑了个人兴趣、个人素质，并着重于职业技能的培养，这种职业生涯规划在他坚持不懈的努力下，终于变为现实。

探索活动

绘制人生彩虹图

现在，我们来绘制自己的人生彩虹图！

请思考自己过去、现在，以及未来可能承担的生活角色，在图 3-2 上标注年龄阶段和扮演的角色名称，然后在所扮演或希望扮演的角色区域，用彩笔和文字区分出对这些角色的理解。

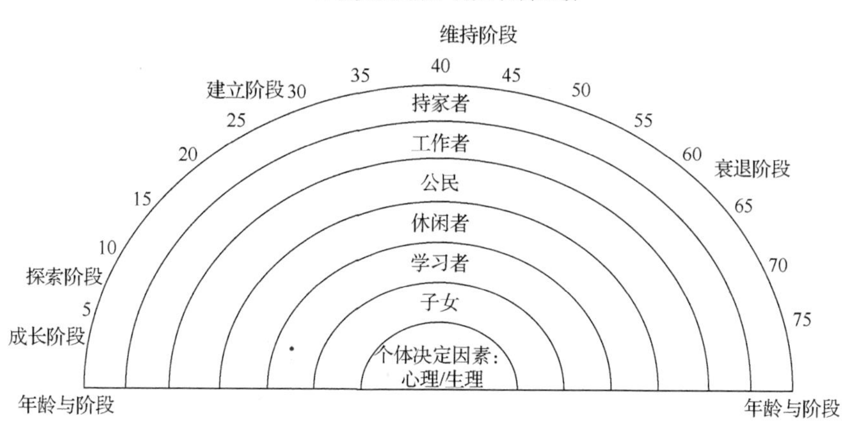

图 3-2　人生彩虹图

绘制要点：

1）角色扮演的成功视个人的生理、心理因素及当时的社会环境等外在情境因素而定，该角色越成熟，所绘制的色带应越饱满。

2）生命中各阶段所扮演的角色，延续的时间可用色带的长度来表示。

3）可用不同的颜色来代表对该角色的喜好。

绘制完成后，面对自己的人生彩虹图，你有感想呢？对于人生的不同阶段，所扮演的不同角色有哪些新的认识？如果要重绘这幅图，你会改变什么吗？

____

____

____

与同学讨论，通过绘制人生彩虹图，你发现哪些规律？

____

____

一、帕森斯的特质因素理论

1909 年，帕森斯根据多年的工作经验，在其《选择一个职业》一书中提出了特质因素理论（又称帕森斯的人职匹配理论），特质因素理论是最早的职业辅导理论。帕森斯认为，个人都有自己独特的人格模式，每种人格模式的个人都有其相适应的职业类型。

特质是指个人的人格特征，包括能力倾向、兴趣、价值观和人格等，这些都可以通过心理测验工具来加以评量。

因素是指在工作上要取得成功所必须具备的条件或资格，这可以通过对工作的分析来了解，如图 3-3 所示。

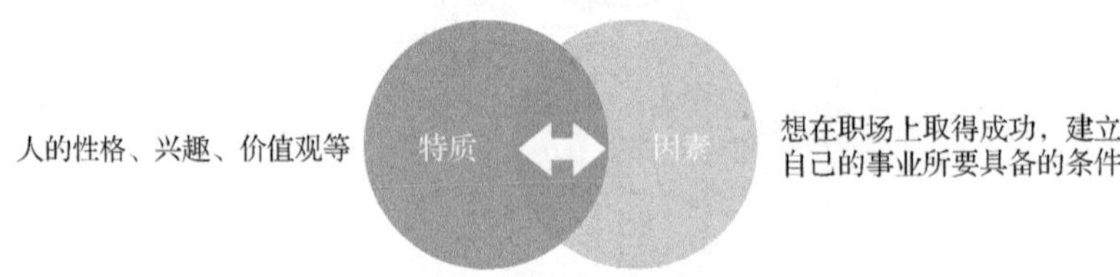

图 3-3　特质与因素

根据特质和因素，帕森斯认为应通过 3 步进行职业选择，如图 3-4 所示。

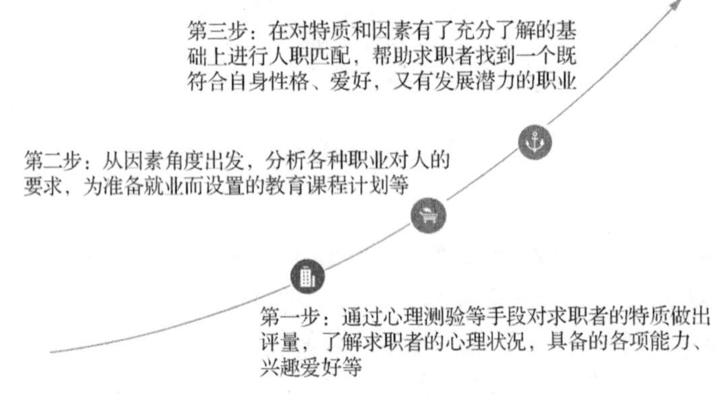

图 3-4　职业选择的步骤

特质因素理论强调的是个人与职业之间的匹配，依据特质因素理论对人进行职业指导，首先需要对人的特质有深入的了解，人才评测就显得非常重要。

二、舒伯的生涯发展理论

美国著名的生涯研究专家舒伯提出了人一生完整的生涯发展阶段模式，从人的终生发展角度出发，把整个人生分为成长阶段、探索阶段、建立阶段、维持阶段和衰退阶段 5 个阶段，见表 3-1。

表 3-1 生涯发展阶段

阶段	主要任务
成长阶段（0～14 岁）	认同并建立起自我概念，对职业的好奇占主导地位，并逐步有意识地培养职业能力
探索阶段（15～24 岁）	主要通过学校学习进行自我考察、角色鉴定和职业探索，完成择业和初步就业
建立阶段（25～44 岁）	选择一个合适的工作领域，并谋求发展，是绝大多数人职业生涯周期中的核心部分
维持阶段（45～64 岁）	开发新的技能，维护已经获得的成就和社会地位，维持家庭和工作两者间的和谐关系，寻找接替人选
衰退阶段（65 岁及以上）	逐步退出职业和结束职业，开发社会角色，减少权利和责任，适应退休后的生活

每一阶段都有一些特定的发展任务需要完成，每一阶段需达到一定的发展水准或成就水准，并且前一阶段的发展任务达成与否，关系到后一阶段发展的好坏。

根据舒伯的看法，一个人一生中扮演的角色就像彩虹同时具有许多色带。为了综合阐述生涯发展阶段与角色间的相互影响，舒伯提出“生涯彩虹图理论”，引入生命广度、生命空间的概念，展示不同生涯发展阶段各种角色的相互作用，不同生涯发展阶段角色的继承与更替，如图 3-5 所示。

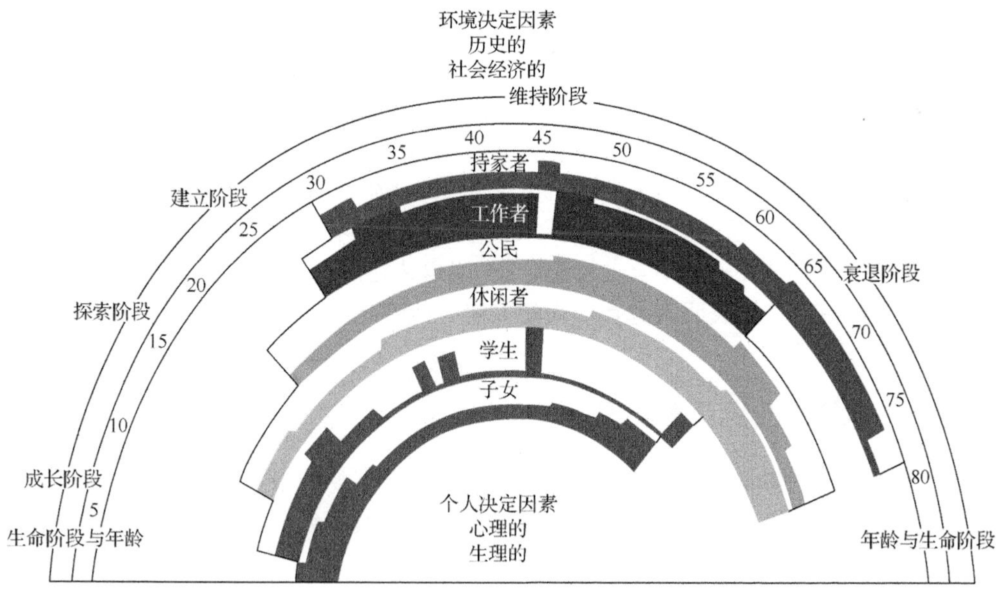

图 3-5 生涯彩虹图

在生涯彩虹图中，纵向层面代表的是纵观上下的生活空间，由一组角色组成，分成子女、学生、休闲者、公民、工作者、持家者 6 个不同的角色，他们交互影响交织出个人独特的生涯类型。

舒伯认为在个人发展历程中，个体随年龄的增长而扮演不同的角色。图的最外圈为主要发展阶段，内圈阴影部分的范围大小不一，表示在该年龄阶段各种角色的分量；在同一年龄阶段可能同时扮演数种角色，因此彼此会有所重叠，但其所占比例有所不同。

1）生涯彩虹图最里层子女的角色是一直存在的，在 5 岁以前是涂满颜色的，之后逐渐减少，10 岁时大幅减少，到 50 岁时开始增加。这表明早期作为子女享受父母的照顾，慢慢随着年龄增加，父母变老，则要开始照顾、赡养父母，直至父母去世，子女的角色也随之消失。

2）生涯彩虹图第 2 层是学生角色，学生角色从四五岁开始，10 岁以后进一步增强，20 岁之后大幅减少，25 岁以后便戛然而止，30～50 岁出现几次，65 岁以后还有出现。这表明，学习是一生相随的，离开学校工作一段时间之后，如果感觉自己能力不能满足工作需要，那么可以重新返回学校充电，以开创生涯发展新局面。

3）生涯彩虹图第 3 层是休闲者角色，这一角色从 5 岁之后一直是平稳发展的，直到 55 岁之后显著增加。表明休闲贯穿人的一生，是平衡工作的重要砝码，工作讲究劳逸结合，生涯发展也不能少了休闲。

4）生涯彩虹图第 4 层是公民角色，这一角色从 20 岁开始，35 岁后得到加强，65～70 岁达到顶峰，随后慢慢减退。公民是一种法律上的含义，是人们承担社会责任、关心国家事务的一种政治表现。

5）生涯彩虹图第 5 层是工作者角色，这一角色大概从 25 岁开始，30 岁之后得到加强，表明该阶段工作达到了顶峰。到 45 岁后，工作角色进入短暂的空白期，对比发现，此时学生角色和持家者角色得到增强，表明这张彩虹图的主人在该阶段进行了工作和生活重心的调整，进行了一段时间的脱产学习，以便未来更好地发展，并更多关注家庭及自身的转型。两三年之后，学生角色和持家者角色恢复平均水平，工作者角色重新占据生活的重心，直到 60 岁之后开始减少，65 岁时终止工作者角色。

6）生涯彩虹图第 6 层是持家者角色，这一角色从 30 岁开始，在家庭方面投入了相当多的精力，之后维持在一个适当的水平，65 岁退休之后又加强了这一角色，75 岁之后这一角色大幅减少。这表明家庭责任大幅减轻，或许是因为伴侣的去世，或许是完全将家庭事务交予小辈。

三、金斯伯格的职业生涯发展理论

美国著名的职业生涯发展理论先驱、职业心理学家金斯伯格，通过对人的童年到青少年阶段职业心理发展过程的研究，将个体职业心理的发展划分为幻想期、尝试期和现实期 3 个阶段。

（一）幻想期（11 岁之前）

幻想期的儿童已逐渐地获得了社会角色的直接印象，他们对自己经常看到或接触到的各类职业都感兴趣，并充满了新奇、好玩之感；在早期的游戏中，他们常常充分地运用各自的职业想象力，扮演各自所喜爱的角色。随着年龄的增长，游戏中所喜爱的角色得到初步强化，他们开始在日常服饰搭配、语言行动上对这些角色进行模仿。如果这种模仿得到了成年人和伙伴的赞许、肯定，那么他们这种开始萌芽的职业意识会得到强化。

这一时期儿童职业心理发展总的特点如下。

1）属于单纯的兴趣爱好与模仿。

2）不考虑自身的条件和能力水平。

3）不能形成与社会需要相适应的职业动机，完全处于幻想之中。

（二）尝试期（11～17岁）

与早期单纯的模仿不同，11～17岁是儿童向青少年过渡的时期。随着生理迅速成长和变化，他们的心理也在快速发展，以其独立意识和价值观念的形成作为显著标志，他们开始憧憬自己美好的未来。伴随着知识和能力的增长与增强，特别是获得一些社会生产、生活经验后，他们开始对职业问题进行积极探索，如能够比较客观地审视自己的条件、能力，注重社会职业声望、需要等。

金斯伯格还进一步把尝试期划分为以下4个阶段。

1）兴趣阶段（11～12岁）：处在这个阶段的青少年开始觉察社会不同职业之间的一些重要差异，并对自己较为关注的职业产生兴趣。

2）能力阶段（12～14岁）：处在这个阶段的青少年开始注意社会不同职业对能力的要求，注意衡量自己的能力与自己感兴趣的职业的差异，并自觉进行提升。

3）价值观阶段（14～16岁）：处在这个阶段的青少年开始注意了解各种职业的社会价值和个人价值，并运用这些价值审视自己的职业兴趣和能力，以便进行职业选择。

4）综合阶段（16～17岁）：处在这个阶段的青少年开始综合有关职业信息，并综合判断个体职业发展方向，缩小职业兴趣范围，把自己在前几个阶段中形成的职业价值判断和早期职业行动，转移到自己初步确定的职业方向上。

（三）现实期（17岁以后）

与尝试期青少年的职业心理不同，17岁以后是青年向成年人过渡和迈进的阶段，客观性、现实性是这一时期青年最明显的特点。

在这一时期，个体开始步入社会劳动并实现就业，他们能够客观地把自己的职业愿望同自己的主观条件、能力及社会现实的职业需要密切联系和协调起来，寻找适合自己的职业角色。他们对职业的认识已不再模糊不清，而是形成了明确、具体、现实的职业生涯目标。

金斯伯格按职业心理的发展顺序将现实期分为3个阶段。

1）试探阶段：对尝试期初步确定的职业方向进行各种职业的试探，如调查、访谈、参观、考察、查询、咨询等，了解职业发展方向及就业机会，为选择职业生涯做准备。

2）具体化阶段：将职业试探活动中的某些结果，结合自己的情况进行比较分析，再一次缩小职业选择范围，使自己的职业选择方向更加具体化、明确化。

3）专业化阶段：对个体职业发展的专业方向进行确认，并以实际行动投入到将目标变为现实的行为过程中去，包括选择专业院校学习和直接对工作单位进行选择。

四、格林豪斯的职业生涯发展理论

格林豪斯通过研究人生不同年龄阶段职业发展的主要任务，将职业生涯发展分为5个阶段。

（一）职业准备阶段

职业准备阶段的典型年龄段为0～18岁，主要任务是：发展职业想象力，对职业进行评估和选择，接受必需的职业教育。一个人在此阶段所做的职业选择，是最初的选择而不是最后的选择，主要目的是建立起个人职业的最初方向。

（二）进入组织阶段

进入组织阶段的典型年龄段为18～25岁，主要任务是：在一个理想的组织中获得一份工作；在获取足量信息的基础上，尽量选择一种合适的、较为满意的职业。在这个阶段，个人所获得信息的数量和质量将影响个人的职业选择。

（三）职业生涯初期

职业生涯初期的典型年龄段是25～40岁，主要任务是：学习职业技术，提升工作能力；了解和学习组织纪律、规范，逐步适应职业工作，适应和融入组织；为未来职业成功做好准备。

（四）职业生涯中期

职业生涯中期的典型年龄段是40～55岁，主要任务是：对早期职业生涯重新评估，强化或转变自己的职业理想；选定职业，努力工作，有所成就。

（五）职业生涯后期

职业生涯后期的典型年龄段是55岁直至退休，主要任务是：继续保持已有的职业成就，维持自尊，准备引退。

第三节　规划职业生涯

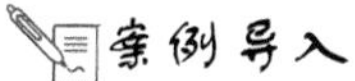

大学——职业生涯规划正当时

小徐于 2016 年考入某高职院校。由于家庭的影响，小徐一直对汽车行业感兴趣。当时，她的志向是这所高校的优势专业——汽车运用与维修专业，但由于该专业报考人数多、实际录取分数线高，虽然进入了理想的大学，但并没有被心仪的汽车运用与维修专业录取。最终，小徐被调剂到机电一体化专业。

由于不喜欢自己所学的专业，小徐学习也不认真，浑浑噩噩地混了一年。大二时学校组织了优秀校友报告会，在报告会上小徐发现，自己专业的学长进入工作岗位后从最基层的服务工程师做起，先后担任配件经理、服务配件部部长等职务。学长的成长经历坚定了小徐学好本专业的决心，也使其意识到职业生涯规划的重要性。

受到学长的关心和鼓励后，小徐制订了奋斗计划——一份以就业和未来发展为目标的职业生涯规划。大二期间除完成本专业相应课程外，小徐还考取了英语四级证书、计算机二级证书并认真学习制图软件，如 CAD、3DMAX 等。知识的增加和职业生涯规划的实施，进一步激发了小徐对本专业的兴趣，于是她报考了相关职业资格考试，并获得了电工证、钳工证。大三她在实习中认真工作，专业技能达到公司实习生岗位要求，毕业后顺利进入该公司。

探索活动

拟定“墓志铭”

请按以下模板来编写自己的“墓志铭”：

姓名_______　性别_______　生年_______　卒年_______　享年_______

1. 一生最大的理想与目标

____

2. 在不同年龄阶段的成就

____

____

____

3. 对社会、家庭或他人的贡献

____

4. 我是一个怎样的人

20 岁时用一句话定位：________________

30 岁时用一句话定位：________________

40 岁时用一句话定位：________________

50 岁时用一句话定位：________________

60 岁时用一句话定位：________________

70 岁时用一句话定位：________________

将拟好的“墓志铭”与其他同学分享并讨论以下问题。

1）哪些人的人生目标最吸引你？

____

2）哪些人的成就是“真正”的成就？为什么？

____

3）你认为对社会或他人最有贡献的人是谁？

____

4）假如你要替自己重写“墓志铭”，你会怎样写呢？

____

____

____

一、职业生涯规划的原则

职业生涯规划的过程是个体探索自我、科学决策、统筹规划的过程。为了保证职业生涯规划的实用性和科学性，应该遵循以下 4 个原则。

（一）量体裁衣原则

量体裁衣原则是做好职业生涯规划应当始终遵循的原则，也是最重要的原则。人与人之间的实际条件有很大差异，发展潜力无疑也会有很大不同。因此，职业生涯设计是一项完全个性化的任务，没有统一的定式，需要结合个体的具体特点进行设计。

进行职业生涯规划前，不仅要对个体的内在素质，如知识结构、能力倾向、性格特征、职业喜好等进行全面的测评，而且要对个体外部的职业环境和职业发展的资源等进行系统的评估。既要考虑个体的职业发展动机，又要考察其成功的可能性，从而为个体设定相应的职业发展目标和具体的发展规划。

（二）可操作性原则

几乎每个人都有目标和计划，但并非每个人都可以实现自己的目标，完成自己的计划，甚至有的人根本不知道自己是否完成了计划。这就是目标和计划的可操作性。职业生涯设计是为个体达成理想目标而规划的步骤，因此，这些内容本身应该是具体明确的，而不是空洞的口号。

职业生涯的可操作性，主要包括目标的现实性、计划的可行性和效果的可检查性 3 个方面。目标的现实性是指个体目标的设定应该建立在个体现实条件的基础上，是对个体现实资源的真实评估和科学预期，是可以达到的目标，而不是追新逐异或好高骛远的空想。计划的可行性是指个体制订的计划是非常具体的，是依据他们现有能力可以完成的行动计划。效果的可检查性是指目标的现实和计划的执行情况以客观事物为标准，是可以度量和检查的。

（三）阶段性原则

人生的不同阶段承担着不同的发展任务，需要解决相应的发展问题。因此，职业生涯规划应该结合个体的年龄特征，确定具体的发展方向，制订阶段性的发展目标。在现实与最终目标之间设定一个个阶段性目标，就像从山脚到山顶的一级级台阶，每迈一步都能够感到自己在朝终极目标前进，奋斗的过程就变得不那么缥缈，而是更具体、真实。

当然，在个体自身条件或外界环境发生改变时，所计划的理想目标和阶段性目标都需要进行相应的完善与修正。这就要求个体所规划的目标存在可调整的空间，可以根据实际情况进行改变。即使是最终目标，也需要结合不同阶段性目标的完成情况适时修正。

（四）发展性原则

发展性原则是指为个体设计职业生涯规划时，不仅要考虑个体当前的发展，而且要考虑个体未来的职业发展空间，职业生涯规划要有超前性和预测性。因此，制订职业生涯规划应该基于影响职业发展的核心因素和本质因素，而不是表面现象。例如，个体对企业文化的认知、合作与责任意识的水平可以长期影响个体的职业发展，而个体外部形象和面试技巧仅仅能够说明个体短期的职业状况。因此，职业生涯规划要分析更核心和本质的因素，要从个体长期发展的角度设计职业生涯规划。

二、设计职业生涯规划的简单方法

最简单的设计职业生涯规划方法是归零思考的方法。该方法是依次问自己以下 5 个问题。

1）我是谁？

2）我想干什么？

3）我能干什么？

4）环境支持或允许我干什么？

5）我的职业与生活规划是什么？

取出 5 张白纸、一支铅笔、一块橡皮，在每张纸的最上边分别写上以上 5 个问题。然后，静下心来，排除干扰，按照顺序，独立地仔细思考每一个问题。

1）对于第一个问题“我是谁？”回答的要点是面对自己，真实地写出想到的每个答案，没有遗漏之后，将这些答案按重要性进行排序。

我的性格是＿＿＿＿＿＿＿＿＿＿＿＿＿＿＿＿＿＿＿＿＿＿＿＿＿＿＿＿＿＿

我的能力是＿＿＿＿＿＿＿＿＿＿＿＿＿＿＿＿＿＿＿＿＿＿＿＿＿＿＿＿＿＿

我的理想是＿＿＿＿＿＿＿＿＿＿＿＿＿＿＿＿＿＿＿＿＿＿＿＿＿＿＿＿＿＿

我的未来是＿＿＿＿＿＿＿＿＿＿＿＿＿＿＿＿＿＿＿＿＿＿＿＿＿＿＿＿＿＿

别人认为我是＿＿＿＿＿＿＿＿＿＿＿＿＿＿＿＿＿＿＿＿＿＿＿＿＿＿＿＿＿

2）对于第二个问题“我想干什么？”你可将思绪回溯到孩童时代，从人生初次萌生第一个想干什么的念头开始，然后随着年龄的增长，再进行认真的排序。

我小时候想干的工作是＿＿＿＿＿＿＿＿＿＿＿＿＿＿＿＿＿＿＿＿＿＿＿＿＿

我中学时想干的工作是＿＿＿＿＿＿＿＿＿＿＿＿＿＿＿＿＿＿＿＿＿＿＿＿＿

我现在想干的工作是＿＿＿＿＿＿＿＿＿＿＿＿＿＿＿＿＿＿＿＿＿＿＿＿＿＿

我的父母希望我干的工作是＿＿＿＿＿＿＿＿＿＿＿＿＿＿＿＿＿＿＿＿＿＿＿

我一定要干的工作是＿＿＿＿＿＿＿＿＿＿＿＿＿＿＿＿＿＿＿＿＿＿＿＿＿＿

3）对于第三个问题“我能干什么？”则是对自己能力与潜力的全面总结，一个人职业的定位最根本的还要归结于他的能力，而他职业发展空间的大小则取决于自己潜力的大小。对于一个人潜力的了解应该从多方面入手，如对事的兴趣、做事的韧性、遇事的判断力，以及知识结构是否全面、是否及时更新等。

我小时候曾干成的事情是＿＿＿＿＿＿＿＿＿＿＿＿＿＿＿＿＿＿＿＿＿＿＿＿

我中学时曾干成的事情是＿＿＿＿＿＿＿＿＿＿＿＿＿＿＿＿＿＿＿＿＿＿＿＿

我大学时想干成的事情是＿＿＿＿＿＿＿＿＿＿＿＿＿＿＿＿＿＿＿＿＿＿＿＿

我认为我能干成的事情还有＿＿＿＿＿＿＿＿＿＿＿＿＿＿＿＿＿＿＿＿＿＿＿

别人认为我能干成的事情是＿＿＿＿＿＿＿＿＿＿＿＿＿＿＿＿＿＿＿＿＿＿＿

4）对第四个问题“环境支持或允许我干什么？”的回答则要稍做分析：环境，自小向大，有本学校、本城市、本省，只要认为是自己有可能借助的环境，都应在考虑范畴之内，在这些环境中，认真想一想自己可能获得什么支持和允许，然后一一写下来，再以重要性排列。

我所在的寝室支持或允许我做的是＿＿＿＿＿＿＿＿＿＿＿＿＿＿＿＿＿＿＿＿

我所在的班级支持或允许我做的是＿＿＿＿＿＿＿＿＿＿＿＿＿＿＿＿＿＿＿＿

我所在的学院支持或允许我做的是＿＿＿＿＿＿＿＿＿＿＿＿＿＿＿＿＿＿＿＿

我所在的学校支持或允许我做的是＿＿＿＿＿＿＿＿＿＿＿＿＿＿＿＿＿＿＿＿

我所在的城市支持或允许我做的是＿＿＿＿＿＿＿＿＿＿＿＿＿＿＿＿＿＿＿＿

明晰了前面 4 个问题，就会从各个问题中找到对实现有关职业目标有利的和不利的条件，列出不利条件最少的、自己能完成的职业目标，那么第 5 个问题有关“我的职业与生活规划是什么”自然就有了一个清楚明了的框架。

每天睡前对照自己的目标进行反省，总结当日的成就与失误、经验与教训，修正明天的目标与方法。这样日积月累，我们的目标终会实现。

三、职业生涯规划的内容

职业生涯规划的内容与步骤，如图 3-6 所示。

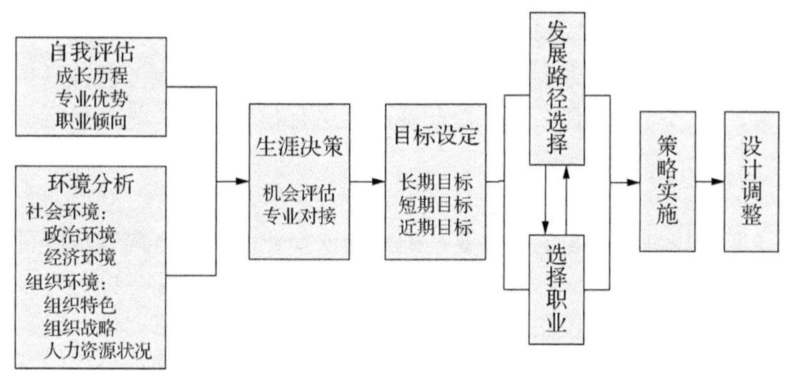

图 3-6　职业生涯规划的内容与步骤

（一）自我评估

职业生涯规划是一个自内而外的过程，因此在设计职业生涯规划时，要先认识自己。做好自我评估，评估内容包括自己的爱好、特长、性格、学识、专业、技能、智商、情商、思维方式等，即要弄清自己想干什么、能干什么，在众多的职业面前选择最适合自己的。大学生职业生涯自我评估主要从成长历程、专业优势和职业倾向几个方面进行。其中，职业倾向方面主要包括 4 个问题：我的兴趣是什么？我的性格有哪些特点？我愿意在工作中使用哪些技能？我最渴望从工作中获得什么？

自我评估的结果可以通过自我剖析、职业测试及角色建议等方法获得。

（二）环境分析

职业生涯规划不能只从自我需要出发，还需结合现实的社会需要。职业生涯规划不能脱离现实，“闭门造车”“自说自话”只会让自己制订的发展目标不切实际，无法实施。

职业生涯规划需要在系统的自我评估之后，进行深入的环境探索，包括探索工作世界和职业环境分析。探索工作世界，主要包括建立职业的概念，探究专业与职业的关系，了解工作世界的宏观发展趋势，了解职业的分类和人才市场的需求，掌握具体职业特别是自己适合的职业对人员的各种要求、条件和待遇等。职业环境分析，主要包括宏观层面的社会环境分析、中观层面的行业与地域环境分析和微观层面的组织环境分析。

（三）生涯决策

职业生涯规划在做到“知己知彼”的基础上，就可以做出对职业生涯发展方向的初步选择与决定了。综合考虑自我职业倾向与现实的生涯发展机会的匹配状况，结合自己的专业优势，评估生涯发展方向和机会的成功成本与概率，理性地做出生涯决策。

一般而言，进行生涯决策，必须遵循以下原则。

1）择己所爱：对生涯发展蓝图的决定和选择，必须符合自己的兴趣。

2）择己所能：对生涯发展蓝图的决定和选择，必须依托自己的能力。

3）择世所需：生涯决策必须遵循社会发展规律，符合社会的需求。

4）择己所利：生涯决策必须遵循利益最大化原则，确保自身利益。

根据生涯决策的基本原则，大学生进行生涯决策时必须重点考虑自己想要什么、自己能够做什么、自己可以做什么等，在此基础上进行信息整合，选择可行的策略。

（四）目标设定

大学生做职业规划目标设定，主要是确立初次择业的职业方向和阶段目标。目标设定是制订职业生涯规划的关键，通常目标有短期目标、中期目标、长期目标和人生终极目标之分。职业生涯目标的设立要以自己的最佳才能、最优性格、最大兴趣、最有利的环境机会等条件为依据。设立初步的生涯目标后，需要对目标进行分解，以方便目标的实现和评估目标实现的可行性，并根据细分目标制订具体的方案。

（五）发展路径选择

条条大路通罗马，每个人都有适合其发展的路径，但每个人的路径都不同，谁也不能完全复制他人的成功之道。职业生涯发展路径是指一个人选定职业后，沿什么方向实现自己的职业目标，是向专业技术方向发展，还是向行政管理方向发展。发展方向不同，要求就不同。因此，大学生在制订职业发展行动计划之前，必须结合职业决策做出发展路径选择，以便安排今后的学习和工作，使其沿着职业生涯的路径发展。

（六）策略实施

策略实施是指要制订实现职业生涯目标的行动方案，要有具体的行为措施。没有行动，职业目标就是一种梦想。要制订周详的行动方案，更要注重去落实行动方案。按照规划的短期、中期、长期发展目标制订出阶段性的行动方案，再将阶段性的方案细化到日常可操作的层面。行动贵在坚持，养成习惯，良好的习惯是成功的保障，只要认定了目标坚持行动，就一定能取得成功。

（七）设计调整

事物都是处在运动变化中的。由于自身及外部环境条件的变化，职业生涯规划也要随着时间的推移而变化。影响职业生涯的内外因素很多，有些变化是难以预测的。大学生在制订职业生涯规划时，由于对自身及外界环境了解不够，最初确定的职业生涯目标往往都是比较模糊或抽象的，有时甚至是错误的。经过一段时间的实践检验以后，要有意识地回顾自己的行为得失，检验自己的职业定位与职业方向是否合适，在实施职业生涯规划的过程中自觉地总结经验和教训，评估职业生涯规划，修正对自我的认识，通过反馈与修正，纠正最终职业目标与分阶段职业目标的偏差，保证职业生涯规划行之有效。

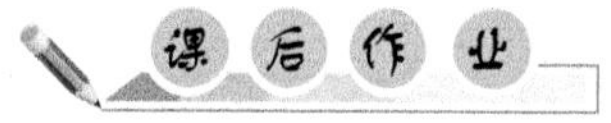

寻找职业生涯成长顾问

第一个顾问是学习成长顾问。这个顾问可以是老师或学长，可以和他们讨论在学习上遇到的问题。

第二个顾问是心理健康顾问。这个顾问可以由学校心理咨询中心或所在院系的辅导员、班级导师等相关人员担任。遇到困难时，大学生可以找他们寻求及时有效的心理帮助。

第三个顾问是职业发展顾问。这个顾问可以请学校就业指导中心的老师或所在院系的辅导员、班级导师等相关人员担任，也可以请自己熟悉的企业人士来担任。他们能够在自己迷茫需要帮助时，助自己一臂之力。

第四个顾问是个人形象顾问。这个顾问可以请学校的老师或合适的人担任。在这里需要注意“形象”的含义，一方面是外在形象，如服饰、发型、言谈举止等；另一方面是自己的气质、素质、个人品牌等。

有这 4 个顾问的贴身服务，同学们将成长得更快。

顾问情况记录，见表 3-2。

表 3-2　职业生涯成长顾问

顾名名称	顾问姓名	联系方式	沟通建议频率	咨询提示	备注
学习成长顾问			每学期 1 次	学业有困难时	
心理健康顾问			每年 1 次	心里压抑时	
职业发展顾问			每年 1 次	职业选择实习面试时	
个人形象顾问			根据个人需要	参加重要活动时	

第四章　探索自我职业倾向

本章导图

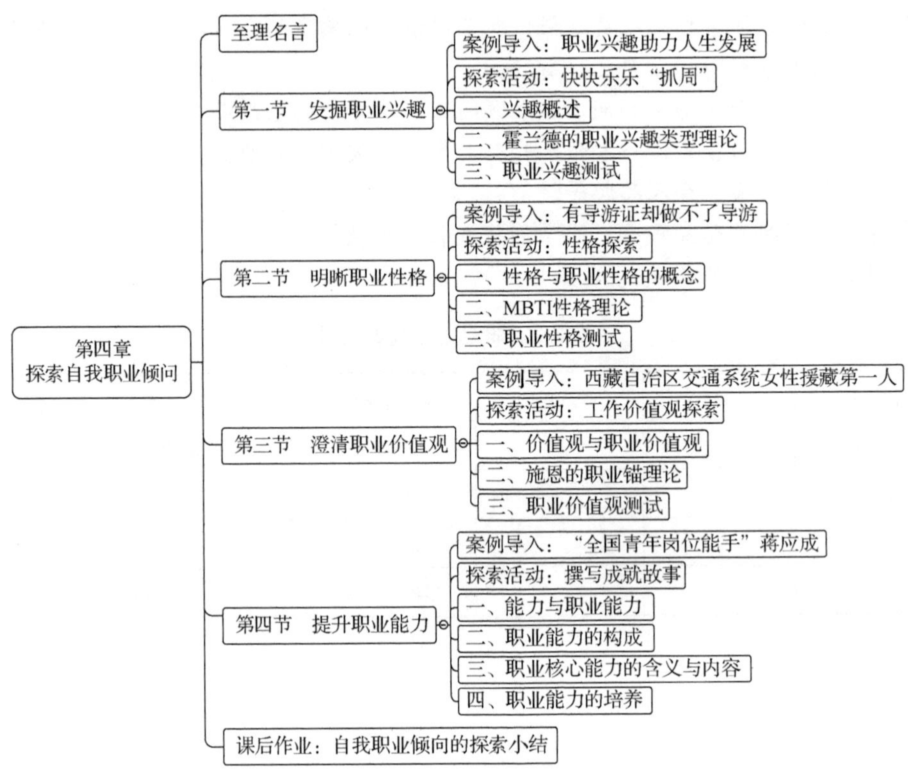

至理名言

每个人都有他隐藏的精华，和任何别人的精华不同，它使人具有自己的气味。

——罗曼·罗兰

第一节　发掘职业兴趣

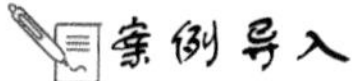

案例导入

职业兴趣助力人生发展

王乾从小就喜欢摆弄一些机械的小玩具，对智能玩具或模型，如机器人之类的更感兴趣。一次，王乾和爸爸一起制作了一个小玩具之后，就自豪地展示给妈妈看。上高三后，王乾经常就报考大学专业问题与家人交流，当时他依然对机械工程专业有着浓厚的兴趣，希望以后能够成为一名工程师。

大学是王乾把职业理想从个人兴趣转变为专业基础的关键时期。他的想法很明确，就是把基础打牢。首先是掌握手工绘图能力，这还要得益于初高中阶段参加的素描、绘画兴趣班，绘图的基本功底就是在那时打下的。大学期间，王乾不仅学好必修课，掌握系统、全面的专业知识，还根据机械制造领域的发展趋势，选修了“绿色化”和“智能化”方面的相关课程，同时通过了相应的计算机等级考试。他参加了全国职业院校技能竞赛，与两个志同道合的同学不分昼夜地工作，他们从查找资料、设计方案，到购买零件进行组装，前前后后忙了好几个月，获得了国赛二等奖的好成绩。王乾获得了参加校企合作项目的实习机会。他负责一个具体项目，包括设计减速齿轮，从装配、调试，到安全测试。这次实习，使王乾职业规划的方向、目标、步骤更加明确。由此可见，王乾选择机械工程专业，并不是一时头脑发热。正是对机械工程的兴趣、见解和执着的努力，才让王乾取得了今天的成绩。

探索活动

快快乐乐“抓周”

下面有 6 个象征物（图 4-1）：扳手、放大镜、圆珠笔、口琴、麦克风、洋娃娃。每个象征物都代表了霍兰德职业兴趣中的某一兴趣类型。

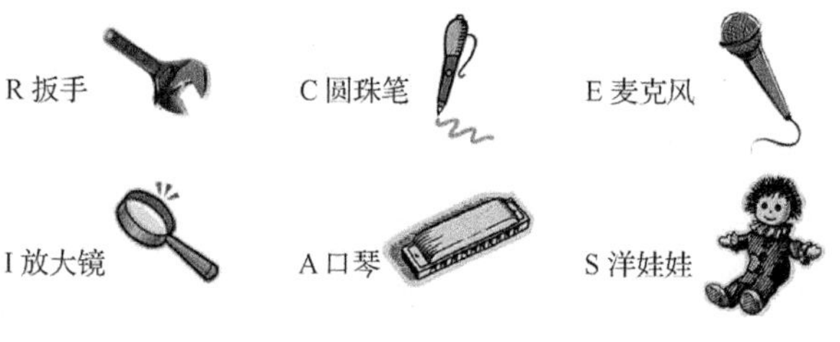

图 4-1　象征物

你要选哪一个呢？如果还有两次选择，最终你会选择哪 3 种物品呢？按照选择的先后顺序和物品类型前面的字母代码，看一下你的职业兴趣方向。

反思：

1）根据“抓周”活动的结果，你认为哪个（些）类型最能描述你？为什么？

2）你对自己的感觉与类型分析所显示的结果相同吗？有哪些是相同的，哪些是不同的？

3）如果给你选择的机会，你会选择什么样的职业？为什么？

一、兴趣概述

（一）兴趣的含义与特点

兴趣是个体力求认识某种事物或从事某项活动的心理倾向，表现为个体对某种事物或从事某种活动的选择性态度和积极的情绪反应。兴趣具有以下 3 个特点。

1. 高度卷入的积极情绪体验

美国生涯心理学家萨维克斯认为，兴趣是人与其所接触的事物融为一体的经验。美国芝加哥大学心理学教授米哈里·契克森米哈赖花了 30 多年对数百名攀岩爱好者、国际象棋选手、运动员和艺术家进行了访谈，他们在谈到自己的职业时，都会不约而同地提到一种“高度卷入”的状态，认为这种对工作忘我的投入让他们感到愉悦和满足。

2. 在实践中产生、变化和发展

兴趣是基于对事物、活动的认识和体验，而不是出自凭空的想象。这种了解可以基于直接经验，也可来自间接经验。直接经验，即自己亲身去感受、实践，间接经验来自观察学习或他人介绍。

3. 兴趣的实现往往需要理性地付出

一旦兴趣与职业相结合形成职业兴趣，就需要付出努力。常有人用诺贝尔物理学奖得主、科学家丁肇中说的“兴趣比天才更重要”来强调兴趣对于职业发展的重要性，但忽略了丁肇中还说过“任何科学研究，最重要的是对自己所从事的工作有没有兴趣。换句话说，也就是有没有事业心，这不能有任何强迫……比如搞物理实验，因为我有兴趣，我可以两天两夜，甚至三天三夜在实验室里，守在仪器旁，我急切地希望发现我所要探索的东西”。表层的兴趣源于偏好，让人愿意去尝试、能够去行动，但这种兴趣容易被满足，也容易消逝；深层的兴趣源于世界观、人生观、价值观，它让人愿意为之牺牲，不计名利报酬忘我地工作，这就是责任感和使命感，是它让人们坚持到最后。

（二）探索兴趣的意义

实践证明，在影响职业发展的诸多因素中，兴趣对于职业发展的方向选择和动力维

持有着重要影响。

1. 兴趣是职业定向与选择的重要依据

法国著名画家、印象派代表人物莫奈虽出生富裕的商贾之家，但他从小对经商没有兴趣，反而对绘画特别感兴趣，他克服重重阻力，潜心研习画艺，终于走上了艺术的道路。

在影响职业选择的诸多要素中，兴趣属于动力系统，指引着我们朝向喜爱的工作。同时，在职业的获取上，兴趣可以使我们集中精力持之以恒地去追寻喜欢的职业。

2. 兴趣能提高工作效率，让人充分发挥才能

钱学森因为兴趣跨入航天领域，成为一代学术大师；达尔文热衷于探究自然奥秘，完成了巨著《物种起源》；门捷列夫痴迷于化学迷宫，从看似杂乱无章的化学元素中发现了震惊世界的元素周期律；乔布斯将对艺术与科技的兴趣融合，创造了“苹果”神话；莫言热爱写作，用文学作品反映社会现实，获得了文学领域的最高荣誉。

兴趣可以启迪智慧、提高认知，引导人创造性地开展工作。当一个人对某种职业产生兴趣时，他就能发挥整个身心的积极性，积极感知和关注该职业的动态，并且积极思考，大胆探索；就能情绪高涨，想象丰富；就能增强记忆效果，增强克服困难的意志。

3. 兴趣是保障职业稳定性的重要因素

著名导演李安倾心电影艺术，虽然毕业后赋闲在家多年，陷入无片可导的境地，但他不放弃对心中理想的追求。每天坚持阅读、看片、写剧本，并仔细研究好莱坞电影的剧本结构和制作方式，试图将中国文化和美国文化有机地结合起来，创造一些全新的作品，最终凭借《卧虎藏龙》《少年派的奇幻漂流》等优秀作品获得了世界的认可。

兴趣使工作不再是一种负担，而是一种享受，这种愉悦赋予了工作更多意义，使个体即使遇到困难和挫折也不会轻言放弃，从而保障了职业的稳定性。大量研究表明，兴趣和工作满意度、职业稳定性、职业成就感之间存在着明显的关联。当个人对某方面的工作感兴趣时，枯燥的工作就会变得丰富多彩、趣味无穷。同时，人们倾向于在感兴趣的工作上投入更多的时间，也能培养更强的能力。由于有较强的能力，人们在从事自己喜欢的工作时就会感到得心应手，更加增添了对这项工作的兴趣，从而形成良性循环。

二、霍兰德的职业兴趣类型理论

霍兰德是美国著名的职业生涯指导专家，他将职业选择看作一个人人格的延伸。他认为，职业选择也是人格的表现。同一职业团体内的人有相似的人格，因此对很多问题会有相似的反应，从而产生类似的人际环境。

他强调，个人的人格与工作环境之间的适配和对应是职业满意度、职业稳定性与职业成就感的基础。由此，霍兰德假设大多数人可以分为 6 种人格类型，这 6 种人格类型可以按照固定顺序排成一个六角形。

（一）霍兰德的职业兴趣六角形

霍兰德提出职业兴趣六角形模型，如图 4-2 所示，把个体的职业兴趣和工作环境分为现实型（realistic）、研究型（investigative）、艺术型（artistic）、社会型（social）、企业型（enterprising）和传统型（conventional）6 种。

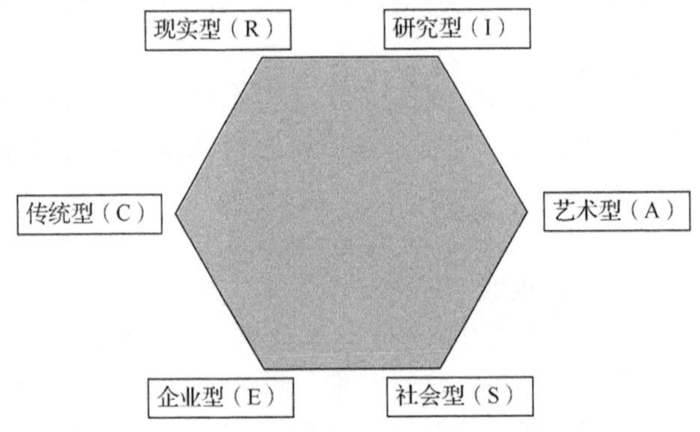

图 4-2　霍兰德职业兴趣六角形模型

现实型（R）的人擅长机械操作，喜欢机械、工具、植物或动物，偏好户外活动。

研究型（I）的人喜欢观察、学习、研究、分析、评估和解决问题。

艺术型（A）的人喜欢艺术和创造，喜欢运用想象力和创造力，在自由的环境中工作。

社会型（S）的人擅长和人相处，喜欢教导、帮助、启发或训练他人。

企业型（E）的人喜欢和人互动，自信、有说服力、领导力，追求政治和经济上的成就。

传统型（C）的人喜欢从事资料整理工作，具有写作或数理分析的能力，能够听从指示，完成琐碎的工作。

通过测试，可以找到个人的职业代码，如一个代码为“ASI”的人，在艺术型、社会型、研究型 3 方面得分较高，他最适合做的是艺术家、画家、记者等。

（二）霍兰德 6 种人格类型的关系

霍兰德提出的职业兴趣六角形模型反映了 6 种人格类型的相似和差异程度。在六角形模型中，相邻的两种人格类型其相似程度最高，如社会型和企业型；对角的两种人格类型差异最大，如艺术型和传统型。以社会型为例，根据霍兰德职业兴趣六角形模型，企业型、艺术型与社会型最相似，而现实型与社会型处于六角形的对角上，差异最大。有学者提出两维的模型，可以帮助我们更深入地了解 6 种人格类型的关系。

根据数据（data）、想法（ideas）和人（people）、物（things）两个维度，可以将个体划分为 4 种类型，如图 4-3 所示。

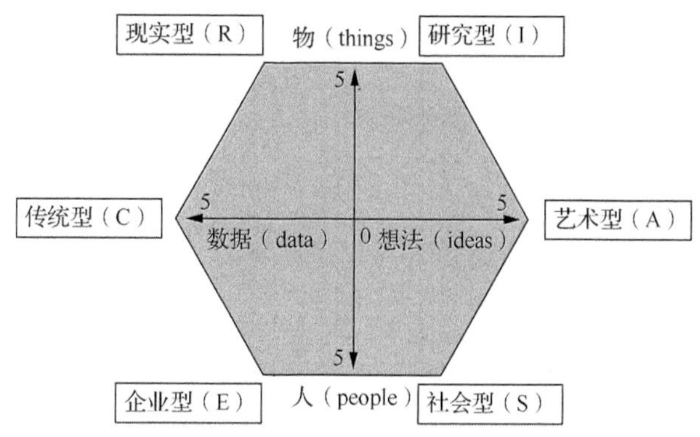

图 4-3　两维模型

数据类的人喜欢事实、计算、数字、创建和管理文档。

想法类的人喜欢获得知识、见识，发现新的方法。

喜欢与人打交道的人喜欢帮助他人、提供服务、照顾及卖东西给他人等。

喜欢与物打交道的人喜欢机器、工具、植物、动物和材料等。

对照霍兰德职业兴趣六角形模型可知，社会型的个体更喜欢与人打交道，对角的现实型个体更倾向于与物打交道。企业型和传统型的个体更喜欢处理数据，而艺术型和研究型的个体则更愿意加工想法。

三、职业兴趣测试

请仔细阅读下面的问题，对于每项活动，如果你的回答是肯定的，则在“是”上打钩；如果你的回答是否定的，则在“否”上打钩。最后把“是”一栏的回答次数相加，填入“总计次数”一栏中。

（一）测试内容

1. 第一组

1）你喜欢自己动手修理自行车、电视机、钟表、电线开关一类的器具吗？

是　否

2）你对自己家里使用的电扇、电熨斗、电视机等器具的质量和性能了解吗？

是　否

3）你喜欢动手做小型的模型（如滑翔机、汽车、轮船、建筑模型等）吗？

是　否

4）你喜欢与数字、图表打交道的一类工作（如记账、制表、制图等）吗？

是　否

5）你喜欢制作工艺品、装饰品吗？

是　否

总计次数：____________

2. 第二组

1）你喜欢在他人买东西时当顾问吗？　是 否
2）你热衷于参加集体活动吗？　是 否
3）你喜欢接触不同类型的人吗？　是 否
4）你喜欢拜访他人并与他人讨论各种问题吗？　是 否
5）你喜欢在会议上积极发言吗？　是 否
总计次数：________________

3. 第三组

1）你喜欢没有干扰地、有规则地从事日常工作吗？　是 否
2）你喜欢对任何事情都预先做周密的安排吗？　是 否
3）你善于利用字典、辞典和资料索引吗？　是 否
4）你喜欢按固定的程序有条不紊地工作吗？　是 否
5）你喜欢把事物分类和归档的工作吗？　是 否
总计次数：________________

4. 第四组

1）你喜欢倾听他人的难处并乐于帮助他人解决困难吗？　是 否
2）你愿意为残疾人服务吗？　是 否
3）在日常生活中，你愿意给他人提供帮助吗？　是 否
4）你喜欢向他人传授知识和经验吗？　是 否
5）你喜欢照顾病人的工作吗？　是 否
总计次数：________________

5. 第五组

1）你喜欢主持班级集体活动吗？　是 否
2）你喜欢接近领导和老师吗？　是 否
3）你喜欢在人多时当众发表自己的观点和意见吗？　是 否
4）如果老师不在，你会主动维持班里的正常秩序吗？　是 否
5）你具有强烈的责任感吗？　是 否
总计次数：________________

6. 第六组

1）你喜欢读文学著作中对人物内心世界的细致描写吗？　是 否
2）你喜欢听人们谈论他们的活动和想法吗？　是 否
3）你喜欢观察和研究人的心理和行为吗？　是 否

4）你喜欢阅读有关领导人物、政治家、科学家等的名人传记吗？ 是 否
5）你想了解世界各国的政治和经济制度吗？ 是 否
总计次数：________

7. 第七组

1）你喜欢参观技术展览会或收听（收看）技术新消息的节目吗？ 是 否
2）你喜欢阅读科技杂志（如《我们爱科学》《科学 24 小时》《科学动态》等）吗？ 是 否
3）你想了解生机勃勃的大自然的奥秘吗？ 是 否
4）你想了解科学精密仪器和电子仪器是如何工作的吗？ 是 否
5）你喜欢复杂的绘图和设计工作吗？ 是 否
总计次数：________

8. 第八组

1）你想设计一种新的发型或服装吗？ 是 否
2）你喜欢创作吗？ 是 否
3）你想尝试着写小说或编剧吗？ 是 否
4）你想参加学校的宣传队或演出小组吗？ 是 否
5）你喜欢用新方法、新途径解决问题吗？ 是 否
总计次数：________

9. 第九组

1）你喜欢操作机器吗？ 是 否
2）你羡慕机械类工程师的工作吗？ 是 否
3）你想了解机器的构造和工作性能吗？ 是 否
4）你喜欢交通驾驶一类的工作吗？ 是 否
5）你喜欢研究新的机器设备吗？ 是 否
总计次数：________

10. 第十组

1）你喜欢从事琐碎的工作吗？ 是 否
2）你喜欢做很快就能看到成果的工作吗？ 是 否
3）你喜欢做让他人看到成果的工作吗？ 是 否
4）你有信心把事情做得很好吗？ 是 否
5）你喜欢做具体的事情（如编织、烧饭等）吗？ 是 否
总计次数：________

（二）统计方法

根据对每组问题回答“是”的总次数，填写表 4-1。

表 4-1 每组问题回答“是”的总次数及对应序号

组别	回答“是”的总次数	相应的兴趣类型序号
第一组（兴趣类型 1）		
第二组（兴趣类型 2）		
第三组（兴趣类型 3）		
第四组（兴趣类型 4）		
第五组（兴趣类型 5）		
第六组（兴趣类型 6）		
第七组（兴趣类型 7）		
第八组（兴趣类型 8）		
第九组（兴趣类型 9）		
第十组（兴趣类型 10）		

审读表 4-1，找出你的兴趣类型。在回答“是”的总次数一栏中，得分越高，说明相应的兴趣类型就越符合你的职业兴趣特点；得分越低，说明相应的兴趣类型越不符合你的职业兴趣特点。

你的结果是：________________

◈ 特别提示

兴趣类型与相对应的职业

兴趣类型 1——愿与事物打交道。这类人喜欢同物（如工具、器具）打交道的职业，而不喜欢从事与人和动物打交道的职业。相应的职业有制图员、修理工、裁缝、木匠、建筑工、出纳员、记账员、会计等。

兴趣类型 2——愿与人接触。这类人喜欢从事与他人接触的工作，喜欢销售、采访、传递信息一类的活动。相应的职业有：记者、营业员、服务员、推销员等。

兴趣类型 3——愿做有规律的工作。这类人喜欢常规的、有规律的活动，在预先安排的条件下做细致工作。相应的职业有邮件分拣员、图书馆管理员、办公室职员、档案管理员、打字员、统计员等。

兴趣类型 4——愿从事帮助他人的工作。这类人乐意帮助他人，试图改善他人的状况，喜欢独自与人接触。相应的职业有医生、律师、护士、咨询人员等。

兴趣类型 5——愿做领导和组织工作。这类人喜欢管理工作，爱好掌控一些事情，在企事业单位中起着重要的作用。相应的职业有辅导员、行政人员、管理人员等。

兴趣类型 6——愿研究人的行为。这类人喜欢谈论涉及人的主题，爱研究人的行为举止和心理动态。相应的职业有心理辅导师、人类学研究员等。

兴趣类型7——愿从事科学技术工作。这类人喜欢理论分析，喜欢独立解决问题，也喜欢通过实验获得新发现。相应的职业有工程师、物理研究员等。

兴趣类型8——愿从事抽象性和创造性的工作。这类人喜爱需要有想象力和创造力的工作。相应的职业有演员、创作人员、设计人员、画家等。

兴趣类型9——愿做操纵机器的技术工作。这些人喜欢运用一定的技术，操纵各种机械，制造产品或完成其他任务。相应的职业有机床工、驾驶员、飞行员等。

兴趣类型10——愿从事具体的工作。这类人喜欢制作看得见、摸得着的产品，希望很快看到自己的劳动成果，他们从完成的产品中得到自我满足。相应的职业有厨师、园林工、理发师、美容师、室内装饰工、农民、工人等。

一个理想的职业生涯是最符合你的个性、最能发挥你的潜力、最使你感兴趣的职业生涯，当然这几者并不总是一致的。当他们不一致时就应该尽量去寻找它们的切合点，在充分考虑这几种因素的前提下，找到最佳职业生涯定位。

第二节　明晰职业性格

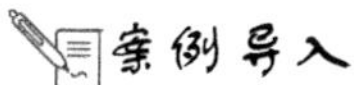

有导游证却做不了导游

朱同学是某校2016届旅游管理专业的毕业生，学习成绩优秀，多次获得特等奖学金和一等奖学金。她平时上课认真做笔记，专心听讲，得到任课教师的一致好评。她一次就顺利通过了导游证考试，获得导游证。就是这样一位优秀的学生，毕业后却不能成为一名优秀的导游。

后来班主任了解到，由于其性格内向，几次带团后，发现不适合做导游。因此，有人认为，专业知识不重要，会带团讲解才是王道；但也有人认为专业知识才是基础，不能以偏概全。

企业的人力资源认为，沟通表达能力十分重要，有时候甚至会超过专业技能。作为一名导游，你需要为游客讲解景点，需要与上级、同事沟通，良好的表达可以起到事半功倍的效果。

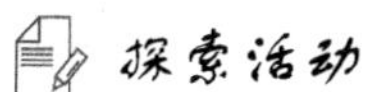

性格探索

你了解自己的性格吗？如果用5个词来描述，你会用哪5个？

用短信、访谈等方式，让你的朋友、家人、老师、同学，分别用 5 个词对你的性格特点进行概括（可以约定其中至少有一个描述缺点的词），将其记录于表 4-2 中。

表 4-2　不同人描述自己的词汇

评价人	特点一	特点二	特点三	特点四	特点五

现在，把自己对自己性格的描述与大家对你的性格的描述进行对比，有哪些共同点呢？

____

分析这些性格特点，你认为自己适合哪些职业呢？为什么？

____

一、性格与职业性格的概念

性格是指在后天的成长环境和教育环境中，逐渐形成的、比较稳定的，对人、对事、对自己独特的行为方式和个性倾向。开朗、直率、热情、慢性子、急脾气、健谈、木讷等，都是用来形容性格的。但是，性格并非全部是他人能看清楚、自己也很明白的，有些性格不但不容易看清楚，有时候还具有迷惑性，容易让人以为是另一种性格，因此，性格具有复杂性。每个人的性格都不同，俗话说："一龙生九子，九子各不同。"因此，性格具有独特性。

职业性格是指人们在长期特定的职业生活中所形成的与职业相联系的、稳定的性格特征。例如，有的人对待工作总是一丝不苟，踏实认真；在待人处事中总是表现出高度的原则性、果断、负责；在对待自己的态度上表现为谦虚、自信、严于律己等，所有这些特征的总和就是他的职业性格。

二、MBTI 性格理论

迈尔斯-布里格斯个性分析指标（Myers-Briggs Type Indicator，MBTI），是一种自我报告式的性格评估工具，用以衡量和描述人们在获取信息、做出决策、对待生活等方面的心理活动规律和性格类型。

MBTI 从 4 个维度考察个人的偏好倾向，以区分人与人之间的差异，这 4 个维度见表 4-3。

表 4-3 MBTI 4 个维度

维度	类型偏好	
能量倾向	外向（extroversion）	内向（introversion）
处理信息	感觉（sensing）	直觉（intuition）
判断事物	思维（thinking）	情感（feeling）
行动方式	判断（judging）	知觉（perceiving）

其中两两组合，可以组合成 16 种性格类型，见表 4-4。

表 4-4 MBTI 性格类型与匹配的职业

性格类型	匹配的职业
内向感觉思维判断（ISTJ）	稽查员、会计
内向感觉情感判断（ISFJ）	人事管理人员、信贷顾问
内向直觉情感判断（INFJ）	营销人员、编辑
内向直觉情感知觉（INFP）	建筑师、心理学专家
外向感觉思维判断（ESTJ）	督导、行政人员
外向感觉情感判断（ESFJ）	项目经理、证券经纪人
外向直觉情感判断（ENFJ）	记者、作家
外向直觉情感知觉（ENFP）	企业培训人员、广告客户经理
内向感觉思维知觉（ISTP）	技术培训人员、银行职员
内向感觉情感知觉（ISFP）	作曲家、艺术家
内向直觉思维判断（INTJ）	科学家、法官
内向直觉思维知觉（INTP）	建筑师、设计师
外向感觉思维知觉（ESTP）	工匠、警察
外向感觉情感知觉（ESFP）	表演者、演示者
外向直觉思维判断（ENTJ）	律师、经理
外向直觉思维知觉（ENTP）	演员、记者

MBTI 16 种性格类型通常具有的特征，见表 4-5。

表 4-5　MBTI 16 种性格类型通常具有的特征

性格类型	特征
ISTJ	安静，认真，贯彻始终、得人信赖而取得成功；讲求实际，注重事实，能够合情合理地去决定应做的事情，且能坚定不移地把它们完成，不会因外界事物而分散精力；不论在工作上、家庭上，还是生活上以做事有次序、条理为乐；重视传统
ISFJ	沉静，友善，谨慎，有责任感；能坚定不移地承担责任；做事贯彻始终、不辞辛劳；忠诚，细心，替人着想；往往记着所重视的人的种种微小事情，注重他人的感受；努力创造一个有秩序、和谐的工作和家居环境
INFJ	探索意念、人际关系和物质的意义及它们之间的关系。希望了解什么可以激发人们的推动力，对他人有洞察力。尽责，能够履行自己坚持的价值观念；有一个清晰的理念以谋取大众的最佳利益。能够有条理地、果断地去实践他们的理念
INTJ	头脑具有创意，有很大的冲劲去实现目标；能够很快找寻事情发展的规律，从而想出长远的发展方向；一旦做出承诺，便会有条理地展开工作，直到完成；有怀疑精神，独立自主；有高水准的工作表现
ISTP	容忍、有弹性；冷静的观察者，但当有问题出现时，又会迅速行动，找出可行的解决方法；能够分析哪些东西可以使事情进行得更加顺利；能够从大量资料中，找出实际问题的重心；很重视事件的前因后果，能够以理性的原则把事实组织起来，重视效率
ISFP	沉静，友善、敏感；喜欢有自己的空间，在做事时能把握自己的时间；忠于自己所重视的人；不喜欢争论和冲突，不会强迫他人接受自己的意见或价值观
INPF	理想主义者，忠于自己的价值观及自己重视的人；外在的生活与内在的价值观相匹配；试图了解他人，并能协助他人挖掘潜能；适应力强；如果和自己的价值观没有抵触，往往能包容他人
INTP	对任何感兴趣的事物，都要探索一个合理的解释；喜欢理论和抽象的事情，理念思维多于社交活动；沉静，易满足，适应力强；有怀疑精神，有时喜欢批评，善于分析
ESTP	能容忍；讲求实际，专注及时的效益；对理论和概念上的解释感到不耐烦，希望以积极的行动去解决问题；喜欢主动与他人交往；喜欢物质享受
ESFP	外向、友善、包容；热爱生命，爱物质享受；喜欢与他人共事；富有灵活性、即兴性，易接受新朋友和适应新环境；与他人一起学习新技能可以达到最佳的学习效果
ENFP	热情、热心，富有想象力；认为生活充满很多可能性；能够很快地找出资料之间的关联性；很需要他人的肯定，乐于欣赏和支持他人
ENTP	思维敏捷，机灵，能激励他人，警觉性高；能随机应变地去处理富有挑战性的问题；善于引出在概念上可能发生的问题，然后很有策略地加以分析；善于洞察他人；对日常例行事物感到厌倦；很少以相同方法处理同一事情
ESTJ	讲求实际，注重事实；果断，能很快做出实际可行的决定；能够合理安排计划和组织人员完成工作，尽可能以最有效率的方法达到目的；有清晰的逻辑
ESFJ	有爱心、尽职尽责；渴望有和谐的环境，而且有决心营造这样的环境；喜欢与他人共事，以准时地完成工作；忠诚；能够满足他人在日常生活中的需要；渴望他人赞赏
ENFJ	温情，有同情心，反应敏捷，有责任感。高度关照他人的情绪、需求；能够看到每个人的潜质，能帮助他人挖掘潜能；忠诚，对赞美和批评都能做出很快的回应；社交活跃

续表

性格类型	特征
ENTJ	坦率、果断；喜欢有长远的计划，喜欢制订目标；求知欲强，又能把知识传给他人；能够有力地提出自己的主张

三、职业性格测试

（一）赖氏人格测验 12 项分测验等级

赖氏人格测验 12 项分测验等级见表 4-6。

表 4-6　赖氏人格测验 12 项分测验等级表

程度低的表现	程度							程度高的表现
内向文静；不喜欢活动，喜欢独处；瞻前顾后考虑太多，很难下定决心	活动性弱←→活动性强							喜欢热闹、健谈、工作迅速、动作敏捷、乐于参与活动；有贸然下决心的倾向，不考虑就行动
	G	1	2	3	4	5	G	
积极性低、主导性弱，在团体中不主动表达意见；倾向被动及服从	服从性←→领导性							在团体里主动、积极，意见主导性强；乐于指挥、领导；在他人面前说话，不会不自在或害羞，乐于为团体服务，善于待客
	A	1	2	3	4	5	A	
较封闭，不喜欢与人接触、交谈、闲聊、互动；参加社交活动时常孤独地坐在一旁	社会内向←→社会外向							善于人际交往、适应力强，喜欢社交活动；喜爱和人接触、交谈、闲聊，喜欢被人重视
	S	1	2	3	4	5	S	
做事谨慎，爱思考；对事情喜欢三思而后行，从长计议	思考内向←→思考外向							不会三思而后行；做决定较草率、不谨慎
	T	1	2	3	4	5	T	
常怕事情做不完、做不好；做事迅速、有动力、有活力，常处于紧张状态	忧虑的←→安闲的							无忧无愁，随遇而安，做事及处理问题较缓慢，易保持心情平稳愉快
	R	1	2	3	4	5	R	
不会坚持己见，可以接受他人的建议；追求实际、理性，接受现实，社会适应性较强	客观的←→主观的							固执，不易接受他人的建议；自我意识较强、成见较深，社会适应性较弱
	O	1	2	3	4	5	O	
随和，安于现状，有协调能力，喜欢团队合作	协调的←→不协调的							不愿和他人合作，对事物喜好挑剔，常常抱着不满的态度，社会适应性较低
	Co	1	2	3	4	5	Co	
消极、退缩、不主动；无反抗心理，不易与他人发生冲突	攻击性弱←→攻击性强							有企图心、一意孤行，具有敌意反抗心理，对人有时会不友善，受到伤害或攻击时会反抗，易与他人发生冲突
	Ag	1	2	3	4	5	Ag	
乐观、开朗；心情常写在脸上，有话就说，不会闷在心里，喜欢聊天、八卦	抑郁性小←→抑郁性大							闷闷不乐，悲观、忧愁、消极，情绪安定性较低，心中烦恼不易表露出来
	D	1	2	3	4	5	D	

续表

程序低的表现	程度							程度高的表现
情绪稳定、不感情用事，情绪不随事情发展而波动	变异性小←→变异性大							心情变动、情绪起伏很大，易感情用事，容易冲动
	C	1	2	3	4	5	C	
很有自信、有自恋倾向，常自卖自夸，不受人影响	自卑感弱←→自卑感强							缺乏信心，对自己的能力与评价较低，易受人影响
	I	1	2	3	4	5	I	
不拘小节，情绪安定，不易发怒	神经质低←→神经质强							对他人评价过于敏感，反应易过度，会为小事烦恼，会因受刺激而发怒
	N	1	2	3	4	5	N	

（二）赖氏人格测验 5 种性格特质类型

赖氏人格测验 5 种性格特质类型见表 4-7。

表 4-7　赖氏人格测验 5 种性格特质类型表

系统值		判断方法	性格特质	特质说明
A 型	中	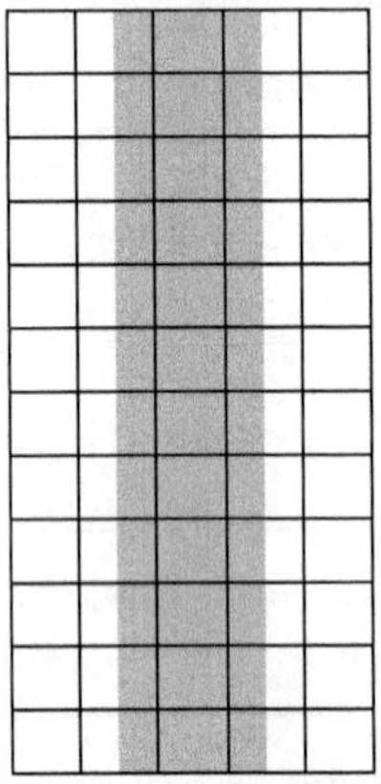	好好先生 差不多先生	这一类型的人较平凡，懂得“中庸之道”，凡事皆不会太过与不及；人格特质都处于中间等级，既不外向也不内向，人际关系不太好也不太坏，情绪起伏不大也不算太稳定
B 型	右	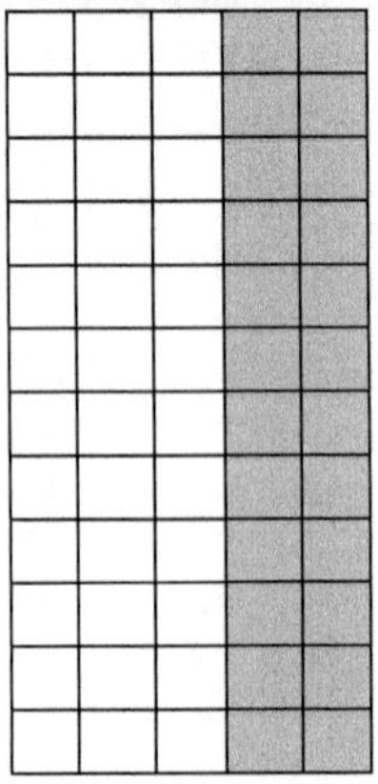	外向好动 主动积极 会争取权益	这一类型的人外向好动、精力充沛、不安定，情绪起伏大，不适应社会规范；当生活不如意时，不太容易控制自己的脾气，会产生反社会行为，与人发生冲突；若所处环境不好或智力低，就容易有犯罪趋向。如何在交际中温和地表达自己的想法，尝试与他人协调意见，是此类型人的重要课题

续表

系统值		判断方法	性格特质	特质说明
C型	左	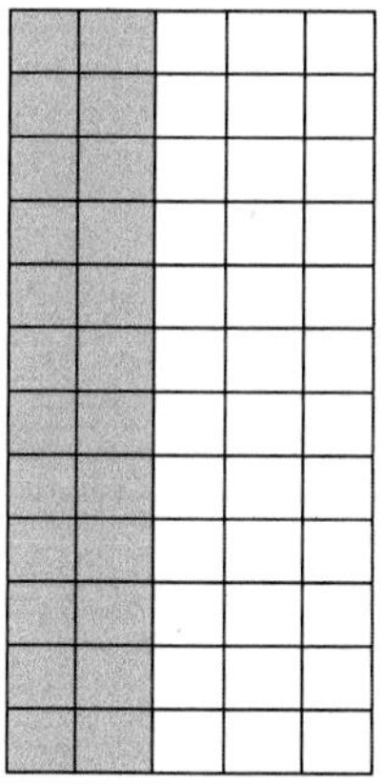	遵守规矩 接受指挥	这一类型的人较内向、内敛、随和、被动，需要他人主动了解他们的优点；冷静思考、遵守规定、服从指挥、情绪稳定，不宜担任公司的推销员或外务员
D型	中右左	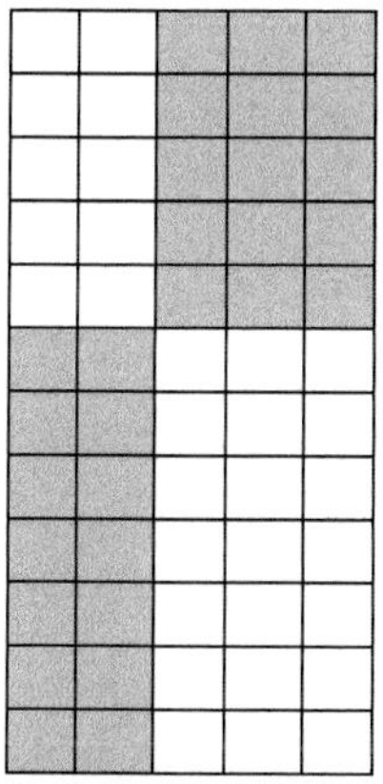	领导 决策	这一类型的人性格外向好动、情绪稳定，适合担任团体中的指挥者、领导者；在学生时代，可能是班级的领导人物；社会中，是中级以上的优秀职员，适合担任推销员、外务员、决策人员等，适合需要经常与人沟通的工作
E型	中左右	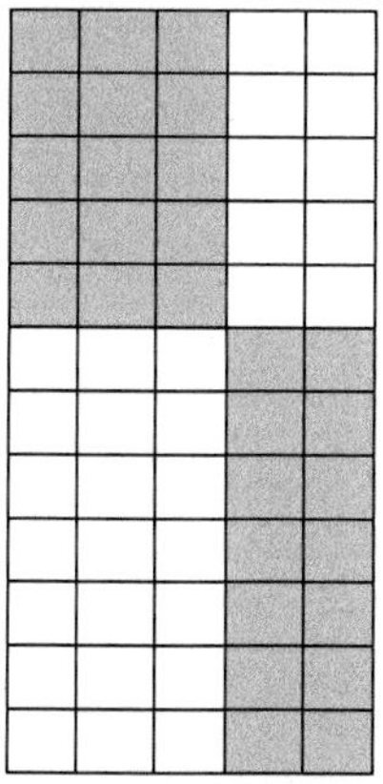	脆弱 容易自责 意志不坚 易受影响	这一类型的人性格内向不好动，自我控制力弱、紧张、焦虑、缺乏信心、情绪不稳定、闷闷不乐；较没自信，意志不坚定，不良情绪不向外发泄，在遇到挫折时，有自责、自罚的倾向。这样的人大多相当内敛，也比较害羞，很容易产生反社会行为，所以在与其相处时应多给予关心和鼓励，帮助其建立自信心。这一类型的人要多找人聊天，抒发内心情感

此外，还有F型系统值，它属于复合型人格，拥有以上5种性格特质中两种以上类型的性格特质。

第三节　澄清职业价值观

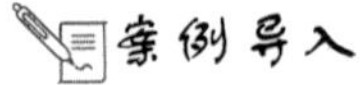

西藏自治区交通系统女性援藏第一人

2018 年 5 月，湖南交通职业技术学院路桥工程学院的夏玉超老师积极响应湖南省委组织部的援藏号召，主动报名作为湖南省第 6 批援藏技术人员到西藏山南市交通运输局公路工程试验检测中心服务，被西藏山南市交通运输局领导称为“西藏自治区交通系统女性援藏第一人”。在为期半年的援藏工作中，夏玉超老师作为年轻女教师，克服了高原反应，积极努力，在西藏山南市交通运输局公路工程试验检测中心的公路交竣工验收和人事管理方面做出积极贡献。她先后 7 次在海拔 5 000 米以上的高原地区开展外业工作，出具相关试验检测报告并形成模板留存；3 次翻越海拔 6 635 米的亚堆扎拉雪山，完成省道 202 线隆子至错那段、省道 307 线岗巴拉至浪卡子公路、省道 509 线雍布拉康至亚堆乡曲德贡村路段等路段的维修交竣工验收；先后两次前往海拔 5 373 米的普玛江塘乡调研加觉藏布河大桥施工状况；协助试验检测中心领导制订了《山南交通运输局公路工程试验检测中心考核及绩效奖金激励方案》和《检测中心考勤管理制度》等管理制度；协助援藏队完成“桑日县赤康小学捐赠活动”，负责购买捐赠物资；协助长沙市湘雅医院眼科赴藏团队在山南市特殊学校开展义诊活动；积极联系派出单位制订 2019 年到湘培训计划，将时效短的短援工作延续到今后的返湘工作中。夏玉超老师由于在援藏工作中的杰出表现，荣获湖南省第 8 批援藏工作队颁发的荣誉证书，被中共山南市委、山南市人民政府评为“2018 年度交通运输系统优秀短期技术援藏干部”。

探索活动

工作价值观探索

1. 价值观想象

如果我有 100 万美元，我将________________

我一生中最想要的是________________

如果我只剩下 24 小时的生命，那我将________________

假如我能改变自己一样东西，我将改变________________

2. 工作价值观选择

1）尽可能多地写出你的工作价值观。

______

2）参照上面所列价值观，从中选出 5 种对你来说最重要的价值观。把这些词语写下来，并对重要价值观进行描述，即要达到什么样的程度。你的行动要与你的选择相一致，真正珍视和奉行自己的价值观。

______

______

3）取舍。

现在，如果你不得不放弃其中的一种价值观，你会放弃哪一种？为什么？

______

如果你不得不再次放弃剩下 4 种中的一种价值观，你会放弃哪一种？

______

继续放弃，直到剩下最后一种，这一种是否是你无论如何也不愿放弃的？

______

4）反思。

通过这个活动，你对自己的价值观有什么样的了解？

______

你的价值观会对你的职业选择和人生产生什么样的影响？

______

一、价值观与职业价值观

1. 价值观

价值观是一种处理事情判断对错、取舍的标准，是在面临抉择时的一项思维依据。不同的价值观会产生不同的行为模式，而行为决定结果。

2. 职业价值观

研究职业价值观的文献很多，但至今没有形成统一的定义。相关领域的专家学者根据自己的研究成果从不同角度对职业价值观进行了界定。本章从以下 3 个方面来认识职业价值观，如图 4-4 所示。

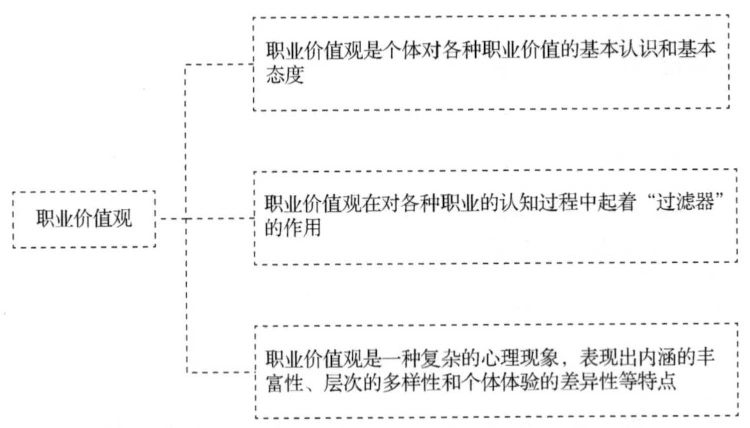

图 4-4　职业价值观的 3 方面

简单来讲，职业价值观是指无论从事什么工作，都会努力在工作中追求的东西。从另一个角度来讲，职业价值观是指最期待从工作中获得的东西。职业价值观还有稳定性、阶段性、因人而异、不是唯一的等特点，如图 4-5 所示。

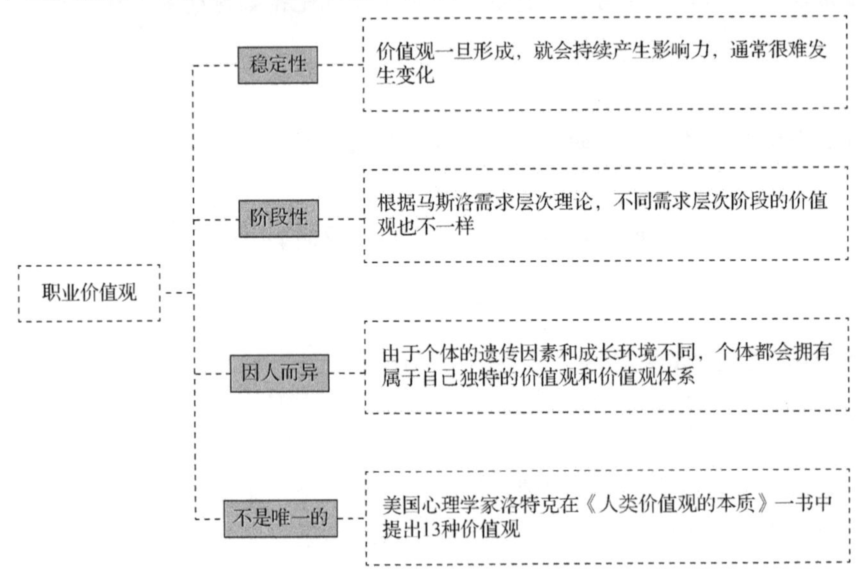

图 4-5　职业价值观的特点

美国心理学家洛特克的 13 种职业价值观类型主要内容见表 4-8。

表 4-8　洛特克的 13 种职业价值观类型

价值观	主要内容
成就感	获得他人认同，对完成任务和成功感到满足
美感	希望能够有机会欣赏到美的事物并以发现美为目标
挑战	渴望能够发挥聪明才智创造性地解决问题
健康	期盼个人及重要的人能够在身体、心理方面保持正常状态
收入和财富	能够控制自己的收入和支出水平，做到财富自由
独立性	能够自由掌控时间、精力、金钱等，拒绝依赖
爱	能够具备爱与被爱的能力
道德	实现内心原则与道德法则的统一，修己安人
欢乐	能够在生涯发展的过程中充分享受各种人、事、物带来的乐趣
权利	渴望影响或控制他人，使其按照自己的意愿行事
安全感	崇尚平静生活，讨厌变动和不确定性
自我成长	追求更加丰富和富有意义的人生，希望增加生命厚度
协助他人	希望能以一己之力，对他人和组织的发展有所贡献

二、施恩的职业锚理论

施恩教授认为，职业锚是指当一个人不得不做出选择的时候，无论如何都不会放弃职业中至关重要的东西或价值观，即人们选择和发展职业时所围绕的中心。

经过几十年的发展，职业锚已经被认为是职业发展、职业设计的必选工具。许多大公司将职业锚作为员工职业发展、职业生涯规划的主要参考点。施恩教授根据对麻省理工学院毕业生的研究，确定了 8 种基本的职业锚类型，各类型的人所擅长的工作见表 4-9。

表 4-9　8 种基本的职业锚类型

职业锚类型	擅长的工作
技术/职能型	技术/职能型的人在进行职业选择时，倾向于那些能充分发挥自己擅长的技能的职业
管理型	管理型的人追求并致力于工作晋升，倾心于全面管理，独立负责一个部分，可以跨部门整合其他人的努力成果
自主/独立型	自主/独立型的人希望随心所欲安排自己的工作和生活，追求能施展个人才华的工作环境，最大限度地摆脱组织的限制和制约
挑战型	挑战型的人喜欢解决看上去无法解决的问题，战胜实力强劲的对手
生活型	生活型的人希望将生活的各个主要方面整合为一个整体，喜欢平衡个人的、家庭的和职业的需要

续表

职业锚类型	擅长的工作
安全/稳定型	安全/稳定型的人追求工作中的安全感与稳定感，他们因为能够预测到稳定的将来而感到放松；关心财务安全
创造/创业型	创造/创业型的人希望用自己的能力去创建属于自己的公司或创建完全属于自己的产品（或服务），而且愿意去冒风险，并克服面临的困难
服务/奉献型	服务/奉献型的人一直追求他们认可的核心价值，如帮助他人，保证人们的安全，通过新产品消除疾病等

三、职业价值观测试

下面有 52 道题，代表 13 种工作价值观，每题有 5 个选项（非常重要、比较重要、一般、不太重要、不重要）。请根据自己的实际情况或想法，勾选相应选项。不重要记 1 分，不太重要记 2 分，一般记 3 分，比较重要记 4 分，非常重要记 5 分。然后根据提示计算出各项的总分，明确自己的价值观倾向。职业价值观测试见表 4-10。

表 4-10　职业价值观测试

题号	题目	非常重要	比较重要	一般	不太重要	不重要
1	你的工作必须经常解决新的问题					
2	你的工作能为社会福利带来看得见的效果					
3	你的工作奖金很高					
4	你的工作经常变换					
5	你能在你的工作范围内自由发挥					
6	你的工作能使你的同学、朋友非常羡慕你					
7	你的工作带有艺术性					
8	你的工作使你感觉到你是团队中的一分子					
9	无论你怎么干，你都和大多数人一样					
10	你的工作使你经常变换工作场所或工作方式					
11	在工作中，你能接触到各种不同的人					
12	你上下班时间比较自由					
13	你的工作使你有不断取得成功的感觉					
14	你的工作赋予你高于他人的权利					
15	在工作中，你能表达一些你的内心想法					
16	在工作中，你不会因为身体或能力等因素被他人瞧不起					

续表

题号	题目	非常重要	比较重要	一般	不太重要	不重要
17	你能从工作的成果中知道自己做得不错					
18	你的工作要经常出差或参加各种集会、活动					
19	你的工作不需要经常调换岗位					
20	你的工作能使世界更美丽					
21	在你的工作中，不会有人常来打扰你					
22	只要努力，你的工资会高于其他同龄人，或升职、加工资的可能性比其他工作大得多					
23	你的工作对智商要求比较高					
24	你的工作要求你把一切事情安排得井井有条					
25	你的工作场所有舒适的休息室、更衣室、浴室及其他设备					
26	你的工作有可能结识各行各业的知名人物					
27	你在工作中，能和同事建立良好的关系					
28	在他人眼中，你的工作是很重要的					
29	在工作中，你经常接触到新鲜事物					
30	你的工作使你常常能帮助他人					
31	你有可能会经常变换工作内容					
32	你的作风使你被他人尊重					
33	你的同事和领导人品较好，相处比较和谐					
34	你的工作会使许多人认识你					
35	你的工作场环境幽雅					
36	在工作中，你为他人服务，使他人感到满意，你自己也很高兴					
37	你的工作需要计划和组织安排他人的工作					
38	你的工作需要敏锐的思考					
39	你的工作可以使你获得较多的额外收入					
40	在工作中，你是不受他人差遣的					
41	你的工作结果应该是一种艺术品而不是一般的产品					
42	在工作中，你不必担心所做的事情会因领导不满意而受到训斥或经济惩罚					
43	在工作中，你能和领导保持融洽的合作关系					
44	你可以看见你努力工作的成果					

续表

题号	题目	非常重要	比较重要	一般	不太重要	不重要
45	在工作中你常常提出新的想法					
46	由于你的工作，经常有许多人来感谢你					
47	你的工作成果常常能得到上级、同事或社会的肯定					
48	在工作中，你会成为负责人，虽然可能只领导几个人					
49	你从事的工作，经常在报刊、电视中被提到，在人们心中很有地位					
50	你的工作有夜班费、加班费、保健费或营养费等					
51	你的工作让你体力上比较轻松，精神上也比较放松					
52	你的工作需要和电影、电视、戏剧、音乐、美术、文学等艺术打交道					

汇总分数：

1）利他主义。说明：工作目的和价值，在于直接为大众的幸福和利益尽一份力。

题号：2，30，36，46，汇总得分__________

2）美感。说明：工作目的和价值，在于能不断地追求美的东西，得到美的享受。

题号：7，20，41，52，汇总得分__________

3）智力刺激。说明：工作目的和价值，在于不断进行智力的操作，动脑思考，学习及探索新事物，解决新问题。

题号：1，23，38，45，汇总得分__________

4）成就感。说明：工作目的和价值，在于不断创新，不断取得成就，不断得到领导与同事的赞扬或不断完成自己想要做的事。

题号：13，17，44，47，汇总得分__________

5）独立性。说明：工作目的和价值，在于能充分发挥自己的独立性和主动性，按自己的方式、步调或想法去做，不受他人的干扰。

题号：5，15，21，40，汇总得分__________

6）社会地位。说明：工作目的和价值，在于所从事的工作在人们的心目中有较高的社会地位，从而使自己得到他人的重视与尊重。

题号：6，28，32，49，汇总得分__________

7）管理权。说明：工作目的和价值，在于获得对他人或某些事物的管理支配权，能指挥或调遣一定范围内的人或事。

题号：14，24，37，48，汇总得分__________

8）经济报酬。说明：工作目的和价值，在于获得优厚的报酬，使自己有足够的财力去获得自己想要的东西，使生活过得较为富足。

题号：3，22，39，50，汇总得分__________

9）社会交往。说明：工作目的和价值，在于能和各种人交往，建立比较广泛的社会联系和关系，甚至能结识知名人物。

题号：11，18，26，34，汇总得分______________

10）安全感。说明：工作目的和价值，在于不管自己能力怎样，希望在工作中有一个安稳的局面，不会因为奖金、加工资、调动工作或领导训斥等经常提心吊胆，心烦意乱。

题号：9，16，19，42，汇总得分______________

11）舒适。说明：工作目的和价值，在于希望能将工作作为一种消遣或享受的形式，追求比较舒适、轻松、自由、优越的工作条件和环境。

题号：12，25，35，51，汇总得分______________

12）人际关系。说明：工作目的和价值，在于希望一起工作的大多数同事和领导人品较好，相处在一起感到愉快、自然、满足。

题号：8，27，33，43，汇总得分____________

13）变异性。说明：工作目的和价值，在于希望工作的内容经常变换，使工作和生活显得丰富多彩，不单调枯燥。

题号：4，10，29，31，汇总得分____________

你得分最高的 3 项价值观是________、_________、________，得分最低的 3 项价值观是________、________ 、_________。

第四节　提升职业能力

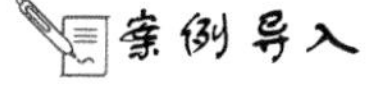

“全国青年岗位能手”蒋应成

蒋应成，杭州技师学院青年教师、中国共产主义青年团第十八次全国代表大会代表、第 44 届世界技能大赛汽车喷漆项目冠军。这位从云南省保山市农村家庭走出来的世界技能大赛冠军现场讲述了自己经历层层选拔，入选国家集训队，参加世界技能大赛汽车喷漆项目的难忘经历。在工作中，烤漆房 40 多摄氏度的高温使他每天湿透七八套工作服；在两年的体能训练中，他跑完了 100 个马拉松。蒋应成坚持高标准要求自己，达到了油漆上下的厚度不超过 0.01 毫米的世界技能大赛要求，展示了精益求精的工匠精神。

探索活动

撰写成就故事

写下生活中令你有成就感的具体事件，然后对其进行分析，看看你在其中使用了哪些技能（尤其是可迁移技能）。这些事件不一定是工作或学习上的，也可以是课外活动或家庭生活中发生的，如同学聚会、一次美好而难忘的郊游等。不必是惊天动地的大事，只要符合以下两条标准，就可以视为成就：一是你喜欢做这件事时的感受；二是你为这件事带来的结果感到自豪。

所撰写的成就故事应当包含以下 4 要素。

1）你的目标，即需要完成的事情。

2）你面临的障碍、限制或困难。

3）你的具体行动步骤，即你是如何一步步克服困难达成目标的。

4）对结果的描述，即你取得了什么成就。最好能够量化评估（用某种方法衡量或以数据说明）。

____

____

分析这些成就事件，以及为完成这些事件你都使用了什么技能。

____

____

在这些故事中重复出现的技能就是你擅长的技能。将这些技能按先后次序排列。

____

一、能力与职业能力

能力是一个人能否进入职业领域的先决条件，是能否胜任工作岗位的主观条件。不管从事什么样的职业，都要有一定的能力作保证。

能力总是和人的某种活动相联系并表现在活动中，只有通过一个人所从事的某种活动，才能看出他具有哪种能力。在学习中表现出来的能力称为学习能力；在活动中表现出来的能力称为活动能力；在职业活动中表现出来的能力称为职业能力。具体而言，职业能力是指个人将所学的知识、技能和态度在特定的职业活动或情境中进行类化迁移与整合所形成的能完成一定职业任务的能力。

二、职业能力的构成

从构成要素来看，职业能力包括专业能力和通用能力两类。

（一）专业能力

专业能力是指将所掌握的专业理论知识综合地运用于实践的能力。作为用人单位招聘的第一项内容，专业技能水平的高低是影响大学生就业成功与否的首要因素。因此，熟练掌握与自己职业目标相关的专业知识和专业技能，达到相关职业的要求，是大学生提升职业素养的重要内容。

（二）通用能力

尽管各国对通用能力的表述和所包含的基本能力的认识有所差别，但人们对通用能力的本质特征和内涵已达成共识，即通用能力强调的不是某种专业或某一职业领域或某一岗位群所具有的职业知识和技能，而是所有职业共同具有的方法能力和社会能力，具有普适性、可迁移性、持久性、价值性、难以模仿性和整合性的特征。通用能力包括沟通、团队协作、领导管理等能力。不同职业对通用能力的要求不同，有些职业对从业者的通用能力水平有绝对的要求，如教师、销售人员、公务员等，要求从业者具有很强的沟通表达、领导管理能力。

三、职业核心能力的含义与内容

（一）职业核心能力的含义

职业核心能力又称职业关键能力和职业通用能力，是职业能力的一个重要组成部分，是指从事任何活动都需要具备的、能适应技术不断发展更新和工作岗位经常变换的关键能力或基本能力。职业核心能力与劳动者的专业知识和技能之间没有必然的联系，它更多的是强调一个人的综合职业适应能力。也就是说，即使劳动者的职业或工作岗位发生变化，他也能依靠这种能力胜任新的岗位，并且能在很短的时间内掌握新的技能。

（二）职业核心能力的内容

1998 年，我国劳动和社会保障部（现人力资源和社会保障部）在《国家技能振兴战略》中把职业核心能力分为自我学习、数字应用、信息处理、与人交流、与人合作、解决问题、革新创新、外语应用 8 项内容。

1. 自我学习

自我学习是指在工作活动中，个体能根据工作岗位和个人发展的需要，确定学习目标和计划，灵活运用各种有效的学习方法，并善于调整学习目标和计划，不断提高自我综合素质的能力。

2. 数字应用

数字应用是指个体能根据实际工作任务的需要，通过对数字的采集与解读、计算及分析，在计算结果的基础上发现问题并做出一定评价与结论的能力。

3. 信息处理

信息处理是指个体能根据职业活动的需要，运用各种方式和技术，收集、开发和展示信息资源的能力，是日常生活及从事各种职业必备的方法能力。

4. 与人交流

与人交流是指个体在与人交往过程中，通过交谈讨论、当众讲演、阅读，以及书面表达等方式，表达观点、获取和分享信息资源的能力。

5. 与人合作

与人合作是指个体根据工作活动的需要，协商合作目标，相互配合工作，并调整合作方式不断改善合作关系的能力。它是个体从事各种职业必备的社会能力。

6. 解决问题

解决问题是指个体能够准确地把握事物的本质，有效地利用资源，提出解决问题的方法，制订并实施解决问题的方案，并适时进行调整和改进，使问题得到解决的能力。

7. 革新创新

革新创新是指个体在工作活动中，为改变事物现状，以创新思维和技法为主要手段，提出改进或革新的方案，勇于实践并调整和评估创新方案，以推动事物不断发展的能力。它是从事各种职业特别需要的一种社会和方法能力。

8. 外语应用

外语应用是指个体在实际工作和交往活动中以外国语言为工具与人交流的能力。

四、职业能力的培养

（一）课内学习

课内学习为大学生培养专业技能创造了良好条件。大学生要充分利用学校的各种资源，积极培养自身的专业技能，为成就未来的事业打下坚实的基础。

1. 主动参与课堂教学

课堂教学是大学生在校学习的主要形式。大学生应主动参与课堂中的讨论、练习（包括口头、书面等）、实际操作（模仿性的和创造性的）等活动，逐步养成良好的习惯，不断提升自己的专业能力。

2. 广泛参加“第二课堂”

“第二课堂”是指课外的各种学习和实践活动。“第二课堂”的开辟，对大学生的就业起到了很好的推动作用。大学生应积极参加各种“第二课堂”，如学术讨论会、读书报告会，参加朗诵、演讲、写作、书法等，并在此基础上根据自己的爱好和特长，积极参与各种社团活动。大学生可以充分发挥自身的主动性、独立性和创造性，有意识地从事业和未来的工作需要出发培养和锻炼自己。

（二）课外培养

大学生要从实践活动中提升技能，根据实际工作对知识或环境的需求提升相应的知识与能力。获取知识的方式有很多：互联网的进一步发展，为大学生提供了非常广阔的学习平台；课外活动可培养大学生发现问题和运用专业知识解决问题的能力。

提升大学生技能的课外途径主要有以下几种。

1）积极争取和充分利用各种实习机会，选择与职业目标相对应的行业及岗位实习。

2）积极参加社会实践活动，参与专业技能大赛、老师的科研项目等活动。

3）参加职业技能培训。

自我职业倾向的探索小结

1）我的兴趣爱好有____________________，其中有可能成为职业兴趣的有__________________，我的职业兴趣主要类型是________________，与兴趣匹配的主要职业有________________。

2）我的主要性格特征是________________________，与性格特征匹配的主要职业有________________________。

3）我的工作价值观是________，我的职业发展愿景是________，我看重的职业有____________________。

4）我擅长的技能是____________________。

综合以上分析，自我职业倾向是____________________。

第五章　探索外部职业世界

本章导图

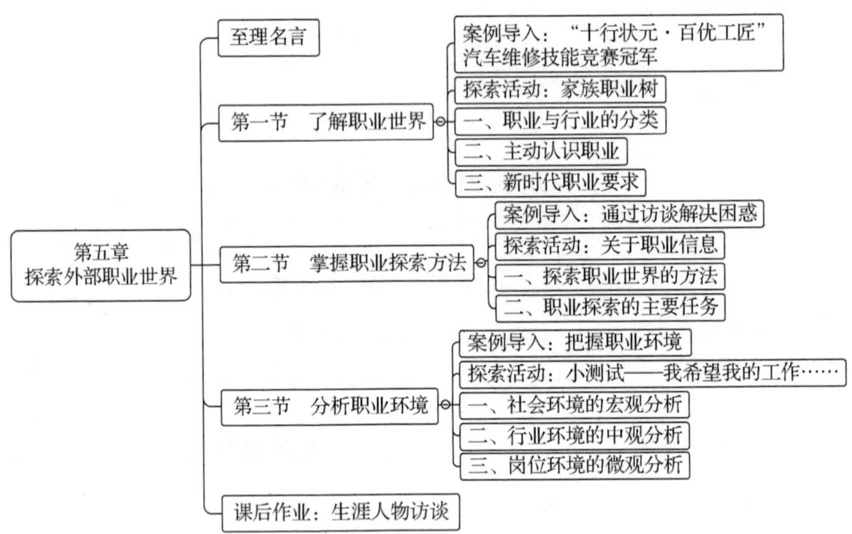

至理名言

幸福的关键是发现自己适合做什么并确保有机会去做。

——约翰·杜威

第一节　了解职业世界

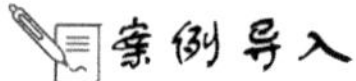

“十行状元·百优工匠”汽车维修技能竞赛冠军

在 2018 年长沙市“十行状元·百优工匠”汽车维修技能竞赛中，大学毕业生沈翔以 100 分钟成功排除 7 个故障的成绩，获得了冠军，成为此次竞赛年龄最小的“状元”。沈翔被长沙市总工会、长沙市人力资源和社会保障局授予“长沙市五一劳动奖章”“长沙市技术能手”荣誉称号，被共青团长沙市委授予“长沙市青年岗位能手”荣誉称号。《长沙晚报》2018 年 12 月 10 日第 6 版以“20 岁‘汽车名医’专治疑难杂症”为标题对他进行了专题报道。2018 年 6 月，沈翔从湖南交通职业技术学院汽车工程学院汽车运用技术专业“中德”特色班毕业。在校期间沈翔系统学习了奥迪系统知识，包括奥迪舒适电子系统、奥迪自动变速器、奥迪发动机管理系统等，通过了奥迪厂家二级认证。在大学期间沈翔选择了更加细分的汽修专业——汽车电子，并在老师的指导下进行深入研究。“我对奥迪电路图十分了解，对车上每根线束的数据都进行过实际测量与记录，这对于车辆的维修工作有很大帮助。”沈翔说。

2017 年，沈翔参加学校国赛选拔，并成功入选，代表学校参加湖南省高职院校技能竞赛，获得湖南省高职院校技能竞赛汽车检测与维修赛项一等奖。当初为了能够入选，他每天从早上八点到晚上十一点一直待在实训车间，对车辆进行全面的解剖了解，也是那时候的努力让他在国赛中超常发挥。“比赛也是不断地锻炼自己、增加实践经验的过程，因为只有不断地更新自己的知识，不断地提升自己才能赢得对手。”

探索活动

家族职业树

活动目标：通过绘制家族成员的职业树，了解他们职业的特性，以及家族成员对自己的期望等，帮助自己了解职业世界，思考未来职业定位。

活动说明：

1）了解职业可以从自己熟悉的人开始，首先把家庭中的直系亲属及他们的职业填在家族职业树上，如图 5-1 所示。

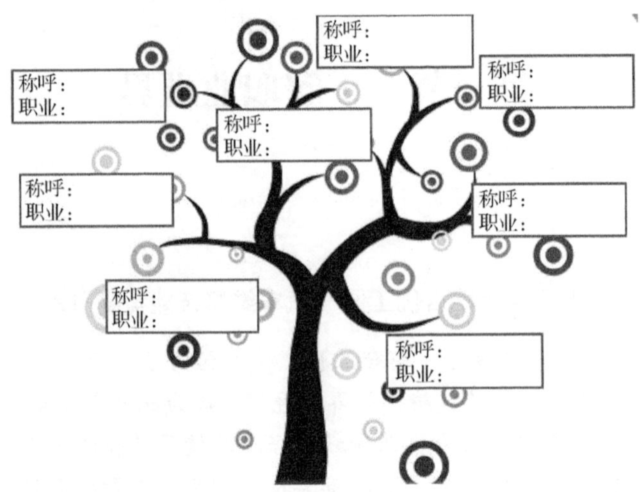

图 5-1　家族职业树

2）家族成员的职业都写出来后，进行分类。

3）你最想从事你的家族或者同学家族中哪个人的职业，为什么？

家族中最多人从事的职业是________

你想要从事这种职业吗？为什么？________

爸爸如何形容他的职业？爸爸平时会提到哪些职业？他是怎么描述的？

____

爸爸的想法对我的影响是________

妈妈如何形容她的职业？妈妈平时会提到哪些职业？她是怎么描述的？

____

妈妈的想法对我的影响是________

家族中谁对职业的想法让你印象深刻？他们是怎么描述的？

____

家族中对彼此职业感到满意或羡慕的是什么？

____

家族彼此羡慕的职业是________

对他们的想法你觉得________

你觉得家人对你未来选择职业的影响是________

你的家人最常提到有关职业的事情是________

家人最常提到的有关职业的事情对你的影响是________

你绝不考虑的职业是________

你考虑的职业是________

选择职业时，你还重视的条件有________

一、职业与行业的分类

（一）职业的分类

所谓职业分类，是指采用一定的标准和方法，依据一定的分类原则，对从业人员所从事的各种专门化的社会职业所进行的全面、系统地划分与归类。

2015 年版《中华人民共和国职业分类大典》（以下简称《大典》）将我国职业归为 8 个大类、75 个中类、434 个小类、1 481 个细类（职业）（自《大典》出版以后，每年都要出增补版本，增补新增加的职业类型）。其中 8 个大类分别是：

第一大类：国家机关、党群组织、企事业单位负责人，其中包括 6 个中类，15 个小类，23 个细类。

第二大类：专业技术人员，其中包括 11 个中类，120 个小类，451 个细类。

第三大类：办事人员和有关人员，其中包括 3 个中类，9 个小类，25 个细类。

第四大类：社会生产服务和生活服务人员，其中包括 15 个中类，93 个小类，278 个细类。

第五大类：农、林、牧、渔业生产及辅助人员，其中包括 6 个中类，24 个小类，52 个细类。

第六大类：生产、运输设备操作人员及有关人员，其中包括 32 个中类，171 个小类，650 个细类。

第七大类：军人，其中包括 1 个中类，1 个小类，1 个细类。

第八大类：不便分类的其他从业人员，其中包括 1 个中类，1 个小类，1 个细类。

（二）行业的分类

行业分类是不同于《大典》的另外一种分类模式，主要是按经济活动性质的同一性原则进行分类，即主要按企业、事业单位、机关团体和个体从业人员所从事的生产经营活动或其他社会经济活动性质进行行业分类，而不按其所属行政管理系统分类。某一行业就其实质来说，是指从事一种或主要从事一种活动的所有单位的聚合体。

我国 2017 年第四次修订的《国民经济行业分类》（GB/T 4754—2017）对行业门类、大类、中类和小类进行了调整。新行业分类标准为 20 个门类，97 个大类，473 个中类，1 380 个小类。主要分类如下：A 农、林、牧、渔业；B 采矿业；C 制造业；D 电力、热力、燃气及水生产和供应业；E 建筑业；F 批发和零售业；G 交通运输、仓储和邮政业；H 住宿和餐饮业；I 信息传输、软件和信息技术服务业；J 金融业；K 房地产业；L 租赁和商务服务业；M 科学研究和技术服务业；N 水利、环境和公共设施管理业；O 居民服务、修理和其他服务业；P 教育；Q 卫生和社会工作；R 文化、体育和娱乐业；S 公共管理、社会保障和社会组织；T 国际组织。

二、主动认识职业

在大学里，大学生会通过各种渠道接触到职业，这就需要他们更为系统地了解职业。

构成一个职业的基本要素有 3 个：一是社会分工，即具体岗位；二是职责，即应该承担的义务；三是专门性技术、技能。这 3 个基本要素是判断某项工作是否是社会公认职业的重要标准。参照这 3 个基本要素，观察职业、反省自身、寻找差距、调适预期，大学生就会慢慢聚焦，慢慢靠近自己的职业理想。

更为广义地看，职业有 4 个主要元素：个人、组织、社会和公共管理体系。个人（包括他的家庭）的个性特征和价值观深刻影响着他的职业选择和发展进程，而组织作为职业发展的载体，具有一定程度的选择性倾向，总是为不同的人提供价值不等的职业情境。大多数人需要在一定的组织中获得职业，组织实际上是员工职业生涯重要的规划者、管理者和影响因素。社会建立和制订主流价值观和行为规范，并通过教育等形式传输给人们，从而形成一定的就业环境，影响人们的就业态度和就业方式。一定时期的社会生活氛围如同空气和水一般，潜移默化地制约着人们的具体选择。公共管理体系，特别是政府负责制订就业法规、就业政策和行为规范，都是试图阶段性地规范不断出现的新的需求和冲突。

参照这些角度，大学生就可以尝试描绘自己期望的“职业轮廓”（profile），做出不断细化的职业描述，从而实现理性就业。大学生可以参照以下标准描述一个职业：①知识和技能的多项资格组合；②根据工作对象、工作条件和工作要求确定的系列典型工作任务；③根据资格和任务确定的“自由行动空间”；④社会分工和评价的结构性特征。

此外，还需要意识到家庭、组织文化倾向、社会风气、政策导向等方面。

阿尔弗雷德·许茨认为，工作世界是一个由自然、身体的运动与操作、工作任务、工作目标目的、工作成功与失败的效果及工作同伴关系构成的总体。

现代社会要求大学生将眼光放在岗位的同时，关注职业本身，还要对行业有一定程度的关注。在此基础上，时刻反省自身，将自己作为思考一切的出发点和最终落脚点。在成长过程中，大学生的目标不应只限定在一个特定的职业和狭窄的技能训练范围，而应追求一种综合的目标，强调培养自己广泛的职业适应能力，以有机会进入不同的领域工作，适应不断变化的工作世界的需求，为个体更加积极、主动参加工作做准备。

生涯教育的目标不是要大学生成为自己完全的掌控者而是期望每个人在外界复杂互动的过程中自觉关注“我”。我们不能在庞大的世界中成为一切事物的决定者，但也不能成为飘忽不定的飞絮，而要坚持自己，并在社会现实中不断做出理性妥协，坚定地认为自己的选择是当下的最优选择。

无边界职业生涯成为越来越多人的选择。无边界职业生涯是指超越单个就业环境边界的一系列的就业机会。无边界职业生涯强调以就业能力的提升替代长期雇佣保证，使员工能够跨越不同组织实现持续就业，即传统社会的练内功，同时与现代社会技术革命期待的有灵魂的、充满活力和创造力的工作者要求一致。人，只有成为自己，才能拥有核心竞争力，才能真正参与到自己未来的创建中。

三、新时代职业要求

当前，许多职业如雨后春笋般出现，有的来得快，消失得也很快。现在各个大学、各个居住小区，甚至一些城乡接合部，快递服务随处可见，在几年前这都是想象不到的场景。

社会和人群的需求越来越多元，社会的开放程度越来越高，人们对服务质量的要求越来越高，职业的分解角色越来越细微。在研发、生产、流通等更为宏观的领域，因为比任何时候都更加具有关联性，往往牵一发而动全身，所以要求每个从业人员了解、兼顾、触及全部产业链条。

简单地说，职业领域在变革中极速地向两端延伸，一个是更加精细，一个是更加宏观，并且要求这两者同时做到。职业对具体岗位的要求变得前所未有的苛刻。

技术变革对社会的改变深刻而剧烈。蒸汽机代替了大量大力，提高了生产效率；电力将人的力量十倍、百倍，甚至千倍地放大；信息技术革命正在改变，甚至是颠覆旧有的工作方式。

人们未来的工作必将发生很大改观，工作领域从劳动密集型到知识密集型，工作方式从专人任务到团队沟通与合作，从业人员从本地就业到全球人力资源竞争，学习培训从“一张文凭用一生”到终身学习。劳动力市场、技术应用和产业结构等都将发生翻天覆地的变化，人们不得不考虑更为内在的自我成长、更为持久的能力培养、更为开放的选择和实践。

21 世纪以规模化生产、规模化消费为基础。一种微电子技术、新材料、智能化生产的新产业体系正在孕育而生。这种新体系要求从业人员在实际工作中主动发挥作用；要求从业人员不但可以在一个节点和流程中熟练操作，而且具备多种相互协调的技能。

一个全新的时代正在到来，在这个看似越来越复杂多变、越来越不可控的世界里，个体的职业发展实际上有了更多的可能，由于科技降低了很多技能的门槛，人们越来越容易发挥自己的优势，走一条完全不同于前人的职业道路。

例如，作曲音乐是很专业的技能，以前要想作曲，需要掌握作曲知识，具备基本的技能，现在智能科技降低了作曲的门槛，只需要用你的灵感，形成一个好听的旋律，哪怕是哼一小段调调，人工智能作曲软件就能帮你作曲，甚至扩充成一首完整的曲子。不光音乐，绘画也是一样。很多人学绘画，无论是学水彩画还是中国画，都要学很多年，现在只要在人工智能程序中输入你的构思，它就会帮你完成很多事情。这类新职业强调的不再是艺术技能，只是单纯的技能已经构不成竞争优势，甚至说，技能是能够被机器替代的，剩下的才是创意。未来科技和艺术应该在创意方面极大地融合，科技能做的事情都尽量交给科技，然后人去做科技无法做到的事情。这才是人存在的真正价值，也是我们现在这么重视培养创造力的原因。因为在人工智能时代，大量已有的、可重复的工作都会被机器取代，创新是新时代职业的重要要求之一。

第二节　掌握职业探索方法

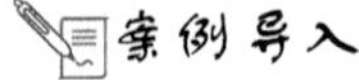

通过访谈解决困惑

张诺在上职业生涯规划课前就给自己将来的职业定位为非政府组织（non-governmental organizations，NGO）行业的教育创新方向，一是符合自己利他主义的价值观，二是他在做志愿者期间感受到了强烈的归属感和成就感。就像老师说的，把自己的方向定得越细致，访谈收获就会越多越深入。张诺针对自身的困惑，与以下几位专业人员进行面对面访谈或电话交流：中国扶贫基金会负责教育项目的管理人员、某专门研究 NGO 机构的老师、社会资源研究所（social resources institute，SRI）（介于 NGO 和企业的第三方咨询机构）的传播主管、某企业社会责任咨询公司的负责人、友成基金会某项目组负责人、前联合国少儿教育某项目组负责人、歌路营、雷励中国等机构负责人。其间张诺还参加了 SRI 和英国大使馆合办的某 NGO 领域的交流会，听了一些社会企业负责人对目前项目开展的介绍。

通过对 NGO 行业的分类和特征，行业的发展及现状，NGO 工作的环境、时间、强度、待遇等，作为一个 NGO 人面临的问题和挑战，选择做 NGO 的提升方向和路径等方面的了解，张诺总结出我国 NGO 行业的现状有以下几个方面。

1）NGO 行业可以分为国际 NGO（如国际青年成就组织、儿童乐益会）、政府 NGO（如中国红十字会、希望工程等）、公募基金会（如中国扶贫基金会、中国青少年发展基金会）、私募基金会（如友成企业家扶贫基金会、南都公益基金会）等。

2）我国 NGO 行业属于朝阳行业，如今处于遍地开花的状态。目前大多数组织处于初创阶段，组织的高度和宽度由领导人的高度和宽度决定。

3）NGO 从业者的发展方向大体可分为两类：专家型和管理型。专家型包括专门研究某领域发展等的研究型方向；管理型占据大多数 NGO 岗位，如项目管理、志愿者管理等。

探索活动

关于职业信息

5～6 人一组，讨论可以通过哪些渠道了解职业信息，需要了解哪些职业信息，按下列格式填写好后，小组选拔一名成员进行汇报。

1）有哪些搜集职业信息的途径和方法？

____

____

____

2）职业信息的内涵是什么？

____

____

3）下一步我打算通过以下渠道搜集职业信息（在选项前的括号中打“√”）。

（　）收集、研究与特定领域的职业有关的书面信息。

（　）采访有关人士，对我感兴趣的职业有进一步的了解。

（　）从职业咨询老师那里得到更多的职业信息。

其他渠道：______________________________________

____

一、探索职业世界的方法

作为一名大学生，职业规划就是对自己的职业成长做规划。影响规划的因素一部分来自个人的性格、特质和喜好等主观条件，还有一部分来自客观条件，即职业环境。探索职业世界的方法有很多，常用的方法有以下几种。

（一）形成自己预期的职业库

职业库，即自己未来想要从事的职业清单，形成自己预期的职业库要分 3 步走，如图 5-2 所示。

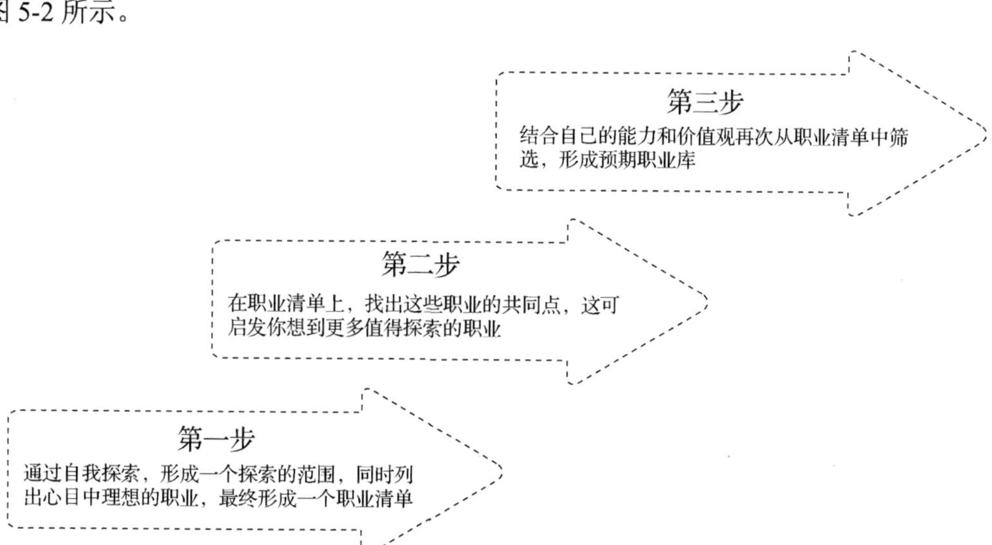

图 5-2　形成职业库的步骤

（二）用职业分类的方法探索工作世界

通过行业（产业）分类和职业分类的方法，可以深入了解工作世界，具体内容在本章职业与行业的分类中已经介绍过，此处不再赘述。

（三）其他探索工作世界的方法

1. 从近到远的探索方法

所谓近和远，是指信息与探索者的距离。近距离的信息容易得到，且信息内容丰富。例如，在实习时能近距离接触相关职业，并能亲身感受职业的工作环境、工作内容等。远距离的信息需要投入一些精力才能得到，但信息内容更为深入，如图 5-3 所示。

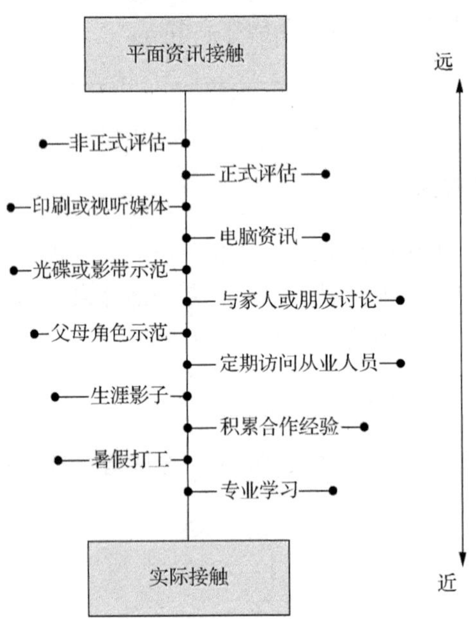

图 5-3　从近到远获取信息的方式

2. 生涯人物访谈法

（1）筛选偏好职业

通过霍兰德职业兴趣测试、MBTI 性格类型与匹配职业表等工具进行测试，分析自己的兴趣、性格、能力和工作价值观，结合测试结果筛选出自身偏好的 3～5 个职业。

（2）寻找访谈对象

在完成第一步的基础上寻找在相关职业领域工作的在职人士。在寻找访谈对象时要注意以下几点。

1）结构合理。为了得到全面的职业信息，被访问人员中既需要有职业成功人士，也要包括刚进入职场的人士和职场中默默无闻的从业者。

2）人数适量。选择 3～5 个相关人物即可。

3）信息全面。包括被采访者的姓名、职务和联系方式等。

（3）准备访谈提纲

可以选择下列部分问题进行访谈。

1）您是如何找到这份工作的？这份工作的主要职责是什么？

2）对于这份工作，您最喜欢的是什么？最不喜欢的是什么？

3）这种职业需要什么样的技能？

4）目前这一行业同类岗位的薪酬水平如何？

5）您通过什么途径提升自己？至今为止，参加过哪些培训和继续教育？

6）您对自己现在所在行业有什么看法？

7）您在从事这一工作之前，在哪些单位、从事哪方面工作？

8）我现在可以通过什么方式提高哪些技能和素质，以便日后能顺利进入这一行业？

9）就您知道的情况而言，我的专业可以让我进入哪些领域工作？

10）什么样的初级工作最能学到尽可能多的知识？

11）对于一个即将进入该工作领域的新人，您有什么建议吗？

12）还有哪些途径能帮助我深入了解该工作领域？

13）对于一名即将进入职场的新人，特别需要注意哪些职业操守？

14）您能给我介绍另一个访谈的对象吗？

（4）约定访谈事宜

通过电话、微信、QQ 等通信工具和被访谈人物进行预约（电话预约比较正式）。预约时说清楚自己的采访目的、感兴趣的工作类型及进行采访所需要的时间（通常 30 分钟左右），确认采访的日期、时间和地点。

（5）操控访谈过程

1）访谈一定要守时、简洁，不浪费他人时间。

2）采访前为自己准备个 30 秒的“广告”，因为在访谈过程中生涯人物可能会问采访者的职业兴趣和求职意向。

3）访谈前，应征得生涯人物的同意，视情况对谈话内容进行录音、书面记录。

4）访谈开始，可以用从其他渠道了解的生涯人物的正面消息轻松打开话题，之后按准备好的问题开始访谈。

5）生涯人物谈兴正浓时，要注意倾听，给生涯人物留出提供其他信息的机会。

6）访谈结束后，请生涯人物再给自己推荐其他相关的生涯人物。

（6）完善访后工作

采访结束后一天之内，通过手机短信或邮件等合适的方式向生涯人物表示感谢。

访谈结束后将收集到的访谈信息整理成生涯人物访谈表，见表 5-1。用以确定自己是否适合该职业，是否具备从事该职业所必需的职业素质和能力。

表 5-1　生涯人物访谈表

项目	内容	
访谈目的		
被访者基本情况	姓名	
	性别	
	毕业时间	
	毕业院校	
	联系方式	
	所学专业	
	现工作单位	
	现工作任务	
访谈内容		
访谈总结		

访谈人：　　专业：　　班级：　　学号：　　访谈时间：

二、职业探索的主要任务

1. 职业描述

大学生可参照《大典》对职业的详细介绍，来了解不同的职业。

2. 职业核心的工作内容

大学生需要了解目标职业的工作内容，以及哪些工作内容是目标职业必须要做的。

3. 职业的发展前景

大学生需要关注职业所在行业的发展趋势、职业的发展潜力、发展空间等。例如，与重污染行业相关的职业前景不佳，而与新能源相关的职业则有良好的前景。

4. 薪资待遇及潜在收入空间

新入职的人应更关注职位的发展空间、人职匹配等。

5. 岗位设置

同一职业会有多个工作岗位，如人事工作就有负责招聘、绩效、员工待遇等多个岗位。不同企业对岗位的理解、划分、要求也不一样，所以要了解具体岗位设置情况。

6. 入门岗位及其职业发展路径

入门岗位通常是中低端的岗位，对于刚毕业的大学生来说，由于缺乏工作技能和经验，通常需要从基层做起。职业发展路径是指目标岗位的晋升渠道、路径等。大学生入职前也应了解自己的职业发展路径。

7. 职业标杆人物

职业标杆人物是指在特定职业领域内的杰出人才，如职业技能大赛冠军、金牌销售员等。了解职业标杆人物能帮助大学生加深对职业的理解。

第三节　分析职业环境

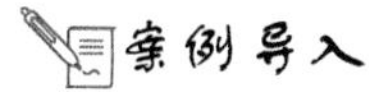

把握职业环境

小戴刚迈入大学时就给自己定了目标：毕业后要找一份好工作。

小戴认为"就业难"的根本原因在于大学生对就业市场缺乏足够的了解，不了解用人单位的需求，盲目地求职择业，不能有效地把握机会。

基于这种判断和认识，小戴从大二开始就有意识地加强对就业市场和就业环境的了解。她经常浏览人才网站和学校就业中心的网站，了解最新的就业信息与形势政策；她还经常关注与自己专业对口的用人单位，搜集并研究其招聘信息和招聘要求。

即将毕业的时候，小戴通过分析积累的各种信息，结合自己实际，很快确定了自己的求职目标。经过一个月的充分准备，她在目标单位组织的招聘考试中取得第一名，顺利获得自己心仪的工作。

小戴认为自己成功的原因有 3 点，一是脚踏实地地从基础开始，慢慢积累就业所必需的基础知识；二是一点一滴地做好就业准备，把握人才市场的动态需求；三是按用人单位的需求提升自己的素质和能力。

探索活动

小测试——我希望我的工作……

请根据自己的第一印象，在以下 4 个选项中进行选择（只能选择一项，不能更改）。

毕业时，我希望我的工作：

1）手捧铁饭碗。

2）多劳多得。

3）快速积累经验。

4）薪资高且相对自由。

你的选择是____________________

结果分析：

1）适合进入行政事业单位及规模企业。

2）适合进入成长期企业。

3）适合进入刚创业的团队。

4）自己创业当老板。

一、社会环境的宏观分析

大学生的学习和成长，离不开社会大环境的影响。社会政治经济形势、产业结构调整、社会舆论导向等都会对大学生的思想产生影响。

大学生在进行职业规划时，既要充分认识社会环境对职业生涯的影响，又要注意分析社会环境的基本特点，了解社会环境的发展变化，还要辨别在社会环境条件中，哪些是自己今后走向职业岗位的有利条件，哪些是不利条件等。大学生只有充分了解社会环境因素，才能在复杂的社会环境中找到自己的职业位置，职业生涯规划才能具有实际意义。

（一）经济环境

1. 经济形势

经济形势的变化对职业的影响是最为明显和复杂的。当经济处于萧条时期时，企业的效益不佳，对人力资源的需求减少，职业选择和职业发展的机会减少；当经济处于高速发展时期时，企业处于扩张阶段，对人力资源的需求增加，职业选择和职业发展的机会增多。

2. 劳动力市场供求状况

劳动力市场的供求状况对职业选择和职业发展具有重要影响。如果某类职业的人才供不应求，则职业选择和职业发展的机会增多；相反，如果某类人才供过于求，则职业选择和职业发展的机会减少。

3. 收入水平

社会对人力资源的需求是一种派生的需求，当人们的收入水平提高时，对商品的需求会增加，企业扩大生产，从而增加对人力资源的需求，职业选择和职业发展的机会增多；相反，职业选择和职业发展的机会减少。

4. 经济发展水平

在经济发展水平高的地区，企业相对集中，优秀企业也比较多，个人职业选择的机会就比较多，因而有利于个人职业发展；反之，在经济落后地区，个人职业发展会受限制。

（二）政治法律环境

1. 政治因素

政治因素主要涉及国家的方针、政策，影响职业的政治因素包含教育制度、政治体制、经济管理体制、人才流动的政策等。政治和经济是相互影响的，政治不仅影响国家的经济体制，还影响企业的组织体制，从而直接影响个人的职业发展；政治制度和氛围还会潜移默化地影响个人的追求，从而对职业发展产生影响。

2. 法律因素

法律因素是指中央和地方的有关法规和有关规定，如政府有关人员招聘、工时制、最低工资的强制性规定，现行的户籍制度、住房制度、人事制度和社会保障制度等，这些因素都会对职业的选择和发展产生重要影响。

（三）文化环境

社会文化环境包括教育条件和水平、社会文化设施等。

在良好的社会文化环境中，个人能受到良好的教育和文化熏陶，从而为职业发展打下良好的基础。社会文化是影响人们行为、欲望的基本因素。社会文化反映着个人的基本信念和价值观。

（四）价值观念

一个人生活在社会环境中，必然会受社会价值观念的影响，大多数人的价值取向被社会主体价值取向左右。一个人的思想发展、成熟的过程，其实就是认可、接受社会主体价值观的过程。社会价值观正是通过影响个人价值观而影响个人的职业选择和职业发展。大学生在进行职业生涯规划时，要坚持正确的价值观，认可、接受社会上积极的价值观。

二、行业环境的中观分析

行业的整体发展状况会直接影响个体的职业发展，大学生在进行职业生涯规划时需要对自己的目标行业进行全方位的解读，从而更好地了解职业世界。行业环境分析的主要内容包括以下几个方面。

（一）行业的内涵与外延

对行业的定义，不同的角度会有不同的解释，大学生应该尽可能多地去搜集、整理各个不同的定义，对行业有一个精准的认识。大学生可以参考《大典》的权威解释，了解整个行业的概况，并且熟悉行业内的细分领域，进而了解行业的全貌。

（二）行业现状及发展趋势

国家各级行业主管部门或者社会研究机构每年都会推出各种行业分析报告，这是了解行业现状和发展趋势的最好资料。大学生可以通过网络、图书或者听讲座等方式，了解自己目标行业在国民经济发展中的地位，了解该行业的发展现状，探索其未来的发展趋势。

（三）行业人才需求状况

各行各业都有其准入门槛及对人才素质能力的基本要求，了解行业人才需求状况，是进入行业的前提。所谓行业人才需求状况，是指这个行业人才胜任能力标准、人才发展前景、人才培养目标及人才晋升路径。对行业人才需求状况了解得越详细，个人的职业定位就越清晰，职业规划也就越有针对性。

（四）行业的社会评价与社会声望

行业不是孤立地存在于职业世界中的，多倾听社会各界人士对该行业的评价，了解该行业的整体社会声望情况，也是进行职业选择与职业规划的参考依据。对行业的评价向来都是仁者见仁，智者见智的，行业的社会声望也是有高有低。在不同舆论和倾向的影响下，大学生应该有辨识能力，不宜随波逐流、人云亦云。

（五）行业代表人物

了解行业代表人物是了解行业的一个较好的方法。三百六十行，行行出状元，各行各业都有自己的代表人物，大学生通过调研行业代表人物的先进事迹、成长历程，可以加深自己对该行业的认识与了解。相反，了解行业典型的失败案例，也能够从侧面让自己了解行业存在的风险与弊端，从而对行业有一个全面、客观的认识。

（六）行业规范及标准

每个行业都有自己的行业标准及规范。这些标准及规范有可能是国家制订的，也有可能是行业内部制定的，这些都有助于大学生了解相关行业。行业的规范及标准代表了该行业人才的准入门槛及从业人员基本守则，掌握了该行业的规范与标准，也就为进入该行业奠定了基础。

（七）行业标杆企业名录

行业是由一系列细分领域内的企业共同组成的，这些企业既互相竞争，又互相依存，共同推动行业的发展与进步。行业知名企业一般是该行业发展的缩影，代表了该行业的最高发展水平，因此了解行业标杆企业是了解该行业的最好方法。

三、岗位环境的微观分析

（一）岗位环境分析的内容

岗位是企业的组织细胞。大学生进入企业之后，都需要在具体的岗位上开展工作，接受部门负责人的领导。岗位环境分析的主要内容如下。

1）岗位工作内容是什么。

2）岗位责任人是谁。

3）工作岗位及其工作环境条件。

4）岗位操作规范及操作守则。

5）岗位职责与任职资格。

6）与相关岗位工作人员的工作交接。

收集这些用于岗位分析的信息，收集方法一般有访谈法、问卷调查法、观察法、关键事件法、见习日志法等。

（二）岗位环境分析的方法

1. 访谈法

访谈法是指就某一岗位与访谈对象，按事先拟订好的访谈提纲进行交流和讨论的方法。访谈对象包括该岗位的任职者、对工作较为熟悉的直接主管人员、与该岗位工作联系比较密切的其他工作人员等。为了保证访谈效果，一般要事先设计访谈提纲。进行访谈时要遵循以下原则。

1）所提问题要和岗位分析的目的有关。

2）所提问题必须清晰、明确，不能太含蓄。

3）访谈人员语言表达要清楚、准确。

2. 问卷调查法

问卷调查法是指调查者根据岗位分析的目的、内容等，事先设计一套岗位调查问卷，由被调查者填写，再由调查者将问卷加以汇总，从中找出具有代表性的回答。问卷调查法的关键是问卷设计。问卷设计形式分为开放型和封闭型两种。开放型是指由被调查者根据问题自由回答；封闭型是指调查者事先设计好答案，由被调查者选择。设计问卷时要做到：①提问要准确；②问卷表格要精练；③语言通俗易懂，问题不可模棱两可；④问卷前面要有指导语；⑤问题排列要有逻辑。

3. 观察法

观察法是指在不影响被观察人员正常工作的条件下，通过观察将有关工作的内容、方法、程序、设备、工作环境等信息记录下来，最后将获得的信息归纳整理为适合使用的结果的方法。

4. 关键事件法

关键事件法是指邀请岗位工作人员或其他有关人员描述能反映其绩效好坏的“关键事件”，即对岗位工作任务造成显著影响的事件，然后将其归纳分类，从而对岗位工作有一个全面的了解。关键事件的描述包括该事件发生的背景、原因，员工有效的或多余的行为，关键行为的后果；控制上述后果的能力等。

5. 见习日志法

见习日志法是指以记录见习日志或者工作笔记的形式记录日常工作活动而获得有关岗位工作信息资料的方法。其优点在于可以更容易了解岗位的具体工作状况。

生涯人物访谈

结合自己的兴趣、技能、职业、价值观、教育背景和已掌握的职业知识，找出自己未来最有可能从事的职业，然后在该职业领域寻找一位在职人士作为访谈对象。生涯人物可以是自己的亲人、老师和朋友，也可以是他们推荐的其他人，还可以通过行业协会、某个具体组织的网站寻找。

具体访谈记录如下。

1）您是如何找到这份工作的？

2）您的职位是什么？您的主要职责是什么？

3）从事此行业的人会做些什么？

4）该行业的工作地点一般在哪里？

5）从事该行业，应先从什么样的工作岗位做起？什么工作岗位能学到最多的知识？什么工作岗位最有益于发展？

6）工作场所一般在哪？

7）在工作方面，您每天都做些什么？

8）您在做这份工作时，日常面临的问题是什么？什么最有挑战性？

9）就您的工作而言，您最喜欢什么？最不喜欢什么？

10）您个人的主要成就是什么？最成功的是什么？

11）在这个职位上，如果想获得成功必须具有什么样的能力？

12）您认为自己目前还需改进的地方有哪些？您会如何改进？

13）在您的组织中，如何区分同一个岗位的成功和不成功？

14）您认为做好这份工作应该具备哪些知识、技能和经验？

15）目前，行业内要求从事这份工作的人应该具备什么样的教育水平和培训背景？

16）您认为从业者应具备什么样的个人品质、性格和能力才能胜任这份工作？

17）这项工作需要的个人品质、性格和能力与其他工作相比有哪些不同？

18）学校中学习的哪些课程对这个行业比较有帮助？

19）行业内，单位对刚进入该领域工作的员工一般会提供哪些培训？

20）在您的工作领域里，初级职位和高级职位的薪水一般是什么水平？

21）这个行业受哪些外部条件的限制？

22）这个行业所面临的困境及前景如何？

23）据您所知，哪些职业杂志、行业网站或渠道能帮助我深入了解这个领域？

24）您的朋友或同事中有能接受我采访的吗？可以说是您介绍的吗？

25）通过访谈，您有哪些收获？

第六章　框定职业生涯方向

本章导图

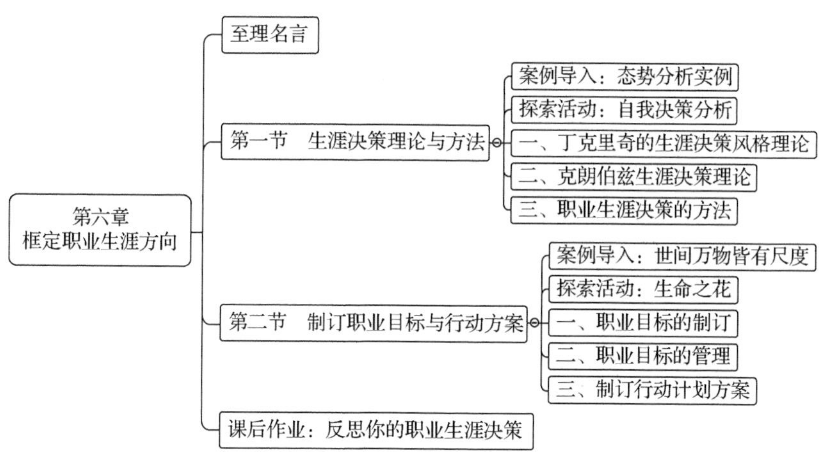

至理名言

知人者智，自知者明。胜人者有力，自胜者强。知足者富，强行者有志。不失其所者久，死而不亡者寿。

——老子

第一节　生涯决策理论与方法

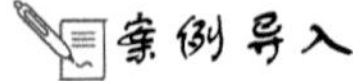

案例导入

态势分析实例

小丁是某校计算机专业学生，在校期间专业成绩优秀，多次进入企业实习，且一直担任学生会干部，得到了老师和同学的认可。但是小丁性格有些急躁，遇事易冲动，有时候很难踏踏实实完成工作。面临毕业，小丁想找一份与专业相关的工作。为此，他进行态势分析（SWOT 分析），如图 6-1 所示。

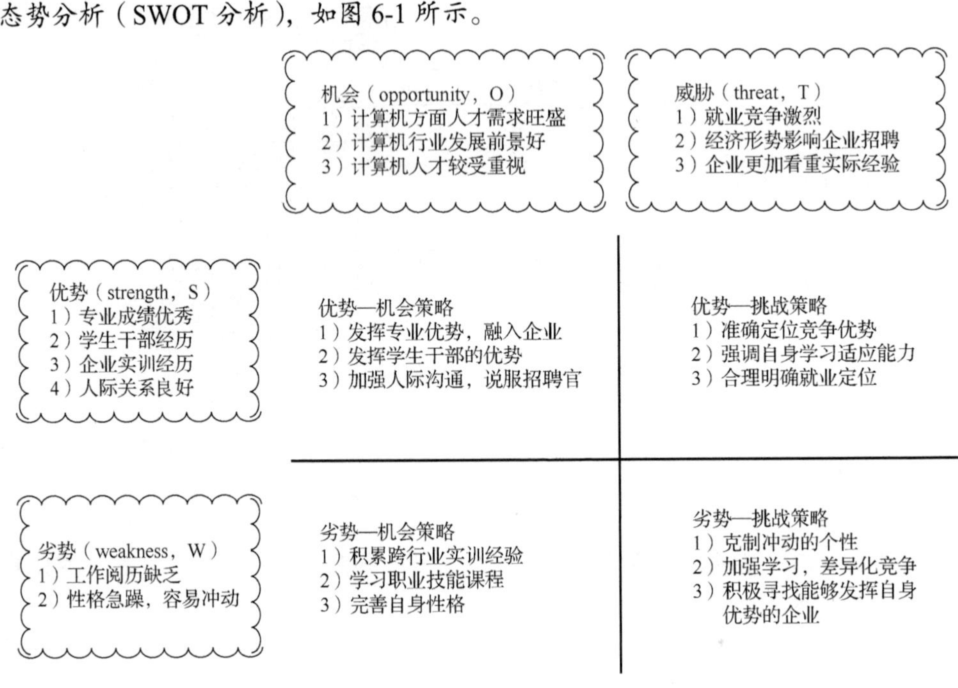

图 6-1　态势分析

参照小丁同学的 SWOT 分析实例，结合自身实际情况，做一份自己的 SWOT 分析报告，进一步了解自己，明确自己的职业决策目标。

探索活动

自我决策分析

请描述迄今为止人生中所做的 3 个重大决定。

1）________________________________

2）________________________________

3）________________________________

当时的情境是什么？

____

你所拥有的选择有哪些？

____

你做出了什么样的选择？你做出该选择的依据是什么？

____

现在你对当时的选择有什么评价？

____

完成对 3 个重大决定的描述之后，再综合分析上述 3 个重大决定有什么共同之处，从中可以看出你在做决策时有什么特点？

____

一、丁克里奇的生涯决策风格理论

决策风格是影响决策效果与决策效率的一个重要因素。丁克里奇通过访谈研究，将人们做职业生涯决策时的风格归结为 8 类。

（一）冲动型

冲动型决策风格的人的典型想法是“先找一份工作干着，合不合适以后再说”，对选择非常盲目，只要抓住一个选择就不会考虑其他的选择。这种决策方式非常不明智，会使自己错过很多更好的选择。

（二）宿命型

宿命型决策风格的人认为所有的东西都是命中注定，人做的一切努力都是徒劳的，他们将生涯决策交给命运，不能以积极阳光的态度面对人生，这样的人容易成为环境的“受害者”。

（三）顺从型

顺从型决策风格的人缺乏独立性，在做决定时不考虑自身的实际情况，而是顺从他人，相信“别人都认为是好的，那一定错不了”。这种从众的想法虽然能给自己一些所谓的“安全感”，但是顺从他人做出的选择往往并不适合自己。

（四）延迟型

延迟就是我们常说的拖延症，把问题往后拖延。延迟型决策风格的人总是把该解决的问题拖到最后一刻解决，幻想着过段时间问题会自动解决。

（五）烦恼型

烦恼型决策风格的人遇事不果断，决策时要搜集海量的信息，最终结果是不仅没有找到决策的依据，反而陷入信息洪流，对不同的信息反复比较，左右权衡，典型的口头禅是“我还是拿不定主意”。

（六）直觉型

直觉型决策风格的人在做决策时多依赖自己的直觉，决策缺少可靠的根据。在缺少充足信息的情况下，直觉可能会与事实有偏差。

（七）瘫痪型

瘫痪型决策风格的人能够做出决策，但是不敢承担决策后的责任；做出决策后时常过度焦虑，一想到要开始工作就害怕，结果就是无法真正为决策后果承担责任。

（八）计划型

计划型决策风格的人能冷静且客观地分析各种选择的利弊得失，最后的决定以自我利益最大化为准则。

上述 8 种决策风格各有优缺点，很难说哪一个最好，哪一个最坏。例如，直觉型决策者能快速提取信息，并根据已知信息快速做出决策，但可能会出现认知偏差。烦恼型和顺从型决策者有依赖倾向，但是在反复斟酌中可能会减小个人的认知偏差。决策风格的形成受自我性格和外部环境的影响，并且一旦形成就具有一定的稳定性，但也不是绝对无法改变的。

二、克朗伯兹生涯决策理论

美国心理学家克朗伯兹在其职业生涯决策的社会学习理论中指出，职业选择过程受到 4 类因素的影响：遗传天赋和特殊能力、环境条件与事件、学习的经验、完成任务的技能。

克朗伯兹和贝克于 1977 年提出的决策模式包括 7 个步骤：①界定问题，即描述必须要完成的决策，估计完成所需时间并设定确切的时间表；②拟订行动计划，即描述决策所需采取的行动，并估计所需时间及完成的期限；③澄清价值，即描述个人将采取哪些标准作为评价各种选择的依据；④描述可能做出的选择，确认选择方案；⑤依据所定的选择标准、评分标准，逐一评价各种选择，找出可能的结果；⑥比较各种选择结果，从中选取最能符合决策者理想的选择；⑦描述将如何采取行动以达成制订的目标。

三、职业生涯决策的方法

（一）SWOT 分析法

SWOT 分析法又称态势分析法，是指将与研究对象密切相关的各种主要内部优势（strength，S）、劣势（weakness，W）、机会（opportunity，O）和威胁（threat，T）等，通过调查列举出来，并依照矩阵形式排列，然后用系统分析的思想，把各种因素相互匹配加以分析，从中得出一系列相应的结论，而结论通常带有一定的决策性。

1. SWOT 分析法的 5 个步骤

1）选定分析问题，可以是某个职业选择，也可以是希望实现的其他方面的某个目标。

2）针对目标，分析性格、能力、兴趣等内在因素方面存在哪些有利于目标达成的优势，以及哪些不利于目标达成的劣势。

3）围绕目标，分析环境中存在哪些有利于实现目标的机遇，哪些不利于实现目标的威胁或挑战。

4）构造 SWOT 分析矩阵图，在此过程中，每个方格内的多种因素按照重要性排序，将重要的、影响大的、紧迫的因素排在前面，将不重要的、影响小的、不紧迫的排在后面。

5）根据 SWOT 分析矩阵制订行动计划，原则是发挥优势因素，克服劣势因素；利用机会因素，化解威胁因素。

2. SWOT 分析模型

SWOT 分析法是进行生涯决策的常用工具。利用 SWOT 分析法可以根据自己的技能、喜好和职业目标，找出对自己有利的、值得发扬的因素，以及对自己不利的、应避开的因素，发现存在的问题，找出解决办法，并明确以后的发展方向。

SWOT 是一个矩阵模型，通过这个矩阵模型，大学生可以明确自己的竞争力和发展机会，从而制订恰当的职业目标，同时还能清晰地认识到自己的不足和外在的威胁，从而为提升自己提供良好的现实依据。SWOT 分析矩阵图如图 6-2 所示。

大学生在进行 SWOT 分析时，可以采用多种方法来确定自身的优势与劣势、机会与威胁。比较常用的是关键提问法，即不断地向自己提问，从自我探寻中进一步了解自己。例如，与潜在竞争者相比，自己有没有专业优势？自己最希望从事哪个行业？是否参与过与专业相关的实习？是否尽一切努力去实现自己的目标？面对金融危机，是否能够转危为安？

图 6-2　SWOT 分析矩阵图

（二）CASVE 循环法

皮特森等提出了 CASVE 循环，包括沟通、分析、综合、评估、执行 5 个要素，如图 6-3 所示。

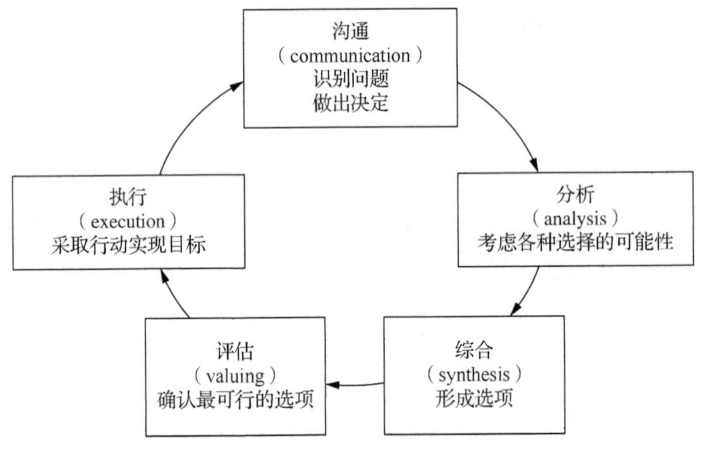

图 6-3　CASVE 循环模型

1. 沟通

沟通，包括内部和外部的信息交流，个体通过交流才能意识到理想和现实之间存在的巨大差距。内部的信息交流是指个体自身的身心状态。例如，在找工作的时候，毕业生可能会感到焦虑、抑郁、受挫等，在躯体上会有疲倦、头疼、消化不良等反应，这些情绪和身体状态都是提醒大学生需要进行内部交流沟通的信号。外部的信息交流是指外界的一些对大学生产生影响的信息。例如，宿舍同学开始准备简历就是一种外部信息，它提醒大学生自己也需要开始准备找工作了；在求职过程中，父母、老师、朋友提供的各种建议也是一种外部信息。通过内部交流和外部沟通，毕业生意识到自己需要解决某些问题，这样的交流对生涯选择十分重要。沟通阶段需要回答的最基本的问题是自己的职业选择是什么？

2. 分析

分析是指通过思考、观察和研究，对兴趣、能力、价值观和人格等进行分析，从而更好地理解现存状态和理想状态之间的差距。

在分析阶段，大学生需要对两方面进行了解。

首先是自我方面，包含兴趣，即自己喜欢做什么，做什么事情的时候能够最投入，做什么事情能让自己很享受；能力，即自己擅长做什么，什么事情是自己能做得比别人好的，自己都掌握了哪些专业知识；价值观，即自己看重什么，希望达到的目标是什么，希望工作可以带给自己哪些收获；性格，即自己是内向的还是外向的，自己关注宏观抽象的事物还是具体细节，自己倾向理性思考还是感性体验，自己习惯于有条不紊还是随机应变。

其次是环境方面，自己做出的选择处于什么样的环境，会带来什么样的结果，需要付出什么努力。

3. 综合

综合是指根据分析阶段所得出的信息，先把选择范围扩展开来，然后逐步缩小，最终确定 3～5 个最可能的选项。这个先扩大后缩小的过程非常重要。通过分析阶段，首先毕业生对自我的各方面都有了很多了解，每一个方面都分别对应着很多职业，把这些职业都列出来，就会得到一个范围很大的选择列表；然后选取其中的交集，得出缩小的职业选择范围；其次，把最可能从事的职业限定到 3～5 个。最后，可以问自己假如我有这 3～5 个选择，是否可以解决问题，是否可以消除现实和理想状态的差距。如果可以，就进入评估阶段选出最适合的选择；如果还是不能解决问题，就需要重新回到分析阶段了解更多信息。

4. 评估

评估是指对于综合阶段得出的 3～5 个职业进行具体的评价，评估获得该职业的可能性，以及这个选择对自身及他人的影响，从而进行排序。例如，可以问：“对我个人而言什么是最好的？”“对我生活中重要的人而言什么是最好的？”“大体上，对我所处的环境而言什么是最好的？”另外，还可以通过 SWOT 分析等方法进行评估。

5. 执行

执行是整个 CASVE 循环的最后一步，前面的步骤只是确定了最适合的职业，但是还不能带来职业选择的成功，需要毕业生在执行阶段将所有想法付诸实践，同时也为再一次回到沟通阶段提供线索，以确定沟通阶段所存在的职业问题是否得到了很好的解决。在执行阶段，需要制订计划，进行实践尝试和采取具体行动。如果没有解决根本问题可以再次回到沟通阶段，重新进行一次 CASVE 循环，直到解决职业生涯问题为止。

（三）生涯决策平衡单法

生涯决策平衡单法将重大事件的思考方向集中到 4 个主题上：①自我物质方面的得失；②他人物质方面的得失；③自我赞许与否；④社会赞许与否。

2007 年，金树人在《生涯咨询与辅导》一书中将“自我赞许与否”和“社会赞许与否”改为“自我精神方面的得失”与“他人精神方面的得失”，即从以“自我—他人”，和“物质—精神”所构成的 4 个范围来考虑，如图 6-4 所示。

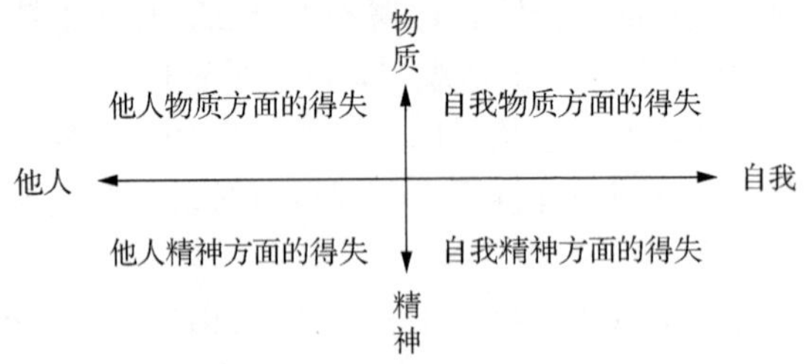

图 6-4　生涯决策平衡单法

生涯决策平衡单见表 6-1。

表 6-1　生涯决策平衡单

考虑项目（权重-5～5）		选择一				选择二			
		得（+）		失（-）		得（+）		失（-）	
		原始分	加权分	原始分	加权分	原始分	加权分	原始分	加权分
自我物质方面的得失	1. 收入								
	2. 工作的困难								
	3. 升迁的机会								
	4. 安全的工作环境								
	5. 休闲时间								
	6. 生活变化								
	7. 对健康的影响								
	8. 就业机会								
	9. 其他								

续表

考虑项目（权重-5～5）		选择一				选择二			
		得（+）		失（-）		得（+）		失（-）	
		原始分	加权分	原始分	加权分	原始分	加权分	原始分	加权分
他人物质方面的得失	1. 家庭经济								
	2. 家庭地位								
	3. 与家人相处时间								
	4. 其他								
自我精神方面的得失	1. 生活方式的改变								
	2. 成就感								
	3. 自我实现的程度								
	4. 兴趣的满足								
	5. 挑战性								
	6. 社会声望的提高								
	7. 其他								
他人精神方面的得失	1. 父母								
	2. 师长								
	3. 配偶								
	4. 其他								
合计									
得失差数									

生涯决策平衡单的使用步骤如下。

第一步：在第一行列出可选职业生涯方向的方案。

第二步：在“考虑项目”一列中，根据个人关注的内容，填入在选择中需要考虑的因素（表格所列项目仅为参考范例，个人可根据实际情况罗列）。

第三步：将表中的各项加权打分。

1）根据各方案具有的优点（得分）、缺点（失分）来考量，给出每个项目的得分或失分，计分范围为1～10分。

2）给每个“考虑项目”赋予权重：重要性因人、因时、因地而异。对于此刻的你，可以根据考虑项目的重要性与迫切性，乘上权数。

第四步：合计每个方案的优点总分和缺点总分，正负相加，算出得失差数。

第二节　制订职业目标与行动方案

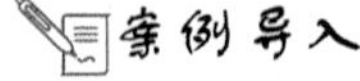

世间万物皆有尺度

立体构成课上，老师要求学生制作电风扇和日光灯的模型，培养学生观察事物、再现产品造型结构的能力。

一名学生动作很快，一节课的时间就把模型做出来了，很主动地跟老师汇报，要求打分评价。老师看了看模型，摇摇头说：“这样的模型只能打 60 分，不能再多了。”

学生很不解地问：“老师，我的模型做得这么好，怎么才给及格分？”说话间他的情绪激动，自认为付出的努力得不到认可，非常不甘心。

老师把学生们集中到一起，将模型放在中间，给他们分析起来：“大家看，我们作为设计师，首先要有尺寸的概念，一样东西设计得再完美，如果不从实际出发，那么只能是一件无用品！如果这个电风扇中间的轴大小是准确的，那叶片就偏小太多了；如果这个日光灯的宽度尺寸是对的，那么长度远远不够，长宽按比例的话，日光灯得有庙里的柱子那么粗了。”学生们笑了，他们发现了各自模型的问题，纷纷重新调整。

世间万物皆有尺度。工业设计专业的学生在做设计时，必须做到实事求是、科学严谨，这种设计将来才能应用到产品生产中去。

探索活动

生 命 之 花

生命之花，又叫平衡轮，是一个生涯教具。这个教具可以帮你看到生活的全貌，发现自己真正想做的事情，将自己想做的事情排入日程，让这些事情互相平衡、支持，最终实现。

每个人每天都有无数闲散时间。大学生应该用零碎时间做点提高自己生命质量的事情，向自己希望的方向发展。

第一步：画一个空白的花。

在一张白纸上，先画上一个圈，然后画两条交叉的垂直线，最后加两条斜线，一个空白的生命之花就画好了。

依次填上与生命平衡相关的最重要的 8 项内容，标准版本的生命之花按顺时针方向填写内容如下。

职业发展——职业发展方面。

财务状况——财务方面。

个人健康——身体、心理健康方面。

娱乐休闲——各种娱乐活动。

家庭——自己的家庭（未组建家庭的，可以写原生家庭）。

朋友和其他重要的人——不是亲人，却是不可失去的人。

个人成长——知识、能力、眼界、心灵的成长。

自我实现——发挥你的才能、实现自身价值的事。

画好的生命之花如图 6-5 所示。

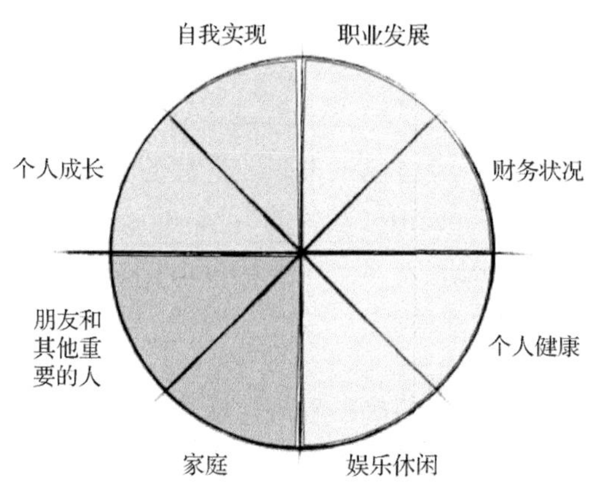

图 6-5　生命之花

仔细看看，你会发现这个平衡轮内有玄机，上半部分主要是向外的，目标型的；下半部分更多是向内的、关系型的。有的人生命之花的上半部分很好，下半部分却不行，“头重脚轻”，会失去平衡；而“脚重头轻”的人，则过于保守和安逸。

第二步：开始填写。

这 8 个维度标好，就可以开始填写每一项的内容了。一开始不要多，在每一个圆弧边画一个小点，代表一个事项。一个维度填写最重要的 3 个事项就好。等到熟练以后，就可以尝试填写更多，但是不要超过 5 项。

第三步：填入计划。

生命之花的顺序可以按照以下方式进行安排。

1）安排比较固定的时间。一般来说，职业发展和财务状况的时间都是比较固定的，因为需要很多人协作，不可以随意安排。

2）安排健康时间和家庭时间。因为身体需要持续的、有规律的休息，所以健康时间需要提前安排。因为家人的时间相对固定，所以家庭时间也需要优先安排。这些时间不用太长，一般一天 1 个小时就可以。

3）个人成长与自我实现的时间。这部分时间是整个生命之花的启动机，很重要。

4）娱乐休闲、朋友和其他重要的人放在最后。因为这是自己最有动力做的事情，所以即使时间不对，环境不好，自己也会去做。

按照这个原则，填写每个月的安排。需要注意有没有以下几个问题：①有没有前后冲突？②有没有可以合并的？很多个人成长、朋友聚会、家庭聚会时间完全可以整合到一起。③有没有机动时间？一周至少给自己留一个晚上的机动时间。

这样一个月的计划就可以确定下来。

一、职业目标的制订

美国学者戴维·坎贝尔曾经指出："目标之所以有用，是因为它能帮助我们从现在走向未来。"目标可以成为成功的驱动力，同时也可以使自己掌握方向，明确应该做的事情。

（一）目标设定的原则

目标设定是基于自我觉醒，对自己未来职业生涯的一个初步概想。在进行职业目标设定时，应该遵循SMART[S—specific（具体的）；M—measurable（量化的）；A—attainable（可完成的）；R—relevant（相关的）；T—time bound（有时限的）]原则。

1. 具体的

具体的目标是指目标要清晰、明确。所谓明确是指要用具体的语言清楚地说明要达成的行为标准。具有明确目标几乎是所有成功人士的一致特点。很多人不成功的重要原因是目标定得不清晰。要做到目标清晰、明确，需要回答6个"W"：Who（谁参与）、What（要完成什么）、Where（确定一个地点）、When（确定一个时间期限）、Which（确定必要条件和限制）、Why（明确原因，实现此目标的目的或好处）。例如，你确定了一个目标：好好学习，你可以将此目标具体化，如每天去图书馆，至少看书2小时。

心理学家们曾得出过这样的结论：当人们的行动有了明确目标，并能把自己的行动与目标不断地加以对照，进而清楚地知道自己的行进速度和与目标之间的距离时，人们行动的动机就会得到维持和加强，就会自觉地克服一切困难，努力完成目标。要完成目标，就要像上楼梯一样，一步一个台阶，把大目标分解为多个易于完成的小目标，脚踏实地向前迈进。每前进一步，完成一个小目标，就会体验到"成功的喜悦"，这种感觉将推动你充分发掘自己的潜力去完成下一个目标。

2. 量化的

量化的目标是指目标要可量化，是明确的而不是模糊的，要有一组数据，作为衡量是否完成了目标的依据，确保你的目标可量化，你可以问自己：我是否完成了目标？完成了多少？即使有的目标不好量化，也要尽量找到一个量化的标准。假如你想熟练地掌握网站制作技能，那么你可以将自己的目标定位为可以独立完成一个电子商务类网站的策划和制作。

3. 可完成的

可完成的目标是指设定的目标要高，要有挑战性，但又是可完成的。设定的目标可以通过努力实现，不能偏低和偏高，偏低无意义，偏高不容易实现。一般来说，当设定的目标对你有重大意义时，你就会尽最大的努力去完成。例如，你的目标是能够按时毕业，获得学位，那么这种目标就是不具挑战性的，而如果你把目标定为在学术造诣上超越爱因斯坦，那基本上就没有实现的可能，这种目标在定位上就是失败的。

4. 相关的

相关的目标是指设定的目标要有现实性，要和实际情况相关联。设定的目标最好是自己愿意做，并且能够做好的。在职业目标的设定上，一定要注意目标的设定要和岗位的职责有关系。例如，你想要从事会计工作，就努力学习必备的会计技能，而如果你花费很多时间去考心理咨询师证，就无太大必要了。

5. 有时限的

有时限的目标是指目标要有时限性，要在规定的时间内完成。没有时间限制，就没有紧迫感，例如，你可以给自己制订这样一个目标。在 2020 年 12 月前，自学完成工业工程专业的全部课程。

（二）目标制订的方法

大学生在制订职业生涯目标时可以采用时间分解法，将目标分为短期目标、中期目标、长期目标和人生目标。制订正确的目标不难，但要实现目标不容易。如果目标太远大，就会因迟迟无法实现而气馁。将一个大目标科学地分解为若干个小目标，落实到每周每天的具体任务上，是实现目标的最好方法，如图 6-6 所示。

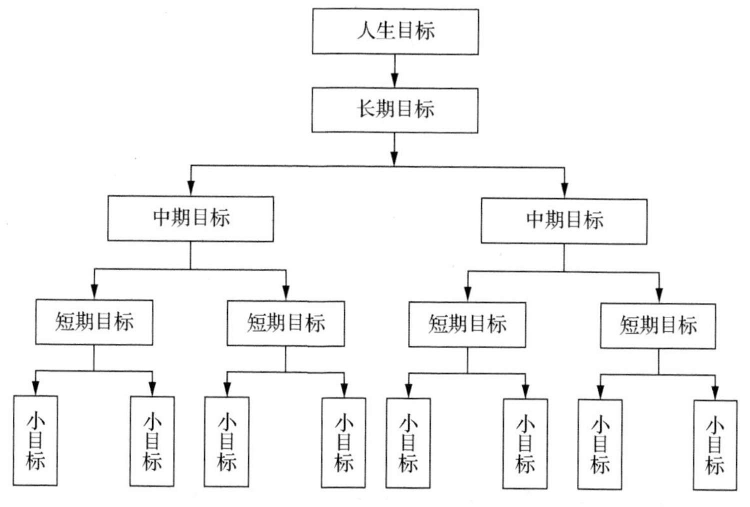

图 6-6　目标分解法

1. 短期目标

短期目标通常是指 1～2 年内的目标，是中期目标和长期目标的具体化、现实化和可操作化，如对专业知识的学习、两年内掌握哪些业务知识、职业选择等。通常又可以将短期目标分解为很多小目标，如一个月甚至一周的目标。在设定短期目标时，需做到以下几点：①目标具备可操作性；②明确规定具体的完成时间；③对现实目标有把握；④服从于中期目标；⑤目标可以是自己选择的，也可以是企业或上级安排的、被动接受的；⑥目标需要适应环境；⑦目标要切合实际。

2. 中期目标

中期目标一般为 3～5 年内的目标，它比长期目标要具体一些。在设定中期目标时，需做到以下几点：①通常与长期目标保持一致；②根据自己的意愿和企业的环境及要求来制订；③用明确的语言来定量说明；④对目标实现的可能性做出评估；⑤有比较明确的完成时间且可做适当的调整；⑥基本符合自己的价值观，充满信心，愿意公布于众。

3. 长期目标

长期目标是指 5 年以上的目标，它通常比较粗略、不具体。例如，规划自己 30 岁时成为一家中型公司的部门经理，40 岁时成为一家大型公司的副总经理等。在制订长期目标时，需做到以下几点：①目标有可能实现，具有挑战性；②非常符合自己的价值观，为自己的选择感到自豪；③目标是认真选择的，和社会发展需求相结合；④没有明确规定实现时间，在一定期限内实现即可；⑤立志改造环境。

4. 人生目标

人生目标是指整个人生的发展目标，时间可长至 40 年。一般来说，短期目标服从于中期目标，中期目标服从于长期目标，长期目标又服从于人生目标。具体实施目标，通常是从具体的短期目标开始的。

二、职业目标的管理

（一）确立职业目标

探索学业、自我认知和职业世界认知等，对职业目标的确立起着重要的作用。职业目标的产生建立在生涯探索的基础上，是在生涯主题的引领下整合学业、职业、自我探索成果的产物，是一个逐步聚焦的过程。了解自己的学业资源、未来所面临的职业世界、自己内在的兴趣、价值观和工作风格，可以为职业目标的确立储备丰富的“原材料”。

生涯主题（人生中强烈要追求的东西，可能是某种兴趣，也可能是某种意义或价值）就好比整合“原材料”的机器，它是贯穿于我们人生全程的一条隐线，决定了我们该如何使用这些“原材料”，也决定了哪些“原材料”对职业目标的确立影响更大；当“原材料”彼此之间存在不衔接、不匹配的问题时，生涯主题会帮助我们打破眼前的困境。

需要注意的是，职业目标的确立没有固定的起点，也没有固定的终点，它不是一成不变的，职业世界在变化，自己的兴趣、能力、性格也在发展，目前确立的职业目标会根据需要调整，这时我们就需要重新经历探索和确立的过程。

1. 确立职业目标之一：梳理“原材料”

确立职业目标，需要先梳理一下拥有的“原材料”。

（1）学业探索对确立职业目标的作用

1）专业学习和课外活动中的亲身体验和主观感受是大学生探索职业兴趣、优势潜能、性格倾向的重要方面。例如，自己特别喜欢某门课程，喜欢做这一科的作业，背后可能就体现了职业兴趣；自己学某样东西总是比他人更快、更好，背后可能就体现了优势潜能；自己在社团活动中非常喜欢以某种方式去做事，而其他方式让你感觉不舒服，背后可能就体现了性格倾向和工作风格。

2）在学科学习、课外活动中接触到的各方面信息有助于开阔眼界，扩展职业选择的范围。了解所学专业的完整培养方案，能帮助大学生了解本专业将来可以从事哪些类型的工作，还能了解自己可以培养出哪些可迁移能力。这些能力有利于大学生在比本专业更广泛的行业领域找到谋生之道，只有深入了解本专业的培养方案，才能在更广泛的领域思考职业目标。

（2）职业世界探索对确立职业目标的作用

1）探索职业世界能让大学生找到那些与自己的兴趣、潜能、性格相适应的职业类型，有利于大学生确立适合自己的职业目标。

2）了解职业演变的规律，理解职业因人的需求而改变，能让大学生扩展职业目标的选择范围，用发展性的眼光看待自己的职业生涯。

（3）自我探索对确立职业目标的作用

1）大学生只有了解自己需要什么、喜欢做什么类型的事情、喜欢以什么方式做事，才能在大量的职业信息中有所定位，明确自己的目标。

2）大学生只有了解自己，才能更好地改变和塑造自己，让自己能力更强、兴趣更广泛、行为风格更平衡，进而具有更强的职场竞争力，扩大自己的选择面。

2. 确立职业目标之二：用“生涯主题”串起“原材料”

每个人都在追求自己的人生意义，反映在职业生涯中就是生涯主题。生涯主题是职业选择的灯塔，探索大学生活、探索职业世界、探索自我都是为了找到更有利于实践生涯主题的渠道，也是为了让自己更有能力实践生涯主题。了解生涯主题，需要思考以下问题。

1）最有利于我实践生涯主题的职业是什么？

2）最有利于我实践生涯主题的行业是什么？

3）最有利于我实践生涯主题的专业是什么？

4）最有利于我实践生涯主题的校园资源是什么？

5）最有利于我实践生涯主题的兴趣、能力、行为风格是什么？

6）最有利于我实践生涯主题的课外活动是什么？

（二）实现职业目标

大学生在确立了职业目标后，下一步就是要努力提升自己，为实现职业目标而努力。这就需要大学生善用周围的支持资源，管理自己的行动过程并且积极应对环境变化。

1. 善用支持资源

（1）识别支持资源

在生涯发展中，支持资源对大学生的价值非常大。研究表明，善于利用支持资源的人在生涯发展遇到困难时更容易坚持，也更有自信。

首先我们来扩展一下对支持资源的理解，如图 6-7 所示。

人脉	机构	资源平台
1）亲人：父母、长辈、同辈等 2）学校老师：辅导员、任课老师、其他行政机构的老师等 3）同学：已毕业校友、学长、学姐、同院系同学、同社团同学、同班同学、舍友等 4）校外人脉关系：其他学校的同学、兼职实习认识的职场人士、在各类社会活动中认识的职场人士等	1）学校内部：学校就业指导中心、学校图书馆、各类社团组织、学生会等 2）学校外部：实习单位、各类大学生联合组织、青年志愿者团、实习就业推荐机构、市县区的人力资源和社会保障部门、社会上支持大学生就业创业的各类组织等	学校内部各类课程资源：各类专业课、职业生涯课、心理课、各类职业经验分享BBS、各类QQ群、微信群、各类知识教育平台

图 6-7　生涯资源图

这还只是部分支持资源，随着社会的发展，未来还会有更多的支持资源可以被我们利用。各类支持资源的作用如下。

1）信息支持资源：能够提供各类信息，帮助了解自我及各类职业。

2）物质支持资源：父母提供的学习费用、生活费用；学校资助系统获得的物质支持。

3）建议支持资源：父母、老师、亲朋好友的建议，专业的生涯咨询师、心理咨询师提供的专业帮助。

4）情感支持资源：当遇到挫折时，父母、亲友、老师、同学的鼓励、安慰和支持。

（2）觉察自己使用支持资源的优势与劣势

对比上面提到的人脉、机构、资源平台所包含的支持资源，反思自己：①哪些资源我已经在使用？使用的效果如何？是我主动去争取支持的，还是被动获得的？②哪些资源我只是知道但却从未使用过？为什么没去使用？③哪些资源我以前从未想到过？

（3）主动建立支持系统

经过上面的反思，找出 3～5 项你打算加强的支持资源，逐项问自己以下问题，如果充分利用这项支持资源，我将会获得哪些帮助？我计划如何加强对它的使用频率？我下一步开始做什么？我最有可能遇到什么困难？该如何克服？我如何评估自己在建立支持系统方面的进步？

2. 管理行动过程

（1）制订可行性高的行动计划

不少大学生都有拖延症，每个学期都制订了计划，却很难真正实行下去，最后不仅个人能力没有得到提升，还累积了挫败感和自卑感。以下几点建议可以帮助大学生提高计划的可行性。

1）每个学期仅针对 2～3 个自己最想提升的方面制订计划。

2）认真思考自己为什么想要提升这一方面，勾画自己的愿景，为自己提供动力，一定要找自己内心认同的目标，而不是盲从于其他因素。

3）计划需要具体，制订可评估的、客观的评价标准。

4）将计划分为更具体的计划，每完成一点都给自己一些认可。

5）制订行动步骤时不要好高骛远，要在自己的能力范围内，并且留有一定的余地，要考虑到合理的间歇时间。

6）计划中要允许自己有一定程度的平稳发展期甚至短暂停滞期，我们不能保证自己一直精力充沛，短时间的休息并不影响大局。过于苛责自己会带来较大的挫败感，不利于后期的坚持。

（2）了解自己的资源与条件限制

大学生在制订和执行计划的过程中，都需要了解自己拥有哪些支持资源，存在哪些条件限制。低估资源、高估条件限制会让自己畏首畏尾、裹足不前；高估资源、低估条件限制会导致计划受阻、挫伤自信。

（3）自我激励与自我管理

自我激励与自我管理的能力对生涯计划的执行非常重要。具备自我激励能力的人可以规划出美好的愿景来鼓舞自己；可以随时随地对自己的行为进行强化；可以在遇到挫折时为自己加油鼓劲。具备自我管理能力的人能约束自己的行为；能让自己从分心状态及时回归，能让自己不被无关的事所干扰；能克服自己的懒惰逃避心理。

3. 积极应对环境变化

（1）保持开放好奇的心态，善于观察

随着职业世界变化的加速，敏锐地觉察所发生的变化并相应地做出调整，是一种极为重要的生涯适应能力。具有开放好奇的心态和善于观察的能力能让大学生比他人更敏锐地觉察到环境的变化。

大学生要对自己和外部环境保持开放好奇的心态，即使已经制订了目标，并且已经朝着目标行动了，也要随时接纳自我的变化和环境的变化，积极听取他人的建议、主动抓住新的机遇、随时反思自己，都能让大学生不断开放起来。

阅读新鲜资讯、关心职业环境变化、与行业从业人员多接触、阅读前沿杂志、实习等都能提升大学生察觉环境变化的敏锐度。

（2）培养可迁移性强的素养和能力

大学生对职业目标保持开放心态并不影响能力提升，自身的能力素养永远都是有用的，尤其是一些可迁移性强的能力，如学习能力、人际合作能力、表达能力、自我管理能力等。

三、制订行动计划方案

制订职业生涯规划行动计划方案，通常遵循以下步骤。

（一）行动计划思考准备

制订行动计划需要思考准备的内容：个人发展计划必备的要素有哪些？职业目标是什么？怎样才能实现职业目标？

（二）制订行动计划书

完整的行动计划书应包含题目、职业方向与总体目标、社会环境分析、学校分析、自身条件及潜力测评、角色及建议、目标分解、成功标准、差距、缩小差距的方案。

（三）实施行动计划

实施行动计划包含：实际行动，做好记录，分析行动结果，合理利用一切资源和机会。

（四）反思改进

反思改进的内容包含：发生了什么事，为什么会发生这些事，结果如何，现在该怎么办，自己该如何改进。

反思你的职业生涯决策

回答以下 6 个问题，反思你的职业生涯决策。

1）你是否采用了一系列的职业决策方法来找出多种可能的职业选择？

2）你是否已经仔细探索并研究了你的最终职业选择，包括它们所体现出的价值观及它们所要求的技能？

3）你是否对你选择的职业目标前景的正面和负面后果都进行了仔细的衡量？

4）你是否广泛收集了最新的信息来进一步评价和衡量自己的职业选择？

5）你是否实事求是地将他人（老师、家长、专家等）的意见做了综合分析，特别是那些反对或不支持的意见和信息？

6）你是否已做出详细的计划来实现自己的第一职业选择？当第一选择风险太大或不可实现时，是否有第二选择来代替它？

第七章　体验评估职业生涯

本章导图

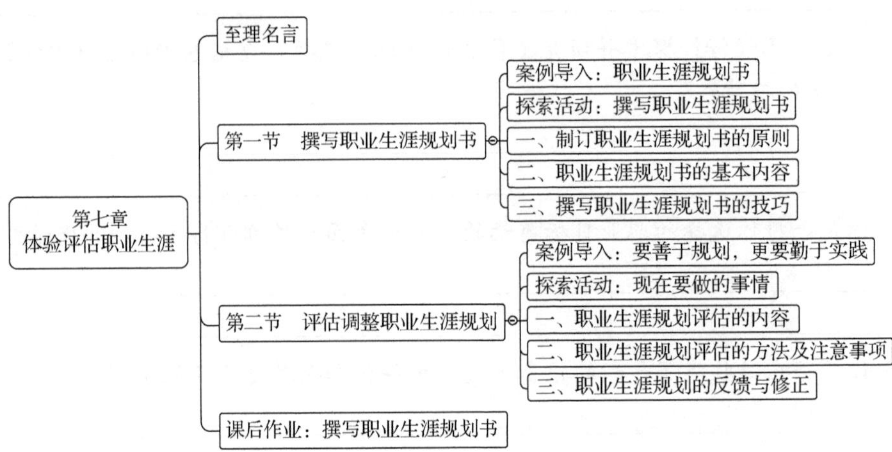

至理名言

选择职业是人生大事，因为职业决定了一个人的未来……选择职业，就是选择将来的自己。

——罗素

第一节　撰写职业生涯规划书

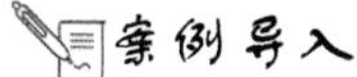

职业生涯规划书

我是一名汽车检测与维修专业的学生，非常热爱这个专业。通过专业的学习之后，我对这一专业也有了更深一层的了解，毕业后想成为一名汽车销售人员。

一、自我分析与评估

（一）个人兴趣爱好

我喜欢打篮球，看书，看动漫，也喜欢交朋友。

（二）个人性格特点

优点：乐观，开朗，善于开导人，有责任心。

缺点：具有一定的拖延症倾向，还有一些懒惰，有时候比较感性。

自我评价：学习的大多是理论性的知识，缺少一定的社会经验。善于发现问题，思维活跃。身体健康，精力充沛。亲和力强，活泼开朗，交友能力强。待人诚恳，做事认真负责，但是自制力比较差，有惰性，不够积极。喜欢与朋友交谈，能够经常进行自我反省。

二、职业认知

（一）外部环境分析

1. 家庭环境分析

家庭条件一般，喜欢各类汽车，想要了解更多有关汽车方面的知识，因此选择汽车检测与维修专业。

2. 学校环境分析

我们学校是一所专科大学，我所在的院系是车辆工程系，学的是汽车检测与维修，但是平时也接触市场营销方面的课程。因为我们学校的办学理念是培养复合型人才。在这样的环境下，我学到了很多市场营销方面的知识。学校图书馆大量相关书籍让我获得了更多营销知识。

3. 社会环境分析

消费者在解决了住房问题之后，最大的消费品将是汽车，而且家庭汽车也在迅速普及。一些资料显示，现在汽车销售人才严重匮乏。而作为汽车营销人才，除了必须深入贯彻以客户为中心的营销理念，还必须具备汽车专业知识、心理学、美学及公关学等知识。

4. 目标地域分析

目标地域首先考虑北京、上海、广州，这些城市的汽车行业发展迅速，机会多。最近几年，北京、上海的4S店遍地开花，迅速发展，带来更多的岗位。

（二）目标职业分析

1. 目标职业名称

汽车销售。

2. 工作内容

汽车销售与一般商品销售有着较大的区别，大多是围绕整车销售的工作，如汽车的设备规格、加装精品、赠送、代办上牌、代办保险、代销车辆、分销商、售后服务等，杂项繁多。一般汽车销售企业里人少但需要做的事情较多，管理层既要管业务又要管仓库和财务，每天都要面对不同部门各种各样的报表；各个部门的资料缺乏共享性，许多资料重复录入，造成大量的人力资源浪费，并且资料缺乏一致性。

3. 任职资格

要有专业的汽车知识，对汽车有浓厚兴趣，对车贷、保险、上牌和过户等手续有综合的了解；沟通能力要强，能和各行各业的人士交流。汽车销售人员除了具备亲和力以及良好的销售技巧外，还应具备一定的汽车构造基础知识，因为汽车新技术、新装备的应用越来越多。只有具备了汽车构造的基本知识，才能与一些比较专业的客户进行良好的沟通。

（三）SWOT 分析

1. 优势

有亲和力，胆大心细，活泼开朗。这些优势对我和顾客的交流起到了很好的推动作用，可以让我很快和顾客成为朋友，从而给顾客留下良好的印象。

2. 劣势

比较情绪化，不够自信，这也是做销售的一个大的弊端。从现在开始，我要抓住每一次在公共场合讲话的机会，积极参加活动，增强自己的信心；多读书，培养自己理性的一面。

3. 机会

在学校阅读过很多有关汽车和营销方面的书籍。在工作中，我会充分利用身边的资源，珍惜在学校建立起来的友谊。

4. 威胁

想要从事汽车销售的人很多，竞争十分激烈。为此，我应不断努力提高自身能力，提升自己的竞争力。

三、职业生涯规划设计

（一）确定职业目标、路径

1. 近期职业目标

大三实习期间，从事汽车销售工作。毕业后两年内从事汽车销售工作。

2. 中期职业目标

在毕业后的 2～5 年，从事中高档汽车销售，从汽车销售员做到销售经理，拥有自己的客户群体。

3. 长期职业目标

毕业后的 5～10 年，寻找合伙人一起创建公司，做汽车销售代理、二手车买卖及与汽车相关的行业。

4. 职业发展路径

我的人生目标是创业，成为一个企业家，拥有自己的公司。

（二）制订行动计划

1. 短期计划

在大二下学期之前，大量地阅读与汽车、营销心理学等相关的书籍。大二暑假进行汽车销售实习。通过实践，了解汽车销售公司对汽车销售人员能力和专业素养的要求，锻炼自己与人沟通的能力，多关注汽车行业的新闻，了解此行业的最新动态。毕业后两年内从事汽车销售工作。

2. 中期计划

在毕业后的 2～5 年努力工作，做好销售。一方面积累资本，为创业做好资金准备；另一方面提高自己的创业能力。销售是营销的核心部分，学会了销售就是学会了做生意。在这段时期还要继续保持学习的状态，在工作中与新老顾客建立良好的关系。因为他们将是我一生的财富。

3. 长期计划

做好从学生向上班族的转变，做好从为别人打工，到为自己打工的顺利转型。为了能在与汽车有关的领域创业成功而努力。

探索活动

撰写职业生涯规划书

结合实际，撰写一份《个人职业生涯规划书》。

撰写的注意事项：①切忌目标宏大，不切实际；②注重内在能力素质的规划发展；③做好自我评估和职业环境分析等工作；④必须考虑未来的风险与变数。

大纲示例：

一、自我评估

1）性格特征。

2）职业兴趣。

3）职业价值观。

4）技能和能力。

5）综合优势和劣势。

二、环境及职业评估

1）政治、经济、社会因素对职业发展的影响。

2）目标职业所处行业的具体情况（行业发展现状及趋势、组织实力与经营战略、组织结构、领导人分析、组织文化）。

3）目标职位的具体情况（工作环境、薪酬水平、培训机构、发展途径）。

三、职业定位与目标确定

做 SWOT 分析。

1）优势。

2）劣势。

3）机会。

4）威胁。

四、计划执行

1）终身计划、长期计划、中期计划、短期计划。

2）为争取职业目标的实现所采取的各种行动和措施。

采取的各种行动和措施包括参加公司教育、培训、轮岗，构建人际关系网络，参加业余时间的课程学习，掌握额外的技能与知识等。

五、反馈修正

随着自己及外部条件的变化，修正自己的职业生涯规划。

一、制订职业生涯规划书的原则

（一）匹配性原则

大学生做职业生涯规划设计，需要建立在“人职匹配”的基本原则基础上。所谓“人职匹配”，是指个人的职业定位和职业生涯目标的确定，需要将个人的需求特质（性格、兴趣、能力、价值观、理想、气质等）与职业生涯规划目标进行匹配，不能“南辕北辙”，要找到最佳的“匹配交集”。

（二）现实性原则

职业生涯规划设计的现实性原则是指在进行职业生涯目标设定的时候，不能只看自己适合什么、自己看重什么、自己胜任什么和自己喜欢什么，还要从目标职业的现实需求进行分析与评价。如果所设定的职业所在行业已经进入衰退期，或者所选择的目标职业属于"夕阳产业"，或者目标职业门槛过高、从事该职业的群体过小，就要考虑这些职业的客观现实是否真正能够支撑、实现自己的职业发展目标。大学生在做职业生涯规划设计时，要充分做好所选择行业、职业的发展现状和前景的调查分析，使自己的职业生涯规划符合现实需要，符合社会与组织的需要。

（三）辅助性原则

大学生职业生涯规划设计是一种自我管理的理念，是一套辅助自我职业发展管理的方法。要使职业生涯规划设计富有成效，就必须发挥主体作用，按照职业生涯规划设计的步骤与方法去行动、去实践。职业生涯规划设计仅仅是一种辅助性的方法。大学生职业生涯规划设计实际上是在职业生涯规划方法与理念的引导帮助下，进行自我认识、自我教育、自我提高的过程。

（四）发展性原则

发展性原则是指大学生在设计职业生涯规划时，不仅仅局限于个体当前的发展，而且要考虑个体未来的职业发展空间，职业生涯规划设计要有超前性和预测性。大学生在进行职业生涯规划设计时，要将现实的自我与发展的自我（或"未来的自我"）相结合，将今天的发展与明天的发展相结合，为个人的可持续发展奠定坚实的基础。大学生在职业生涯规划中，只从自身实际出发，完成大学阶段基本的学习任务或发展任务是不够的，还必须拓宽视野，放眼未来，着力于满足社会对高素质、高层次人才的需要和适应岗位群工作需要的多种能力、多种素质的发展，以时代和社会的基本要求为前提，既要立足校园，又要超越校园，将大学生规划与未来职业生涯规划相衔接。

（五）实践性原则

实践性原则是指职业生涯规划不能仅仅停留在口头上或纸面上，而是要用于指导实践，成为实践的纲领。列宁曾经说过：一个行动比一打纲领还重要。如果不付诸实际行动，那么职业生涯规划将毫无作用。因此，大学生不仅要规划好大学生活，还要付诸行动，做到真正的知行统一。

二、职业生涯规划书的基本内容

职业生涯规划书是对个人职业发展道路进行选择和设计的过程，规划的内容和结果应该在规划过程中及规划后形成文字性的方案，以便理顺规划的思路，提供操作指引，随时评估与修正。一份完整有效的职业生涯规划书应该包括以下 8 项内容。

（一）标题

标题包括姓名、规划年限、年龄跨度、起止时间等内容。规划年限不分长短，可以是半年，也可以 3 年、5 年，甚至是 20 年，视个人的具体情况而定。建议大学生规划的年限为 3～5 年。

（二）目标确定

目标确定包括确立职业方向、阶段目标和总体目标。职业方向，即从业方向，是对职业的选择；阶段目标是职业规划中每个时间段的目标；总体目标，即当前可预见的最长远目标，也是在特定规划中的终极目标。在确定总体目标时，如果能适当地看得远些，定得高些，则有助于最大限度地激发大学生的潜能。

（三）个人分析

个人分析包括对自己目前的状况分析和对自己将来的基本展望，同时也包括对自己职业生涯有一定影响的角色建议。

（四）社会环境分析

社会环境分析主要是指对政治、经济、文化、法律和职业环境等社会外部环境的分析。

（五）组织（企业）分析

组织（企业）分析主要是指对职业、行业与用人单位的分析，包括对用人单位制度、背景、文化、产品或服务、发展领域等的分析。

（六）目标分解与目标组合

目标分解与目标组合是分析制订、实现目标的主要影响因素。通过目标分解和目标组合的方法做出果断明确的目标选择。

（七）实施方案

实施方案的内容：首先找出知识、能力、心理素质等方面与目标之间的差距；其次制订具体方案逐步缩小差距，以实现各阶段目标。

（八）评估标准

评估标准是设定衡量规划是否成功的标准。如果在实施过程中无法实现目标，应当及时修正和调整。需要注意的是，文案内容的顺序与规划的步骤不是完全一致的。职业生涯规划首先是进行自我评估，其次是进行外部环境分析，最后是职业目标的确立；而文案内容的顺序是先写出职业方向和总体目标，然后写出个人分析和社会环境分析的结果。其实，这并不矛盾。因为文案的形成是建立在按正常步骤进行规划的基础上的，将职业方向与总体目标提前，是为了方便阅读，突出核心主题——规划的目标，并有利于与实施方案进行对照、检查和修订。

三、撰写职业生涯规划书的技巧

（一）资料翔实，步骤齐全

收集资料有多种途径，如访谈、从报刊图书中摘抄、上网下载等。收集的资料要尽可能地注明出处，并多运用图表数据来说明问题，以提高来源的可信度和说服力。收集资料主要分为 4 步：①分析需求、条件及目标设定；②分析困难并进行可行性研究；③设计方案和改变计划；④制订详细的实施计划和措施。

（二）论证有据，分析到位

要了解有关测评理论及知识，认真审视并思考自己的测评报告，对照自我认识与测评结果分析形成差距的原因，从而得出自我评估结果，做到“知己”；要了解自己所处的境地，明确自己最大的兴趣，最喜欢共事的人的类型，最重视的价值与目标，最喜欢的工作条件，再通过目前环境评估和当前社会环境分析来确定自己的职业方向，做到有理有据，层层深入。

（三）言简意赅，结构紧凑，重点突出，逻辑严密

语言朴实简洁，用词精练准确，行文流畅，条理清楚，这是写作最基本的要求。在撰写职业生涯规划书时，还应密切注意整篇文章的结构和重点。职业生涯规划书一般包含自我评估、环境及职业评估、职业定位与目标确定、计划执行、反馈修正 5 个方面的内容。在对这些内容进行分析阐述时，必须紧紧围绕职业目标这条主线，从而体现文章论述的逻辑性和连贯性；要将重点放在自我评估、环境及职业评估、计划执行上。职业生涯规划是对自己将来的规划，这个规划只有建立在对自我和职业充分认识的基础上，才能体现出它的科学性和可行性。

（四）目标明确，切实可行

撰写职业生涯规划书应围绕论述的中心展开，职业生涯目标不能过于理想化，应“择己所爱”“择己所长”“择世所需”“择己所利”。职业生涯规划书撰写得成功与否，在很大程度上取决于有无正确适当、切实可行的目标。

（五）分解合理，组合科学，措施具体

目标分解、实现路径选择要有理论依据，而且备用路径之间要有内在联系性。目标组合要注意时间上的并进、连续，全方位的组合要涵盖职业生涯、家庭生活、个人发展等方面。

第二节　评估调整职业生涯规划

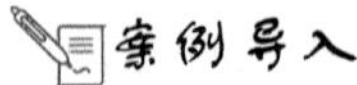

要善于规划，更要勤于实践

路桥工程专业的王同学，大一时担任班长，有较多机会参加丰富多彩的校园活动，也接触了很多在各个方面取得过优异成绩的学长。所以在他的职业生涯规划中，设计的职业发展目标可以用“高大上”来形容，包括设计的职业生涯规划方案，也都是经过认真研究考虑的。职业规划指导老师对他的评价是：是个“有想法”的好同学。但就是这么一个“有想法”的好同学，却未能如期毕业。

原来，在进入大学后，学习环境、生活方式发生了较大变化，特别是大学更加强调自主学习、自觉学习，而王同学错误地把其他同学取得的优异成绩不加分析、不加取舍地作为自己的发展目标，没有看到其他同学取得优异成绩背后付出的辛勤劳动，以为自己会像他们一样优秀。目标仍然停留在规划里，而自身则是“哪里热闹去哪里，哪里好玩到哪里”，把自己制订的职业规划实施方案抛在了脑后，最后连最基本的学业计划也无法按时完成。因此，一个好的职业规划，不仅要规划得科学合理，最关键的是要按照设计的方案克服一切困难去实施，并在实施的过程中调整方案。

探索活动

现在要做的事情

现在，请你认真想一想，目前有哪些事情是你想要做的。例如，“如何与寝室同学相处”“未来的职业方向是什么”“如何提高英语口语能力”“如何提升自信心”“如何安排自己的大学生活”等，将你所想到的每一件事情，都写在表 7-1 中。

表 7-1　自己关心的事情

想要做的事情	当下的分值	理想达到的分值	需做的改变

请你为目前自己在某方面达到的满意程度打分，从 1～10 进行打分，最不满意的打

1 分，最满意的打 10 分，并试写一下可以做哪些改变。

一、职业生涯规划评估的内容

（一）职业生涯目标评估

如果大学生一直无法找到自己所期望的工作，那么可以根据现实情况重新制订职业生涯目标；如果因一直无法实现职业生涯目标，导致自己长期压抑、不愉快，则需要修正和调整职业生涯规划。

（二）职业生涯路径评估

当出现更适合自身发展和职业发展的机会，而原定发展方向缺少发展前景的时候，可以尝试调整发展方向。

（三）实施策略评估

如果在向目标努力的过程中，没有收到实际的成效，则可考虑改变行动策略。

二、职业生涯规划评估的方法及注意事项

（一）评估的方法

1. 反思法

反思法是经常使用的一种自我评价方法，也是自我认知的重要途径，适用于经常性和及时性的评估。

2. 调查法

调查法是指对事物进行系统周密的考察和深入了解的方法，是科学研究中最常用的方法之一。

3. 对比法

对比法是指在制订职业生涯规划时应多比、多思、多学，学习他人科学的方法。对他人职业生涯规划的分析，往往有助于对自己职业生涯规划的修改。

4. 求教法

求教法是指把自己的职业生涯规划告诉朋友，请他们提出意见的方法。自我反思通常十分困难，但他人能从旁观者的角度清楚地看到你的弱点。因此，虚心、主动征求他人对自己计划的看法及修改意见，往往会让自己受益匪浅。

（二）评估的注意事项

评估可以参照各类短期、中期、长期预定目标和实际结果进行。评估需要注意以下几点事项。

1. 抓住最重要的内容

在职业生涯的某一阶段，总有一个最重要的目标，其他目标都是指向这个核心的，大学生可以重点评估达到核心目标的主要策略的执行效果。

2. 分离出最新的需求

针对不断变化的内外环境，大学生要善于发现最新的变化，并寻求最有效且最有新意的策略。

3. 找到突破方向

有时候，在某一点上取得突破性的进展将对整个局面产生意想不到的影响。大学生可仔细思考职业生涯规划中的策略方案，哪一条对于目标的实现有突破性的影响，目标有没有实现；如果没有实现，思考为什么没实现，如何寻求新的突破。

4. 关注弱点

管理学中有个著名的木桶理论，即一只沿口不齐的木桶，其容量的大小，不取决于最长的木板，而取决于最短的木板。在评估过程中，大学生要肯定自己取得的成绩，但更重要的是切合变化的环境，发现自己的素质与策略的短板，然后想办法弥补，把这块短板换掉或者接补增长。只有这样，大学生的职业生涯才能有更广阔的发展空间。一般来说，大学生的短板可能存在于以下几个方面，观念差距、知识差距、能力差距、心理素质差距。

三、职业生涯规划的反馈与修正

在职业生涯规划过程中，最后一个步骤是信息反馈。由于现实社会中不确定因素的存在，大学生制订的职业生涯目标与现实有所偏差，这就要求大学生不断反省，并对规划的目标和行动方案做出调整，从而实现规划目标。从这个意义上说，反馈调整就是一个再认识、再发现的过程。这就要求大学生时时注意内外环境的变化，不断地审视自我、不断地调整自我、不断地修正策略和目标。

获得反馈信息后，大学生常常要根据评估的结果进行目标和策略方案的修订。修订的内容包括职业的重新选择、职业生涯路线的选择、阶段目标的修正、实施措施与行动计划的变更等。在这期间要做到谨慎判断，果断行动。谨慎判断是指无论变化多大，都要在厘清思路后再做判断；果断行动是指要在判断后立即采取行动，重新修订自己的生涯规划，从而保证职业生涯的顺利发展，最终实现人生的职业理想。

通过反馈评估和修正职业生涯规划，可以达到下列目的。

1）对自己的强项充满自信（知道自己的强项是什么）。

2）对自己的发展机会有一个清楚的了解（知道自己什么地方还有待改进）。

3）找出关键的有待改进之处。

4）为这些有待改进之处制订详细的行动改变计划。

5）以合适的方式答复那些给予反馈的人，并表示感谢。

6）实施自己的行动计划，确保自己能够取得显著的进步和成就。

撰写职业生涯规划书

结合所学内容撰写职业生涯规划书，将其内容进行梳理、扩充与规范，形成一份职业生涯规划大赛的作品。

职业生涯规划书作品，可以参考表7-2的大学生职业生涯规划书面作品评分标准。

表7-2　大学生职业生涯规划书面作品评分标准

评分要素	评分要点	具体描述
职业生涯规划设计书内容（60分）	自我认知	自我分析清晰、全面、深入、客观，自身优劣势认识清晰
		综合运用各类测评工具评估自己的职业兴趣、性格特征、职业能力和职业价值观
		能从个人兴趣、成长经历、社会实践和周围人的评价中分析自我
	职业认知	了解社会整体就业趋势与大学生就业状况
		对目标职业的行业现状、前景及就业需求有清晰的了解
		熟悉目标职业的工作内容、工作环境、典型生活方式等，了解目标职业的待遇、未来发展趋势
		清晰了解目标职业的入门途径、胜任标准
		在探索过程中学会利用访谈、见习、实习等方法来认知职业
	职业决策	职业目标确定和发展路径设计符合外部环境和个人特质（兴趣、技能、性格、价值观），符合实际、可执行、可实现
		对照自我认知和职业认知的结果，全面分析自己的优势、劣势及面临的机会和威胁，职业目标的选择过程阐述详尽，合乎逻辑
		备选目标要充分根据个人与环境的评估进行分析确定，备选目标职业发展路径与首选目标职业发展路径要有一定相关性
		能够正确运用评估理论和决策模型做出决策
	计划与路径	行动计划要发挥自己的优势、弥补自己的不足，具有可操作性
		近期计划要详尽清晰、可操作性强，中期计划要清晰、具有灵活性，长期计划要具有导向性
		职业发展路径充分考虑入门途径、胜任标准等
	自我监控	科学设定行动计划和职业目标的评估方案，明确标准和评估要素
		正确评估行动计划实施过程的风险，制订切实可行的调整方案
		方案调整依据个人与环境评估分析确定，并考虑首选目标与备选目标间的联系和差异，具有可操作性
参赛作品设计思路（40分）	作品完整性	内容完整，对自我和外部环境进行全面分析，明确提出职业目标、发展路径和行动计划
	作品逻辑性	职业规划设计报告思路清晰、逻辑合理，能准确把握职业规划设计的核心与关键

第三部分　谋　职　篇

第八章　了解就业形势与法规

本章导图

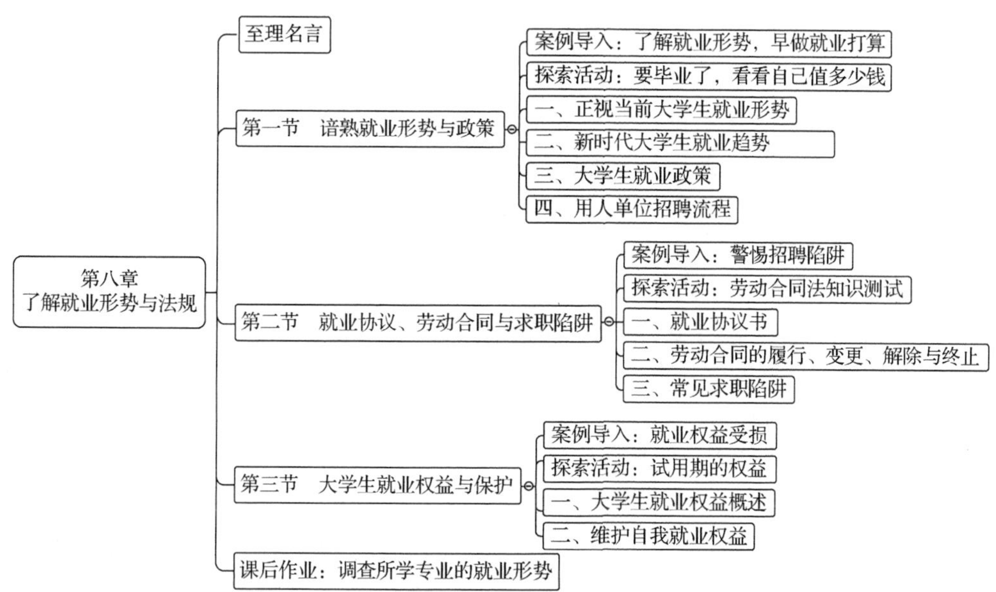

至理名言

不以规矩，不能成方圆。

——孟子

识时务者为俊杰，通机变者为英豪。

——晏子

第一节　谙熟就业形势与政策

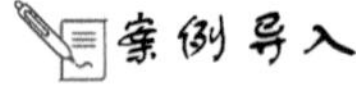

了解就业形势，早做就业打算

为适应市场环境，高职院校往往会充分考虑各专业的就业情况，对就业率和就业质量高的专业适当增加招生计划，对连续3年就业率都较低的专业适当减少招生计划，甚至停止招生。近年来，汽车行业发展迅速，对汽车维修与营销人才需求较大，高职院校也加大了对这方面人才的培养力度。

侯强是某高职院校汽车维修与营销专业的学生。在校学习期间，他立志成为一名优秀的汽车维修人员，认真上好每一堂理论课，珍惜每次动手实践的机会，从而具备了扎实的基本功。

为了毕业后能进入汽车企业工作，侯强为自己设定了以下目标。

1）大二期间，到一汽大众服务站实习，深入汽车维修工作一线，向高级技工和工程师请教，了解汽车维修行业的基本状况和需求。

2）实习期间，快速适应岗位要求，踏踏实实干好本职工作，顺利通过汽车维修行业的相关技能考试，成为一名合格的汽车维修工程师。

3）除了提升专业技能，根据自己对汽车行业的兴趣，以点带面地拓宽自己的视野，提高综合素质，为将来工作打下坚实的基础。

找工作的时候，侯强已经对汽车维修行业有了比较深层次的了解，积累了一定的工作经验。虽然，就业形势严峻，但侯强依托自身过硬的综合素质和业务能力，顺利进入了某知名汽车公司，成为一名维修工程师。

探索活动

要毕业了，看看自己值多少钱

分析各种自我因素并给出定价，来看看自己值多少钱。

这些因素包括个人现有的，也包括拟求职岗位要求具备的。在表8-1中具体写出自己的各种专业技能、职业性格、专业知识、工作经验等的估价，然后把它们加起来。例如，专业技能估价100元，专业知识估价200元，工作经验估价300元。根据自己的求职目标，分析行业和职位的大致薪酬行情，最后的数字就是你求职时的参考“价格”。

表 8-1　自我因素评估

各种自我因素	估价	与同学相比，竞争力情况
专业技能		
职业性格		
专业知识		
工作经验		
思想品德		
职业能力		
荣誉称号		
特长优势		
合计		

一、正视当前大学生就业形势

（一）总量继续攀升

自 1999 年起，随着我国高等教育招生规模的连续扩大，毕业生的人数每年以平均 20%～30%的幅度逐年递增。经教育部统计，2019 年高校毕业生数量为 834 万，求职人数创下历史新高。

（二）就业岗位供给不足

2019 年，我国国内生产总值接近 100 万亿元，比 2018 年增长 6.1%，2020 年第一季度国内生产总值同比下降 6.8%，导致一些行业和企业的生产受到影响，许多企业采取保守的经营策略，在经济形势不好的情况下会减少招聘的岗位。因此目前我国就业岗位供给不足。

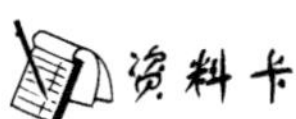

获取实习信息

获取实习信息最主要的渠道是学校安排的企业顶岗实习，这是教学计划与培养方案的一部分，每个大学生都可以获得这样的机会。参与顶岗实习，接触企业生产一线，将自己所学的理论知识与工作实际紧密结合，大学生可快速提升自己的职业技能。另外，还可以通过企业的网站和学校就业信息网获得最新的实习信息；也可以参加实习生招聘会，与企业面对面接触，了解更详细的情况。选择实习单位的时候，应该注意以下问题。

1）在自身能力和知识结构许可的前提下，尽可能选择自己感兴趣的岗位和企业。

2）最好选择有挑战性的实习单位，以便在实习期间考察公司环境、企业文化、规章制度等，为将来正式就业打下良好基础。

3）实习之前应和单位谈好实习的条件和报酬。

4）实习内容要尽可能与自己的职业方向相关联。例如，服装设计专业的学生，可以多接触些服装企业。

5）不盲目追求实习单位的名气和规模。大公司有健全的规章制度、完善的岗位职责及先进的管理理念，这些都是很好的学习、锻炼机会。但是，大公司未必适合每一个人。与其在大公司坐冷板凳，不如去中小企业实践一番，也许能更有作为。

（三）国家高度重视大学生就业

大学生是国家宝贵的人才资源，是现代化建设的重要力量，是大众创业、万众创新的主力军。高校毕业生就业、创业事关国家经济社会发展和社会和谐稳定。党中央、国务院历来高度重视和关心高校毕业生就业工作。党的十八大报告中指出“就业是民生之本”，要“做好以高校毕业生为重点的青年就业工作”。党的十八大报告同时把“实现就业更加充分”作为全面建成小康社会和全面深化改革开放的目标之一。党的十九大在促进就业中总结出一些新的规律性认识，就业优先战略的内涵、外延、举措都得到了丰富和发展，从根本上保障就业形势稳定和经济社会平稳健康发展。

二、新时代大学生就业趋势

（一）挑战与机遇并存

大学生就业与国家经济发展息息相关。传统的经济学理论一般认为，劳动力需求的水平主要是由经济增长速度决定的，经济增长会为劳动力市场创造更多的就业岗位，降低失业率；反之，劳动力需求将减少，失业率升高。我国经济正在从高速增长阶段转向高质量发展阶段，存在下行压力，这就决定了大学生就业形势更加复杂、严峻。产业结构调整优化过程中，传统行业转入新领域，对从业者的知识、技能提出更高、更新的要求。一些大学生因为不适应新的岗位要求，而失去一些就业机会。

当前，高技术产业、新兴产业蓬勃发展，第三产业比重也在不断上升，相对于传统产业，其就业岗位普遍对从业者素质有更高的要求。同时，日益增加的对中高端劳动力的需求也极大地拓宽了大学生的就业市场，使就业问题在一定程度上得到有效缓解。企业充分参与市场竞争、推进企业创新发展、扩大企业规模，市场潜力将会被进一步激发。作为吸纳大学生就业的重要渠道，中小企业、私营企业的蓬勃发展将会为大学生提供更多新的就业契机。

（二）国家宏观政策调整逐步到位

近年来，为了有效缓解大学生就业压力，促进大学生就业，各级政府、相关部门先后出台了一系列促进大学生就业的新政策，为大学生就业创造了良好的条件和环境，取得了积极成效。2011 年《国务院关于进一步做好普通高等学校毕业生就业工作的通知》（国发〔2011〕16 号）强调："各地区、各有关部门要继续把高校毕业生就业摆在就业工作的首位，进一步加大工作力度，多渠道开发就业岗位，完善相关政策措施，切实加强就业服务，千方百计促进高校毕业生就业。"

新的大学生就业政策的特点是涵盖面广，涉及教育、人事、公安、财税、金融、工商等多个领域；内容丰富，涉及高校人才培养、就业指导、职业培训、劳动合同、户籍管理、档案管理、社会保障、基层就业、自主创业等内容；综合性极强。随着大学生就业政策的不断完善，政策效应充分释放，不断刺激人力资源市场，大学生就业政策与宏观经济政策、产业政策协调推进，综合发力，为大学生创造了更好的就业环境和更多的就业机会，从根本上消除了就业制度上的障碍，对真正解决大学生就业难题，起到了非常重要的作用。

（三）就业市场更加完善规范

经过 20 多年的发展，伴随着大学生就业制度改革而建立的大学生就业市场已基本形成，市场的积极作用逐渐凸显，信息更加公开便捷，操作更加规范有序，大学生更容易掌握有效的市场信号，并做出积极回应。目前，就业市场因其高效、可靠、真实、规范而受到毕业生和招聘单位的普遍欢迎。大学生就业市场的功能也从单一的"就业媒介"不断扩展，综合性的指导服务体系已逐步建立，能够为大学生和招聘单位提供全方位的指导和服务。市场机制在大学生择业过程中所起的作用越来越明显，大学生就业市场正逐步从不规范到规范、从功能单一到功能多样化、从不成熟到逐步成熟转变，有效地促进了大学生的就业。

三、大学生就业政策

近年来，中央各有关部门出台了多个引导和促进高校毕业生就业的专项政策，包括中国共产主义青年团中央委员会、教育部等部门从 2003 年起实施的"大学生志愿服务西部计划"；中共中央组织部、原人事部、教育部等部门从 2006 年起实施的"三支一扶"（支教、支农、支医和扶贫工作）计划；中共中央组织部、教育部等部门从 2008 年起实施的"选聘高校毕业生到村任职工作"计划；科技部、教育部、财政部、人力资源和社会保障部和国家自然科学基金委员会联合下发了《关于鼓励科研项目单位吸纳和稳定高校毕业生就业的若干意见》；教育部、财政部、人力资源和社会保障部、中央编办《关于继续组织实施"农村义务教育阶段学校教师特设岗位计划"的通知》等，实施了不少引导和促进大学生就业的优惠政策。

（一）鼓励高校毕业生到基层、到中西部地区就业

1）对到农村基层和城市社区公益性岗位就业的，给予社会保险补贴和公益性岗位补贴；对到农村基层和城市社区其他社会管理和公共服务岗位就业的，给予薪酬或生活补贴。

2）对到中西部地区和艰苦边远地区县以下农村基层单位就业并履行一定服务期限的，由政府补偿学费，代还助学贷款。

3）对有基层工作经历的，在研究生招录和事业单位选聘时优先录取。

4）对参加“选聘高校毕业生到村任职工作”“三支一扶”“大学生志愿服务西部计划”“农村义务教育阶段学校教师特设岗位计划”等项目的，给予生活补贴，按规定参加社会保险；项目服务期满并考核合格的，报考硕士研究生的初试总分加 10 分，高职（高专）学生可免试入读成人本科；今后相应的自然减员空岗全部聘用参加项目服务期满的高校毕业生。

（二）鼓励高校毕业生应征入伍服义务兵役

1）由政府补偿学费，代还助学贷款。

2）在选取士官、考军校、安排到技术岗位等方面优先考虑。

3）退役后参加政法院校为基层公检法定向岗位招生考试时，优先录取。

4）具有高职（高专）学历的，退役后免试入读成人本科；或经过一定考核，入读普通本科。

5）退役后报考硕士研究生初试总分加 10 分；荣立二等功及以上的，退役后免试推荐入读硕士研究生。

（三）积极聘用优秀高校毕业生参与国家和地方重大科研项目

高校毕业生在参与项目研究期间，享受劳务性费用和有关社会保险补助，户口、档案可存放在项目单位所在地或入学前家庭所在地的人才交流中心。聘用期满后，根据需要可以续聘或到其他岗位就业，就业后工龄与参与项目研究期间的工作时间合并计算，社会保险缴费年限连续计算。

（四）鼓励和支持高校毕业生到中小企业就业和自主创业

1）对企业招用非本地户籍的普通高校专科以上毕业生，各地城市应取消落户限制（直辖市按有关规定执行）。

2）为到中小企业就业的高校毕业生提供档案管理、人事代理、社会保险办理和接续等方面的服务。

3）从事个体经营符合条件的，免收行政事业性收费并享受国家相关扶持政策。

4）登记失业并自主创业的，如自筹资金不足，可申请 5 万元小额担保贷款；对合伙经营和组织起来就业的，可按规定适当提高贷款额度。

5）参加创业培训的，按规定给予职业培训补贴。

6）灵活就业并符合规定的，可享受社会保险补贴政策。

（五）强化对困难家庭高校毕业生的就业援助

1）就业困难和零就业家庭的高校毕业生，享受公益性岗位安置、社会保险补贴、公益性岗位补贴等就业援助政策。

2）机关、事业单位免收招聘报名费和体检费。

3）高校可根据实际情况给予适当的求职补贴。

4）对离校后未就业回到原籍的高校毕业生，由当地公共就业服务机构免费提供就业服务，并组织就业见习和职业技能培训。

四、用人单位招聘流程

大学生要了解用人单位的招聘程序，并把自己的择业活动调整到与用人单位的招聘活动较为一致的步调，有利于择业活动的高效进行。

一般而言，用人单位的招聘活动要经历如下程序。

（一）确定需求和招聘计划

用人单位根据自身的建设和发展状况，确定当年需要招聘毕业生的岗位、人数和条件等，同时根据要求制订详尽的招聘计划。

（二）发布招聘信息

用人单位在确定需求后会及时向外发布招聘信息，其主要渠道有以下几种。

1）向政府主管部门登记。

2）向高校毕业生就业工作部门登记。

3）在自己的网站上发布信息，供大学生上网浏览。

4）通过电视、报纸、广播等媒体发布需求信息。

据统计，50.1%的招聘信息集中在 9 月份发布。用人单位从对外发布招聘信息到收到简历，平均宣传期是 16 天。

（三）举行单位说明会

为在大学生中进行广泛宣传，一些用人单位（主要是企业单位）还会到学校举办单位说明会，介绍单位的发展建设情况、人才需求情况、用人制度及企业文化等，并回答大学生关心的各种问题。单位说明会是大学生全面了解招聘单位的好机会。

（四）收集生源信息

用人单位要想招聘到优秀大学生，需要广泛收集大学生的信息。收集大学生信息的主要渠道有以下几种。

1）从政府教育主管部门所属高校毕业生就业指导中心及学校就业工作部门获取学生信息。

2）参加供需洽谈会（招聘会或就业市场）收集学生信息。

3）在网站上收集学生信息。

4）通过学生的自荐获取学生信息。

（五）分析生源资料

用人单位对收集的大学生信息进行分析处理，初选出符合招聘条件的学生，以便进行下一轮筛选。一般而言，用人单位对大学生分析的内容包括性别、专业、知识水平、综合能力及素质等。

（六）组织笔试

为了考核大学生是否具有在本单位工作所需的基本知识、能力和素质，一些用人单位会以笔试的形式选拔大学生。

（七）组织面试

面试是许多用人单位考核大学生综合素质的最后一关。有的用人单位还要组织多次面试，每次参加面试的人员及考核的侧重点是不同的。一般而言，用人单位有经验的招聘人员不会故意提出一些很难、很偏的问题，而是会创造一种较为宽松的氛围，与大学生进行双向的沟通与交流，从中发现大学生的兴趣、特长，以及大学生愿意从事的工作等。

打造就业主渠道，举办高水平校园招聘会

大多院校秉承“为学生找合适的岗位，为企业找有用的人才”的理念，努力举办高水平的校园招聘会，打造毕业生就业主渠道需做到以下几点。

1. 分析毕业生特点，找准学生需求

一是高校就业指导中心提前做好《毕业生信息册》，准确掌握毕业生的专业设置、毕业生人数、生源籍贯、男女生比例等情况；二是深入调查研究，准确了解毕业生的求职需求，对新开设专业的毕业生和就业困难的学生，进行重点关注。

2. 制订招聘计划，讲究就业质量

一是制订针对性强的招聘计划。大多高校会在每年 6 月和 12 月召开大型供需见面会，各学院在毕业生离校前的 5 月下旬到 6 月中旬会分别举办专场招聘会。持续跟踪调研用人单位，与用人单位保持长期稳定的供需合作关系，积累大量优质的稳定合作单位。二是建立招聘企业准入制度。根据往届毕业生的就业情况和对毕业生的求职需求调查，对于参加招聘会的单位严格审核其资质、招聘岗位、薪资待遇及发展前景等多个方面的内容，杜绝职业中介及有偿招聘等现象，确保招聘单位的质量。

3. 创新招聘工作，搭建优质平台

一是分区域组织。学校根据参会单位招聘岗位的具体情况和专业的设置情况划分不同的招聘区域，以便毕业生快速找到对口单位，有针对性地进行应聘。二是提前推送招聘信息。所有用人单位的参会情况及发布的招聘简章会提前一周通过微信公众号、班级 QQ 群、微信群等方式推送给每一位学生。三是提供个性化招聘服务。为满足有些招聘单位在大型供需见面会后进行专场招聘的需要，延长招聘会时间，大型校招和专场招聘同步进行。四是充分利用校友资源。邀请校友结团返校招聘，开设“创友”招聘专区。

（八）签订协议

签订就业协议书。有些用人单位还要与毕业生签订劳动合同，明确双方的责、权、利。

（九）上岗培训

每家用人单位对新员工都会有一套培训计划。培训的内容因用人单位而异，但其目的都是相同的，即通过培训，让新员工明确单位的创业精神、规章制度和企业文化，让新员工掌握成为一名称职工作人员需要具备的知识和技能，以使新员工尽快适应新的工作和生活环境。

相应地，毕业生应做好个人求职的计划与进度安排，具体建议见表 8-2。

表 8-2 毕业生求职计划与进度安排

准备程序	主要内容
自我总结	兴趣、能力、经历、教育等
建立支持体系	老师、家长、亲戚、朋友、求职团体等
建立求职档案	学历证书、专业证书、身份证、学生证、成绩单、证明材料等
确定意向职业	往届生毕业去向、职业信息搜集等
岗位分析	就业能力分析、自我评估等
简历制作	简历、求职信
面试准备	单位信息、技巧、礼仪、时间地点、心理建设
面试及感谢信	感谢信、面试总结、为下次面试做准备
进行工作选择	基本信息的查漏补缺、他人意见、决策
入职准备	合同的法律法规、职场人际、工作环境等

应届毕业生就业的时间节点及相应任务，见表 8-3。

表 8-3 应届毕业生就业的时间节点及相应任务

时间	择业阶段	主要内容
8～9 月	基础准备	所有个人材料的整理与收集（如获奖证书、发表论文或作品、参加各种重要活动的照片等）
10 月	就业信息收集	信息表格的填写；了解就业政策；分析各种就业形势；锁定就业方向
11 月	择业前准备	就业技巧的培训与提高；个人自荐材料的准备；面试准备
12 月～次年 1 月	第一次择业高峰	参考获得的就业信息，开始有针对性地择业应聘
2 月	调整	总结和反思择业中的得失，调整择业心态和目标，力争择业能力的再提高
3～5 月	第二次择业高峰	再次择业。同时，这一阶段也是考研失利同学择业的最佳时期
6～7 月	就业准备	根据已确定的职业角色要求，做好岗前准备，办理毕业离校手续

第二节　就业协议、劳动合同与求职陷阱

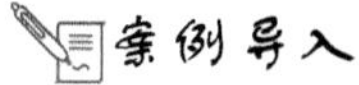

警惕招聘陷阱

某高职学院市场营销专业的李洋和张浩毕业后找到一份工作，可没想到这份工作却让他们掉进了求职的陷阱。

中介公司介绍李洋和张浩到某日用百货公司应聘市场营销员，简单的初试之后，两人进入复试。复试时百货公司让他们交200元服装押金，然后签一份协议，签完协议后才可以参加笔试。笔试的6道题中，5道是百货公司给的复习资料上的原题，这些题的答案两人早已熟记于心，可最终他们都只考了40多分。公司负责人告诉他们，没通过笔试就必须帮他们推销3套化妆品，推销完之后才可以去上班。如果想解除协议，就必须推销一套化妆品，如果一套都推销不出去就拿着工作服走人。

李洋和张浩回想，当时百货公司说公司代理好几个大品牌的化妆品，在当地知名商场里也都设有专柜，可专柜在哪？到底是什么产品？李洋和张浩问了几次，百货公司都含糊其词，并且李洋、张浩两人一直没见到产品。他们越想越不对劲，于是想要回押金离开公司，但遭到了拒绝。百货公司告诉他们，既然签了协议，就必须遵守协议上的规定，如果退出就属于单方面毁约，不退还押金。李洋他们觉得这家招聘公司的做法不合理，而且协议上多处条款含糊其词，于是来到律师事务所咨询。

律师告诉他们，如果这个工作岗位本身是虚有的，那么劳动协议的效力在法律上就是无效的，这种行为就是欺诈行为。律师说，招聘公司这种先签约后考核的做法是违反《中华人民共和国合同法》（以下简称《合同法》）的，属于用人单位设的陷阱，所以他们无须履行协议中销售化妆品的约定，而招聘公司收取服装押金更属于违法行为。

最后，李洋他们来到劳动保障监察大队投诉，执法人员来到百货公司进行调查，发现这家公司只租用了一间店铺，没有任何公司名称和标志，接待人员自己也没见过产品。监察人员责令公司现场返还李洋和张浩的押金，并依法对相关人员进行了处置。

探索活动

劳动合同法知识测试

大学生在找工作前需要了解《中华人民共和国劳动合同法》（以下简称《劳动合同法》）中最基本的法律常识。请基于对《劳动合同法》的了解，判断以下说法的正误，正确的打“√”，错误的打“×”。

1）劳动者与用人单位已建立劳动关系，未同时订立书面劳动合同的，应当自用工之日起一个月内订立书面劳动合同。（ ）

2）劳动合同可分为固定期限劳动合同、无固定期限劳动合同和以完成一定工作任务为期限的劳动合同。（ ）

3）用人单位自用工之日起满一个月不与劳动者订立书面劳动合同的，视为用人单位与劳动者已订立无固定期限劳动合同。（ ）

4）用人单位违反《劳动合同法》规定不与劳动者订立无固定期限劳动合同的，自应当订立无固定期限劳动合同之日起向劳动者每月支付二倍的工资。（ ）

5）用人单位与劳动者协商一致，变更劳动合同约定的内容可以采取口头形式。（ ）

6）劳务派遣单位和用工单位可以向被派遣劳动者收取一定的费用。（ ）

参考答案：√ √ × √ × ×。

一、就业协议书

《全国普通高等学校毕业生就业协议书》（以下简称就业协议书）是明确毕业生、用人单位和学校 3 者在毕业生就业工作中权利和义务的书面表现形式，又称三方协议。就业协议书一般由教育部或各省、市、自治区就业主管部门统一编制。作为学校派遣计划依据的就业协议书，由学校发放，毕业生签字，用人单位盖章，毕业生保存一份作为办理报到、接转行政及户口关系的依据。

（一）就业协议书的内容

1. 毕业生基本情况及意见

毕业生基本情况及意见的主要内容包括姓名、性别、年龄、民族、政治面貌、培养方式、健康状况、专业、学制、学历、家庭住址、应聘意见等。

2. 用人单位基本情况及意见

用人单位基本情况及意见的主要内容包括单位名称、单位隶属、联系人、联系电话、邮政编码、通信地址、所有制性质、单位性质、档案转寄地址、用人单位意见、用人单位上级主管部门意见等。

3. 学校意见

学校意见的主要内容包括学校联系人、联系电话、邮政编码、学校通信地址、院系意见、学校毕业生就业部门意见等。

（二）就业协议书的签订

就业协议书的签订是在毕业生与用人单位供需见面、双向选择之后达成一致意见的结果。签订就业协议书的程序如下。

1）毕业生本人在协议书上以文字形式，明确表达自己同意到选定单位工作的意愿，同时签署本人姓名。

2）用人单位人事部门的负责人代表单位签署同意接收该毕业生的文字意见，并签字盖章。若该单位没有人事决定权，则还需要报送其上级主管部门签字盖章，予以批准认可。

3）毕业生所在院系和学校主管部门签署意见并签字盖章。

现行的就业协议书一般是一式三份。协议签订后，一份由毕业生保存；一份交学校就业主管部门，作为就业派遣的依据；一份交用人单位，作为接收毕业生就业的凭证，并以此做好相应的人事及其他安排。

（三）就业协议书的解除

就业协议书的解除分为单方解除和三方解除两种。

1）单方解除包括单方擅自解除和单方依法或依协议解除。单方擅自解除协议，属违约行为，解约方应对另外两方承担违约责任。单方依法或依协议解除是指一方解除就业协议有法律上或协议上的依据。例如，毕业生未取得毕业资格，用人单位有权单方解除就业协议；毕业生考取研究生后，可解除就业协议；依协议规定，毕业生未通过用人单位所在地组织的公务员考试，用人单位有权解除协议。此类单方解除，解除方无须对另外两方承担法律责任。

2）三方解除是指毕业生、用人单位、学校三方经协商，取消已经订立的协议，使协议不再发生法律效力。此类解除是三方当事人真实意愿的体现，所以三方均不承担法律责任。三方解除协议应在就业计划上报主管部门之前进行，若就业派遣计划下达后三方解除，还须经主管部门批准办理调整改派。

（四）就业协议书的违约责任

就业协议书一经毕业生、用人单位、学校签署即具有法律效力，任何一方不得擅自解除，否则违约方应向权利受损方支付协议条款所规定的违约金。因特殊情况其中一方违约的，须经学校和另一方同意后才能办理违约手续，并承担违约责任，如赔偿违约金等。

毕业生办理违约手续的程序如下。

1）毕业生和签约单位取得联系，征得该单位谅解同意，由该单位出具书面解除协议的函，并将单位所持就业协议书要回。

2）毕业生详细写出违约理由及重新领取就业协议书的书面申请。

3）毕业生持违约书面申请、单位解除协议的函、两份就业协议书到所在院系学生科分管就业处按相关规定办理违约手续。自解约之日开始一个月后，毕业生可在所在院系重新领取就业协议书。

二、劳动合同的履行、变更、解除与终止

劳动合同是劳动者与用工单位之间确立劳动关系，明确双方权利和义务的协议。

我国《劳动合同法》规定："劳动合同应当具备以下条款：（一）用人单位的名称、住所和法定代表人或者主要负责人；（二）劳动者的姓名、住址和居民身份证或者其他有效身份证件号码；（三）劳动合同期限；（四）工作内容和工作地点；（五）工作时间和休息休假；（六）劳动报酬；（七）社会保险；（八）劳动保护、劳动条件和职业危害防护；（九）法律、法规规定应当纳入劳动合同的其他事项。

劳动合同除前款规定的必备条款外，用人单位与劳动者可以约定试用期、培训、保守秘密、补充保险和福利待遇等其他事项。"

1. 履行

劳动合同的履行是指劳动合同的双方当事人按照合同规定，履行各自义务的行为。依法订立的劳动合同具有法律约束力，当事人必须履行合同约定的义务，任何个人或第三方不得非法干涉劳动合同的履行。

2. 变更

劳动合同的变更是指双方当事人对尚未履行或尚未完全履行的合同，依照法律规定的条件和程序，对原劳动合同进行修改或增删的法律行为。劳动合同变更应遵循平等自愿、协商一致的原则，不得违反法律法规。任何一方不得擅自变更劳动合同，否则要承担相应的法律责任。劳动合同的变更一般是协议变更，双方当事人就变更的内容及条件进行协商，达成一致意见后签订书面协议。

3. 解除

劳动合同的解除是指劳动合同当事人在劳动合同期限届满之前依法提前终止劳动合同关系的法律行为。

《劳动合同法》第三十八条规定用人单位有下列情形之一的，劳动者可以解除劳动合同：

（一）未按照劳动合同约定提供劳动保护或者劳动条件的；（二）未及时足额支付劳动报酬的；（三）未依法为劳动者缴纳社会保险费的；（四）用人单位的规章制度违反法律、法规的规定，损害劳动者权益的；（五）因本法第二十六条第一款规定的情形致使劳动合同无效的；（六）法律、行政法规规定劳动者可以解除劳动合同的其他情形。

用人单位以暴力、威胁或者非法限制人身自由的手段强迫劳动者劳动的，或者用人

单位违章指挥、强令冒险作业危及劳动者人身安全的，劳动者可以立即解除劳动合同，不需事先告知用人单位。

《劳动合同法》第三十九条规定劳动者有下列情形之一的，用人单位可以解除劳动合同：

（一）在试用期间被证明不符合录用条件的；（二）严重违反用人单位的规章制度的；（三）严重失职，营私舞弊，给用人单位造成重大损害的；（四）劳动者同时与其他用人单位建立劳动关系，对完成本单位的工作任务造成严重影响，或者经用人单位提出，拒不改正的；（五）因本法第二十六条第一款第一项规定的情形致使劳动合同无效的；（六）被依法追究刑事责任的。

4. 终止

劳动合同的终止是指符合法律规定或当事人约定情形的劳动合同效力即行终止。我国《劳动法》第二十三条规定："劳动合同期满或者当事人约定的劳动合同终止条件出现，劳动合同即行终止。"

《劳动合同法》第四十四条规定有下列情形之一的，劳动合同终止：（一）劳动合同期满的；（二）劳动者开始依法享受基本养老保险待遇的；（三）劳动者死亡，或者被人民法院宣告死亡或者宣告失踪的；（四）用人单位被依法宣告破产的；（五）用人单位被吊销营业执照、责令关闭、撤销或者用人单位决定提前解散的；（六）法律、行政法规规定的其他情形。

三、常见求职陷阱

由于就业形势严峻、就业困难，毕业生在就业过程中，会面临各种竞争和挑战，也有可能遇到各种各样的求职陷阱。

（一）虚假招聘陷阱

一些用人单位在招聘会上为了招到条件较好的毕业生，便夸大或隐瞒自己的真实情况。例如，故意扩大用人单位规模和岗位数量，进行虚假宣传；把招聘职位写得很吸引人。有些用人单位为了造成轰动效应，便在媒体上发布招聘消息，甚至大张旗鼓地举办招聘会，把招聘当成形象宣传。甚至有些用人单位借招聘之名，获取毕业生的联系方式进行诈骗。

（二）收费陷阱

在就业市场，一些用人单位利用毕业生求职心切的心理，巧立名目向毕业生收取各种不合理费用，如风险抵押金、违约金、培训费、服装费等。一些单位开出一些诱人的条件，如留在某大中城市工作，解决这些大中城市的户口问题等，来吸引毕业生的目光。然后在面试的过程中，又表示为了增加双方的信任，毕业生在工作之前必须缴纳一定的押金。等毕业生交完押金，工作一段时间后，单位的有关人员就表示，工作岗位要有些调整，可能需要将毕业生派到偏远地区，如果毕业生不愿意去，就以不服从单位安排为由拒退押金。

我国《劳动合同法》第九条规定：用人单位招用劳动者，不得扣押劳动者的居民身份证和其他证件，不得要求劳动者提供担保或者以其他名义向劳动者收取财物。

（三）试用期陷阱

劳动合同的试用期是指用人单位和劳动者为了相互了解而选择、约定的考察期。在这段时间里，用人单位考察劳动者的工作能力，劳动者也考察用人单位的情况，是双方互相了解适应的过程。但是一部分用人单位却利用试用期大做文章，主要表现如下：试用期过长或与签订的劳动合同期限不符；要求毕业生在试用期内承担违约责任；在试用期内无正当理由辞退毕业生；以见习期代替试用期；续签劳动合同时重复约定试用期；将试用期从劳动合同期限中剥离；仅仅订立一份试用期合同；试用期工资低于当地的最低工资标准；试用期内单位不缴纳社会保险费等。

由于试用期的工资、福利待遇和正式录用后差异较大，而招聘的费用又微乎其微，一些用人单位抓住毕业生急于找工作的心理，通过无休止的试用来获得最廉价的劳动力。

（四）传销陷阱

传销是指生产企业不通过店铺销售，而由传销者将本企业产品直接销售给消费者的经营方式。目前该经营方式已受到国家的严令禁止。传销者的首选对象常常是急于找工作的打工者，特别是刚刚毕业的大学生，先是帮忙找工作，然后以高薪为诱饵，投其所好，骗求职者去进行非法传销活动。求职者一旦进入陷阱，便被限制人身自由，被迫从事传销。传销组织者还采取扣留身份证、控制通信工具、监视等手段不让受骗者离开，强迫他们联系亲友前来，或者寄钱寄物从中牟利。

（五）就业协议书陷阱

就业协议书是明确毕业生、用人单位在毕业生就业过程中权利和义务的书面协议。就业协议书一经签订，对双方都具有约束力。按照有关规定，就业协议书不能代替劳动合同或聘用合同，因为有可能会使毕业生和用人单位之间产生纠纷。毕业生签订就业协议书过程中常遇到的陷阱包括用人单位不与毕业生签订就业协议书；用人单位不根据就业协议书的约定与毕业生签订书面劳动合同；用人单位不将就业协议书中的承诺写入劳动合同；用人单位与毕业生签订“霸王合同”。

就业协议书是转递毕业生人事关系的依据，如果不签订该协议，毕业生的人事档案、户籍等人事关系就无法转入工作单位及所在城市。而这些关系的办理涉及毕业生切身利益，如办理社会保险、购买经济适用房、评审职称等。因此，用人单位不与毕业生签订就业协议书对毕业生的工作、生活、职业发展是不利的。毕业生应主动要求用人单位解决这些问题，并可通过当地的人才交流中心协助用人单位办理人事档案、户口等关系的接收。

（六）智力陷阱

有些用人单位假意对毕业生进行面试、笔试。在面试、笔试时，把本单位遇到的问题以考察的形式要求毕业生作答或设计，待毕业生利用专业优势通过面试、笔试后，再找各种理由拒绝毕业生，将毕业生的劳动果实据为己有。这就是常见的智力陷阱。

第三节　大学生就业权益与保护

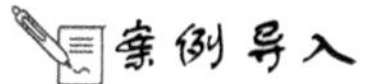

案例导入

就业权益受损

2017年，某校服装设计专业的10名毕业生集体到杭州一家民营服装厂工作。当时该企业给他们的口头承诺是：月薪4 000元，外加年终分红；工作满1年，分配住房；工作满3年，配车。他们都认为自己遇到了天上掉馅饼的好事，也没有和该服装厂签订任何书面合同，就去了杭州。

到了服装厂之后，这几名毕业生草率地与该企业签订了工作合同。一个月之后，所有人都大呼上当。他们的月薪确实是4 000元，但是在工作中他们经常因合同上的“霸王条款”而受到处罚。例如，迟到一次罚款500元；在食堂吃饭，剩饭、剩菜罚款100元。结果，大家工作一个月下来，减去各种罚款，实际发到手里的只有三四百元。这几名学生集体反抗，想要辞职，该服装厂拿出工作合同，要求他们缴纳违约金。

探索活动

试用期的权益

应届毕业生黄有为被北京一家公司录用，与他一起被录用的还有6名新职员，他们7人被分配到不同的部门实习，黄有为被分配到中关村一家电子商城售卖电子产品。经理让他在公司柜台卖电子产品，一是为了让他熟悉公司的业务；二是为了给他以后的工作奠定基础；三是为了让他了解市场动态，听取顾客的意见，方便公司改进产品。3个月的实习期过去了，黄有为每个月的销售业绩都超过了公司定的销售目标，于是黄有为认为凭借这3个月实习期的销售业绩公司肯定会录用自己。结果，经理却让他回家等消息，黄有为一等就是两个月，两个月之后他给公司人事经理打电话，却得知自己没有被公司正式聘用。当初与他一同实习的6名新职员也都没有被正式聘用，而且他们6人也是在公司的摊位售卖了3个月的电子产品。半年后，黄有为无意间来到了这家公司的摊位前，发现摊位前站着一批新的应届毕业生。

根据以上材料思考求职者在试用期内，享有哪些权益？

____

____

____

一、大学生就业权益概述

在就业制度走向市场化、法治化的今天，大学生在择业过程中应该增强法律意识，自觉遵守市场规则，学会用法律武器维护自己的合法权益。大学生要维护好自己的合法权益，须全面了解劳动者的一般权益以及劳动者在择业、就业过程中享有的权利。

（一）劳动者的一般权益

1. 劳动报酬权

劳动报酬权是指劳动者依照劳动法律关系，履行劳动义务，由用人单位根据按劳分配的原则及劳动力价值支付报酬的权利。《工资支付暂行规定》规定，因劳动者本人原因给用人单位造成经济损失的，用人单位可按照劳动合同的约定要求其赔偿经济损失。经济损失的赔偿，可从劳动者本人的工资中扣除，但每月扣除的部分不得超过劳动者当月工资的20%。若扣除后的剩余工资部分低于当地月最低工资标准，则按最低工资标准支付。这些法律、规定保障了毕业生维持生存所必需的劳动报酬权。

2. 休息休假权

休息休假权是指劳动者在法律规定的工作时间以外进行休息和休养的权利。休息休假权保障了劳动者体力的恢复、保持身体健康和利用休息时间享受文化生活等需求。《劳动合同法》第三十一条规定：用人单位应当严格执行劳动定额标准，不得强迫或者变相强迫劳动者加班。用人单位安排加班的，应当按照国家有关规定向劳动者支付加班费。《职工带薪年休假条例》规定，符合条件的职工均可以享受带薪年休假，以保障劳动者的休息和休假权。

3. 劳动保护权

劳动保护权也称职业安全卫生权，是指劳动者在劳动过程中的安全和健康应该得到用人单位的保障，以防止其发生伤亡事故和职业病的权利。例如，《劳动法》《中华人民共和国妇女权益保障法》《中华人民共和国残疾人保障法》等法律法规都对劳动保护权有所规定，用人单位有义务对与其建立劳动关系的劳动者，特别是女性、残疾人劳动者按照其身体、生理特点，采取有效的安全和健康保障措施。

（二）择业过程中享有的权利

除了上述作为普通劳动者所享有的一般权利，毕业生这个特殊群体在择业过程中还享有许多权利。

1. 接受就业指导权

接受就业指导权是指毕业生有权从学校、社会、国家获得及时、有效的就业指导与就业信息服务。接受就业指导对毕业生来说有重大意义，就业指导工作会直接影响毕业生的就业方向、就业意识、就业技巧等。

《中华人民共和国高等教育法》（以下简称《高等教育法》）规定：高等学校应当为毕业生、结业生提供就业指导和服务。高校除了应将就业指导纳入大学生课程体系外，还应成立专门的就业服务机构，安排专业人员对毕业生进行就业指导，包括向毕业生宣传国家有关就业的政策方针，对毕业生进行择业技巧的指导，引导毕业生根据国家和社会需要，结合个人实际情况进行择业等，使毕业生能准确定位，并合理择业。

2. 就业信息知情权

就业信息知情权是指毕业生拥有及时全面获取各种公开就业信息的权利。就业信息既包括与毕业生求职择业相关的国家有关方针、政策与法规，也包括国家宏观经济发展状况和各个地区与行业的发展情况，还包括用人单位的规模、性质、产品、市场、企业文化、工作环境、学习培训、福利待遇等单位的总体情况，以及专业需求、上岗条件、未来发展前景等工作岗位的具体信息。这是毕业生择业、就业的基础。

毕业生的就业信息知情权包括 3 方面：一是信息公开，即就业信息对任何毕业生来说都应该是公开透明的，任何团体、组织和个人都不得隐瞒、截留用人信息或者公布虚假用人信息；二是信息及时，即毕业生获取的信息必须是及时、有效的，任何团体、组织和个人都不能将过时无利用价值的信息传递给毕业生；三是信息全面，毕业生有权获得准确、完整、全面的就业信息，以便对单位、职位情况有更加深入全面的了解，进而根据自己的实际情况，做出恰当的职业选择。

3. 接受就业推荐权

接受就业推荐权是指毕业生拥有被高校如实、公正、及时推荐到用人单位就业的权利。高校的推荐对毕业生的就业有着重大的影响。事实证明，高校的推荐往往在很大程度上影响用人单位对毕业生的态度。

毕业生享有接受就业推荐权包含以下几方面的内容。

1）如实推荐。高校在对毕业生进行推荐时，应实事求是，根据毕业生的实际情况向用人单位进行介绍、推荐，不能故意贬低或随意捧高该毕业生在校的表现。

2）公正推荐。高校对毕业生进行推荐应做到公平、公正，应给每一位毕业生就业推荐的机会，不能厚此薄彼。

3）择优推荐。高校根据毕业生在校表现，在公正、公开的基础上，择优推荐；用人单位在录用毕业生时也应坚持择优标准，真正做到优生优用、人尽其才。

4. 就业选择自主权

就业选择自主权是指在国家就业方针、政策的指导下，毕业生有按照自己的意愿选择职业的权利，包括是否从事职业劳动，从事何种职业劳动，何时从事职业劳动，在哪一类或哪一个用人单位从事职业劳动等权利。毕业生的就业选择自主权，否定了行政安置和强制劳动，充分体现了毕业生在人才市场自主择业的权利。

5. 平等就业权

平等就业权是指根据国家相关法律法规及政策，毕业生在择业过程中享有的平等权利，不因民族、性别、信仰、身体条件、社会出身等原因，受到就业歧视或排斥。这种平等不仅体现在符合招聘条件的毕业生都可以平等地接受学校推荐，参加用人单位公开招聘，进行公正、平等竞争，还要求用人单位在录用毕业生和确定福利待遇时要做到公平公正、一视同仁。

6. 隐私保护权

毕业生在求职择业过程中，不可避免地要将自己的部分信息提供给用人单位，但是这些信息仅限于在与应聘岗位招聘条件密切相关的范围内使用。不经毕业生同意，任何单位或个人都不得将毕业生的个人信息随意发布和使用，用人单位更无权以招聘考核为名询问毕业生的各种隐私。

（三）就业过程中享有的权利

1. 过渡期保障权

过渡期保障权是指毕业生在实习期、试用期、见习期应当享有的保障个人各方面利益的权利。相对用人单位来说，毕业生是处于弱势地位的。由于相关法律法规还不是很健全，毕业生从学校到职场这一过渡期的许多权益往往会受到一些用人单位的侵害。《劳动合同法》规定了试用期期限的设定和试用期工资的最低水平，在一定程度上为劳动者在试用期内的各种权利提供了保障。

2. 就业签约权

就业签约权是指毕业生与用人单位达成就业意向后，通过签订就业协议或劳动合同，将双方的劳动关系或已经达成的约定，以书面形式落实下来，并对双方的责任、权益进行明确的书面说明。不签订就业协议或劳动合同，或就业协议、劳动合同的内容和条款过于笼统甚至违法违规，都是对毕业生就业权益的侵犯。法律更不允许用人单位或个人采取欺诈和胁迫的方式要求毕业生签订就业协议和劳动合同。

3. 违约求偿权

违约求偿权是指毕业生在与用人单位签订就业协议后，如果用人单位无故违约或解约，毕业生有权要求用人单位进行相应的赔偿。就业协议一经签订，毕业生、用人单位、学校 3 方都应严格履行职责，任何一方不得擅自毁约。如果用人单位无故要求解约，毕业生有权依照《合同法》要求对方严格履行就业协议，签订劳动合同，否则用人单位应承担违约责任，向毕业生支付违约金。

二、维护自我就业权益

（一）增强自我保护意识

1. 法律意识

市场化的就业体制是通过市场这个“无形的手”进行调节，从而实现人力资源的合理配置的。市场经济是法制经济，毕业生也受到法律体系的保护。因此，毕业生必须了解与就业相关的法律法规、政策制度，了解劳动用工的相关规定，在学习这些法律、政策、规定的过程中，逐步增强法律意识，学会使用法律武器维护自身权益。

2. 契约意识

契约意识包括两个方面的内容：一是通过就业协议来保护自己合法权益的意识；二是必须严格遵守就业协议的意识。毕业生与用人单位签订的协议是一种合同，是确立双方当事人之间劳动关系的一种契约，具有法律效力。因此，毕业生要谨慎签约、积极履约。协议一旦订立，双方都必须遵守，任何一方未经对方同意都不得擅自毁约、违约等，否则将受到法律的制裁。

3. 维权意识

由于毕业生就业市场发育还不够成熟，法律制度尚不健全，损害毕业生合法权益的现象时有发生。强烈的维权意识，在碰到问题时能够拿起法律武器积极保障权利，是毕业生走上自我权益保护实质性的一步，是由观念转化成行动的重要一步。毕业生只有掌握法律政策、养成良好的法律意识和积极的维权意识，才能够平等地与用人单位对话，据理力争，保障自己的权益免遭侵害。

4. 证据意识

毕业生在求职就业过程中，应树立证据意识。一是收集证据的意识，在求职时要有意识地要求用人单位出示或提供相关资料，如要求用人单位出示营业执照、要求对方出示表明身份的证件等；二是保存证据的意识，要注意保存现有的证据，以便将来在仲裁法庭或进行诉讼时维护权益，如招聘海报、往来传真、邮件等；三是运用证据的意识，要有用证据证明事实的意识，知道什么样的事实需要什么样的证据，要明确举证责任是在对方还是己方。

5. 诚信意识

毕业生诚信意识的培养和权益的自我保护，主要包括两个方面：一是毕业生在求职过程中必须如实向用人单位介绍自己的情况，要实事求是。如果故意隐瞒自身情况、欺骗用人单位，可能导致就业协议无效，承担缔约过失责任。二是要能够辨别用人单位是否具有诚信意识。目前毕业生就业形势严峻，毕业生不敢向用人单位问太多的问题、提更多的要求，往往认为用人单位说的都是对的，用人单位要求的就应该去做，不知不觉中自己的权益已经遭受侵犯或侵害。

（二）熟悉相关法律法规

1. 熟练掌握《中华人民共和国就业促进法》中与就业权益保护相关的内容

《中华人民共和国就业促进法》（以下简称《就业促进法》）第二十五条规定：各级人民政府创造公平就业的环境，消除就业歧视，制订政策并采取措施对就业困难人员给予扶持和援助。第二十六条规定：用人单位招用人员、职业中介机构从事职业中介活动，应当向劳动者提供平等的就业机会和公平的就业条件，不得实施就业歧视。第二十七条规定：国家保障妇女享有与男子平等的劳动权利。用人单位招用人员，除国家规定的不适合妇女的工种或者岗位外，不得以性别为由拒绝录用妇女或者提高对妇女的录用标准。用人单位录用女职工，不得在劳动合同中规定限制女职工结婚、生育的内容。第二十八条规定：各民族劳动者享有平等的劳动权利。用人单位招用人员，应当依法对少数民族劳动者给予适当照顾。第二十九条规定：国家保障残疾人的劳动权利。各级人民政府应当对残疾人就业统筹规划，为残疾人创造就业条件。用人单位招用人员，不得歧视残疾人。第三十条规定：用人单位招用人员，不得以是传染病病原携带者为由拒绝录用。但是，经医学鉴定传染病病原携带者在治愈前或者排除传染嫌疑前，不得从事法律、行政法规和国务院卫生行政部门规定禁止从事的易使传染病扩散的工作。当前，我国的就业歧视现象依然屡见不鲜，每个毕业生都应当了解这些法律法规，在择业就业过程中，用这些法律法规来确保自己平等就业的权利。

2. 熟练掌握《中华人民共和国民法通则》中与就业权益保护相关的内容

毕业生要了解《中华人民共和国民法通则》（以下简称《民法通则》）中关于主体平等、自愿和诚实信用等内容。在就业市场上，毕业生与用人单位在法律地位上是平等的。毕业生在与用人单位签订就业协议和劳动合同时，要不卑不亢，以平等的身份与之协商，最终达成双赢。另外，毕业生在就业的过程中也要遵守诚信原则，在简历中实事求是地写明自己的情况。同时，毕业生也要注意考察用人单位的诚信状况，调查其是否有事先承诺优厚待遇，事后不予兑现的现象，以免签订协议后权益受侵害。

毕业生要熟悉《民法通则》中关于用人单位主体资格的法律法规，签订协议前一定要行使自己的知情权，详细了解用人单位的情况，一般包括用人单位的规模、效益、管理制度，以及隶属单位、是否有人事接收权等。一般有合法主体资格、有信誉的用人单位会很配合毕业生对其的调查了解；反之，那些答应得痛快，工作条件诱人，却对正当咨询和调查百般敷衍、拖延的用人单位，毕业生就要提高警惕了。

3. 熟悉掌握《劳动法》和《劳动合同法》中与就业权益保护相关的内容

《劳动法》规定，劳动者享有平等就业的权利、选择职业的权利、取得劳动薪酬的权利、获得劳动安全卫生保护的权利、享有休息的权利、享受社会保险和福利的权利、接受职业技能培训的权利、提请劳动争议处理的权利及法律规定的其他权利。

《劳动合同法》在以下几个方面的规定与毕业生就业权益密切相关。

1）《劳动合同法》在劳动关系确立的标准上做出规定。第七条明确规定：用人单位自用工之日起即与劳动者建立劳动关系。用人单位应当建立职工名册备查。第十条规定：建立劳动关系，应当订立书面劳动合同。已建立劳动关系，未同时订立书面劳动合同的，应当自用工之日起一个月内订立书面劳动合同。用人单位与劳动者在用工前订立劳动合同的，劳动关系自用工之日起建立。这些规定告诉我们，判断劳动关系是否确立的标准就是看是否发生了用工行为。也就是说，无论书面劳动合同签订与否，只要存在实际的用工行为，那么劳动者与用人单位之间的劳动关系就已经建立，劳动者就能享有与已签订劳动合同者相同的权益。

2）《劳动合同法》在试用期和合同期限方面做出了具体规定。第十九条规定：劳动合同期限三个月以上不满一年的，试用期不得超过一个月；劳动合同期限一年以上不满三年的，试用期不得超过二个月；三年以上固定期限和无固定期限的劳动合同，试用期不得超过六个月。同一用人单位与同一劳动者只能约定一次试用期。以完成一定工作任务为期限的劳动合同或者劳动合同期限不满三个月的，不得约定试用期。试用期包含在劳动合同期限内。劳动合同仅约定试用期的，试用期不成立，该期限为劳动合同期限。第二十条规定：劳动者在试用期的工资不得低于本单位相同岗位最低档工资或者劳动合同约定工资的百分之八十，并不得低于用人单位所在地的最低工资标准。

3）《劳动合同法》进一步强化了劳动者的知情权。第八条规定：用人单位招用劳动者时，应当如实告知劳动者工作内容、工作条件、工作地点、职业危害、安全生产状况、劳动报酬，以及劳动者要求了解的其他情况；用人单位有权了解劳动者与劳动合同直接相关的基本情况，劳动者应当如实说明。因此，毕业生在与用人单位签订就业协议和劳动合同时，应向用人单位询问与自己权益相关的问题，如工作时间、休息休假、福利等。

4）《劳动合同法》为毕业生行使自主择业权提供了保障。第九条规定：用人单位招用劳动者，不得扣押劳动者的居民身份证和其他证件，不得要求劳动者提供担保或者以其他名义向劳动者收取财物。第八十四条规定：用人单位违反本法规定，扣押劳动者居民身份证等证件的，由劳动行政部门责令限期退还劳动者本人，并依照有关法律规定给予处罚。用人单位违反本法规定，以担保或者其他名义向劳动者收取财物的，由劳动行政部门责令限期退还劳动者本人，并以每人五百元以上二千元以下的标准处以罚款；给劳动者造成损害的，应当承担赔偿责任。劳动者依法解除或者终止劳动合同，用人单位扣押劳动者档案或者其他物品的，依照前款规定处罚。因此，毕业生在依法解除或者终止劳动合同时，如果用人单位要扣押档案或者其他物品，毕业生可以寻求法律的帮助。

5）《劳动合同法》为保障毕业生及时足额获得劳动报酬提供了保障。《劳动合同法》不仅明确了用人单位应当按照劳动合同约定和国家规定，向劳动者及时足额支付劳动报酬，还规定了若用人单位拖欠或者未足额支付劳动报酬，劳动者可以依法向当地人民法院申请支付令，人民法院应当依法发出支付令。此外，《劳动合同法》第八十五条规定：用人单位有下列情形之一的，由劳动行政部门责令限期支付劳动报酬、加班费或者经济补偿；劳动报酬低于当地最低工资标准的，应当支付其差额部分；逾期不支付的，责令用人单位按应付金额百分之五十以上百分之一百以下的标准向劳动者加付赔偿金：（一）未按照劳动合同的约定或者国家规定及时足额支付劳动者劳动报酬的；（二）低于当地最低工资标准支付劳动者工资的；（三）安排加班不支付加班费的；（四）解除或者终止劳动合同，未依照本法规定向劳动者支付经济补偿的。

4. 熟练掌握《中华人民共和国劳动争议调解仲裁法》中与就业权益保护相关的内容

1）在仲裁前置方面有所改进。《中华人民共和国劳动争议调解仲裁法》（以下简称《劳动争议调解仲裁法》）在保留劳动争议仲裁前置程序的前提下，规定部分劳动争议实行有条件的一裁终局；除这些劳动争议，劳动者对仲裁不服的，可以自收到仲裁裁决书之日起 15 日内向人民法院提起诉讼。也就是说，毕业生如果对一裁终局不满的话，仍具有寻求诉讼的权利。

2）对劳动争议申请仲裁的时效进行了改动。劳动争议申请仲裁的时效期限为一年，从当事人知道或者应当知道其权利被侵害之日起计算；劳动关系存续期间因拖欠劳动报酬发生争议的，劳动者申请仲裁不受一年仲裁时效的限制，但是，劳动关系终止的，申请仲裁应当自劳动关系终止之日起一年内提出。

3）在强化劳动监察部门作用方面做了规定。《劳动争议调解仲裁法》第九条规定：用人单位违反国家规定，拖欠或者未足额支付劳动报酬，或者拖欠工伤医疗费、经济补偿或赔偿金的，劳动者可以向劳动行政部门投诉，劳动行政部门应当依法处理。因此，当毕业生遇到用人单位违反以上规定的情况时，一定要及时向劳动行政部门投诉，以便及时得到帮助。

4）要利用举证责任倒置进行维权。《劳动争议调解仲裁法》第六条规定：发生劳动争议，当事人对自己提出的主张，有责任提供证据。与争议事项有关的证据属于用人单位掌握管理的，用人单位应当提供；用人单位不提供的，应当承担不利后果。因此，毕业生要注意分清哪些举证责任是自己的，哪些是用人单位的，以便发生争议时有效地维护自己的合法权益。

（三）熟悉维权求助的途径

毕业生在自身权益遭受侵犯时，可以通过以下几种途径寻求救助和维权。

1. 与用人单位协商

对于用人单位一般的违规行为或争议不大的问题，毕业生可与用人单位自行协商，通过达成新的协议，或者有过错的一方改正错误来消除争议。

毕业生在遇到劳动合同纠纷问题时，还可以向学校的就业指导中心或相关部门寻求帮助，学校是毕业生维权强有力的后盾。尤其是对于学校推荐就业的用人单位，毕业生在与用人单位发生纠纷需要协商时，可以请求学校出面调解，因为学校与用人单位通常有较为密切的往来，学校出面与用人单位沟通，更有助于矛盾双方解决纠纷。

2. 劳动争议仲裁

如果无法通过与用人单位协商来解决自己所遇到的问题，毕业生可以向单位所在地的劳动争议仲裁委员会要求仲裁。仲裁是处理争议的必经程序。毕业生申请仲裁，应自争议发生之日起 60 日内向劳动争议仲裁委员会提出书面申请。劳动争议仲裁委员会受理的劳动争议范围包括因企业开除、除名、辞退职工和职工辞职、自动离职发生的争议；因执行国家有关工资、保险、福利、培训、劳动保护规定发生的争议；因履行劳动合同发生的争议；因法律、法规规定的其他劳动争议等。

3. 劳动诉讼

毕业生或用人单位对仲裁裁决不服的，可在收到仲裁裁决书之日起 15 日内向人民法院起诉。但需注意，未经劳动争议仲裁委员会仲裁的劳动争议案件，法院不予受理。

4. 信访

毕业生在权益受到侵害时，还可以通过信访的方式，向各级工会、妇联及政府信访部门反映，利用这些组织维护自己的合法权益。

5. 借助新闻媒体

新闻媒体可以发挥很好的舆论监督作用。毕业生可以通过媒体对各种不公正现象进行曝光、报道，引起相关部门对这些现象的重视，从而促使这些问题的有效解决。

如果毕业生在实际就业中遇到劳动保障方面的问题，还可以及时拨打全国统一的劳动保障公益服务专用电话，咨询劳动保障的政策，获取有关的信息，更好地维护自己的合法权益。

调查所学专业的就业形势

随着就业形势日益严峻，高校毕业生就业压力也在增大，请依据现阶段本专业的就业状况，写一份就业形势分析报告。

1. 实践目的

通过调查，掌握本专业毕业生的就业情况，确切地了解当前的社会就业形势、社会需求状况，对调查结果进行综合分析，以树立正确的就业观、择业观，顺利地走出校园，实现与社会良好的对接。

2. 实践方式

本次调查采用问卷调查和访谈法相结合的方法，调查问卷采用无记名方式。

3. 实践步骤

1）确定调查问题。

2）抽样调查设计，包括抽样设计和问卷设计。

3）实施调查方案。

4）数据处理分析。

5）撰写调查报告。

6）总结评估。

4. 实践参考

就业形势分析报告

引言（略）

目录（略）

整体就业状态

过去3年本专业毕业生就业情况

签约：________________

薪酬：________________

方式：________________

问题：________________

过去3年本专业毕业生就业率及前景

毕业生就业率：________________

就业前景：________________

就业地区分布：________________

就业行业：________________

就业难原因分析：________________

____

____

____

____

____

____

第九章　做好就业求职准备

本章导图

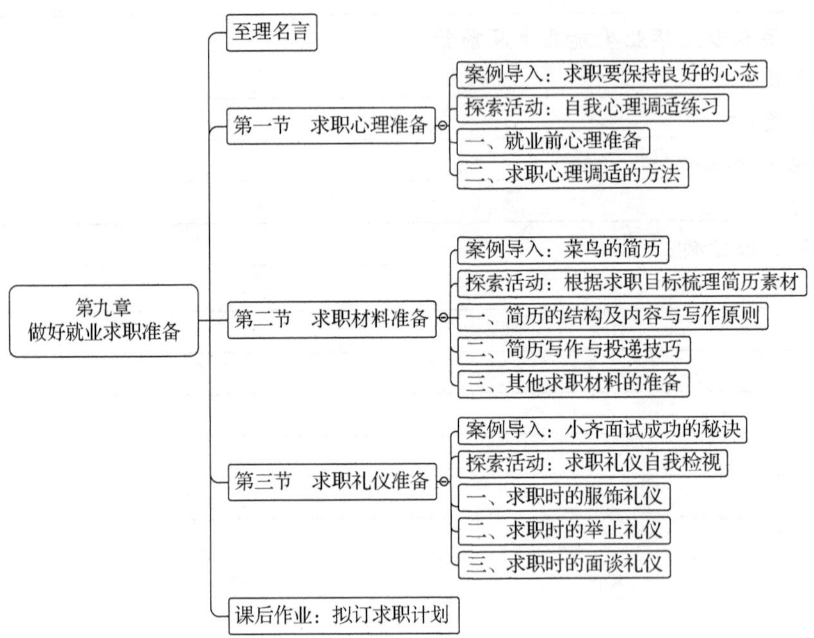

至理名言

我们还年轻，对自己、对未来，我们有信心，也要有正确的认识。与其怨恨自己生错了时代，不如去寻找这个时代给我们的机会。的确，有不公，有歧视，但所有的经历都是对自我的打磨，在求职立业这条路上，个人的努力和奋斗才是永远的通行证。

——青年文摘 2013 年第 14 期《“最难就业年”难在哪》

第一节　求职心理准备

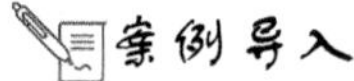

求职要保持良好的心态

新能源汽车专业的小刘在大学期间学习成绩优异，多次获得奖学金，性格也很开朗，参加了很多班级和学校组织的活动。和众多毕业生一样，小刘对自己的工作充满无限憧憬，总以为可以找到适合自己的高职、高薪岗位，但现实无情地打击了他。在 11 月到次年 1 月应届毕业生校内就业的黄金时间段，小刘参加了多场招聘会，投递了数以百计的应聘简历，就业却毫无进展。有一次面试结束后，经过焦急的现场等待却得知自己再一次无缘二次面试后，他终于承受不住屡屡碰壁所产生的巨大心理压力，积压已久的郁闷瞬间爆发，他愤怒地冲进面试现场，质问面试官为何不给他二次面试机会，并与用人单位的工作人员发生争执，但最终也没能如愿。自此小刘像变了一个人，天天神色黯然、生活中也不愿与人交流，逐渐消沉，用人单位见到他这样更是避而远之了。

探索活动

自我心理调适练习

在这个练习中采用 0～10 的指数评分法，根据自己的具体情况对以下问题分别标出相应的指数，并根据相应的要求完成每一个测试。

1. 遇到困惑时我的态度

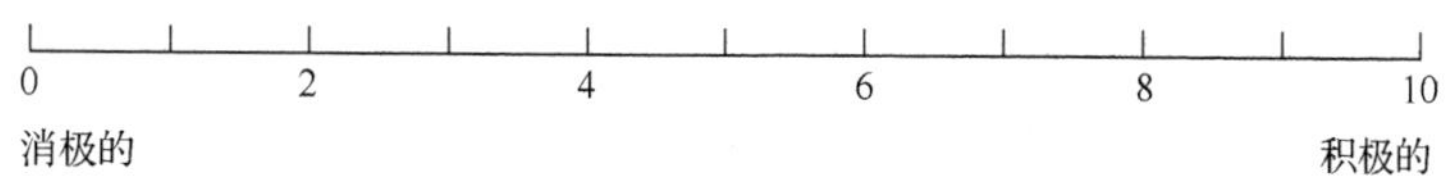

1）如果不是 10 分，我距离 10 分的差距是什么？

____

____

____

2）这种差距在我日常生活中的表现是什么？

____

____

____

3）这些表现通常是如何影响我的生活及目标的实现的？

4）为了缩小这些差距，我的行动计划是什么？

2. 我的心情

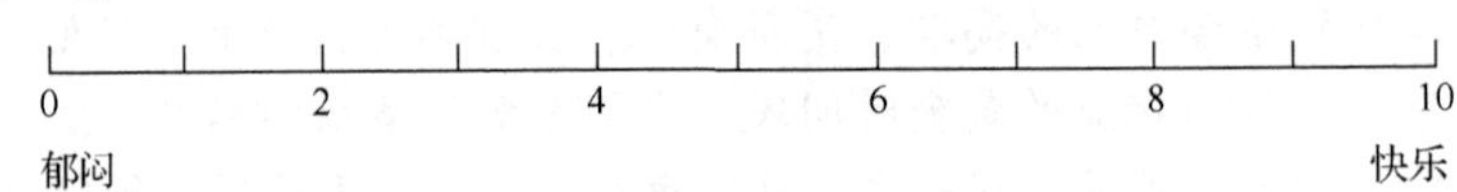

1）如果不是10分，我距离10分的差距是什么？

2）这种差距在我日常生活中的表现是什么？

3）这些表现通常是如何影响我的生活及目标的实现的？

4）为了缩小这些差距，我的行动计划是什么？

3. 我的人际关系

1）如果不是 10 分，我距离 10 分的差距是什么？

____

____

____

2）这种差距在我日常生活中的表现是什么？

____

____

____

3）这些表现通常是如何影响我的生活及目标的实现的？

____

____

____

4）为了缩小这些差距，我的行动计划是什么？

____

____

____

4. 我对大学生活的感受

0　2　4　6　8　10

空虚　充实

1）如果不是 10 分，我距离 10 分的差距是什么？

____

____

____

2）这种差距在我日常生活中的表现是什么？

____

____

____

3）这些表现通常是如何影响我的生活及目标的实现的？

____

____

____

4）为了缩小这些差距，我的行动计划是什么？

____

____

____

5. 我的学习态度

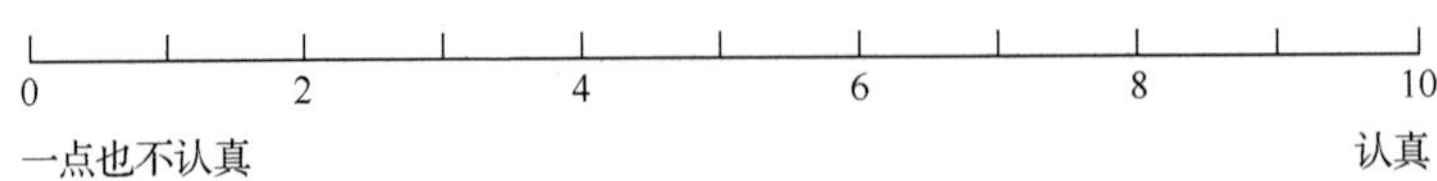

1）如果不是 10 分，我距离 10 分的差距是什么？

____

____

____

2）这种差距在我日常生活中的表现是什么？

____

____

____

3）这些表现通常是如何影响我的生活及目标的实现的？

____

____

____

4）为了缩小这些差距，我的行动计划是什么？

____

____

____

一、就业前心理准备

就业前心理准备是指求职者在就业前对求职择业过程中可能发生的各种情况做出预测和评价，并为解决这些问题而建立某种思想观念和强化某些心理品质的心理活动过程。良好的心理准备能够使求职者在面对各种择业机会时，充分发挥自己的聪明才智；在面对各种挫折时，迅速帮自己找回重心，达到“猝然临之而不惊”的境界。可以说，健康的心理准备是成功求职的基石。

面对严峻的就业形势，作为求职者的毕业生最需要做好两点心理准备：一是增强自信，二是敢于竞争。

（一）增强自信

自信是个体对自己积极肯定的程度，是个体对自身能力、价值等做出正向认知与评价的一种相对稳定的人格特征，是个体自我意识的重要组成部分。自信的人具有积极的自我意识，能够不断进行自我激励，消除消极情绪，保持情绪的相对稳定，建立良好的人际关系。只有自信的人才能充分发挥自身潜力，从而更有效地学习和工作，创造成功人生。可以说，自信是毕业生走向成功的基石，亦是成功者必备的重要心理素质。

增强自信是成功择业的重要因素。自信是对自己的实力有充分的认知和坚定的信心，是发自内心的自我肯定与相信。“天生我材必有用”就是大诗人李白的自信。对毕业生而言，相信我一定行，坚信自己有能力胜任某项工作，表现出坚定的态度和从容不迫的风度，才能赢得用人单位的赏识和信任。哈佛大学著名行为策划学家皮鲁克斯有一段精彩之至的论述：“认识自己的人，必须要有自信与自尊，才能让我们充分了解到他自己的能力。其作用是其他任何东西都无法替代的。而那些软弱无力、犹豫不决、凡事总是指望他人的人，正如莎士比亚所说，他们体会不到也永远不能体会到，自立者身上焕发出的那种荣光，因为认识自己的目的就是自信和自立。”

树立自信的最根本途径是提高自己的能力，毕业生应根据自己的职业定位有目的地提升自己的能力，通过多种渠道和机会锻炼自己。只有搞好学业，发展特长，全面提高自己的综合素质，在招聘时才可以信心十足。

当然，信心不是万能的。困难绝不会因为自信就会少几分。但是，信心会帮助我们藐视困难，以最旺盛、最活跃的精神状态去克服困难，以足够的忍耐力面对挫折，以足够的勇气迎接挑战，而这正是求职者成功的重要精神支柱。“自信人生二百年，会当水击三千里。”每一个毕业生都要先问问自己，是否充分相信自己，有没有信心求职成功。

（二）敢于竞争

竞争是指个体通过一定的活动来施展自己的能力，为达到自己的目的所做的努力。“物竞天择，适者生存”是生物界生存和发展的普遍法则。在社会生活中，“优胜劣汰”已逐渐成为历史发展的主要趋势。毕业生就业制度的改革，为毕业生提供了公平参与竞争的环境和机会。鲁迅先生有一句话很切合毕业生的实际：“我们的当务之急是，一要生存，二要温饱，三要发展。”而这三者都与竞争有关。百舸争流勇者胜，毕业生应该正视现实，抓住机遇，扬起理想的风帆，在竞争的激流中奋力拼搏。

面对供大于求的就业形势，一些毕业生缺乏竞争意识和就业竞争力，导致就业困难，无法就业。即将毕业或已经毕业的大学生，必须强化自己的竞争意识，崇尚竞争、敢于竞争，为自己争得生存权利和发展优势。

毕业生要提升就业竞争力，就要提升专业技能、提升就业技能。大学生要根据现代社会发展的需要，塑造自己、发展自己，步入大学就要自觉地把自己的专业学习与以后的就业联系起来，建立合理的知识结构，培养自己的实践操作能力、组织协调能力等，以便在未来的竞争中脱颖而出。

二、求职心理调适的方法

毕业生在求职择业过程中，不可避免地会遇到困难、挫折和冲突。这些挫折和冲突常常会引起心理障碍或心理疾病。心理障碍和心理疾病既不利于择业，也不利于身体健康，甚至还会影响整个人生。心理调适在于使毕业生在遇到挫折和冲突时，能够客观地分析自我与环境，有效地排除心理障碍，使自己保持一种稳定而积极的心态，以便总结经验，克服困难，如愿择业。积极有效的心理调节包括以下两大方面。

（一）自我调适，释放心理压力

毕业生对自己未来的职业常常抱有较高的期望，然而现实和理想的落差、求职过程中的冷遇，都可能增加自己的心理压力，使自己陷入紧张、苦闷、焦虑、失望等不良情绪状态中。当毕业生处于不良心境时，只要进行主动、及时的调整，这种不良心态就能得到及时有效的缓解。因此，了解和掌握一定的心理调适方法，对于毕业生释放心理压力，走出情绪低谷很有帮助。毕业生可以根据自己的实际情况，有选择地使用以下几种方法进行自我调适。

1. 宣泄法

宣泄法也称倾诉法，即在就业中遇到挫折，将自己内心的痛苦倾诉、表达出来，以达到缓解心理压力的一种方法。毕业生在求职过程中碰壁，情绪激动，此时过分地压抑自己的情感反而不妥，可以把心中的委屈和不平倾诉出来。具体可采用以下几种方法。

1）告诉家长、老师或朋友，及时说出心中的感受。第三者的倾听、劝慰、分析、忠告对毕业生情绪的改善能起到立竿见影的效果，并使毕业生获得求职择业的新认识、新办法。

2）采取记日记的方式把积压在心头的苦恼写出来，也可以以写信的方式向好友倾诉自己的压力。

3）找一个没有人的场所，通过自言自语的方式说出心中一直压抑的想法。

4）运动宣泄，如通过打球、爬山、游泳等激烈运动，释放心理压力和消极情绪，恢复心理平衡。

2. 转移法

求职碰壁是很痛苦的，有效减轻痛苦的方法就是转移注意力，尽量把注意力放到自己感兴趣、较自信的其他活动中。长时间沉浸在择业失败的消极情绪状态中，会对身心健康产生不利影响。此时，可以通过以下几种方式缓解。

1）参加体育活动，跑步、游泳或是与同学一起打篮球、踢足球，将其他烦恼抛到脑后。

2）听音乐。轻松舒缓的音乐可以消除疲劳、调节情绪。

3）看书、看电影、睡觉或其他休闲方式，以达到放松身心的目的。

3. 补偿法

补偿法是指当毕业生在就业过程中因不能达到确定目标而受到挫折时，可以通过其他活动来弥补心理的创伤，驱散内心的忧愁和痛苦，增强前进的信心和勇气。例如，没有考上公务员，可以提醒自己还有其他的选择，如进企业、考研等。可以说，挫折给人们提供了反思的机会，使人们能够重新认识自己、评价自己，从不利中看到自己的有利因素，扬长避短，走向成功。补偿法的具体做法如下。

1）当求职失败后，迅速以另一目标来代替原来失败的目标。在职业选择时，确定的具体职位目标不要太狭窄，要像填志愿一样，有第一、第二、第三志愿，这样在碰壁后就能马上投身于下一步的应聘计划。居里夫人在丈夫不幸去世后，想到的是丈夫生前说过的话："无论发生什么事情，人总得工作。"于是她控制住自己内心的悲痛，更加发奋工作，终于成为两次获得诺贝尔奖的伟大科学家。毕业生在一次求职失败后，要能更加积极主动地投入到下一次的求职准备中。

2）发掘自己的潜能，克服自身的弱点，实现自己的目标。毕业生应及时弥补自己的不足，以提高就业竞争力，早日实现就业目标。

4. 松弛练习法

求职面试前出现焦虑反应的毕业生要学会放松身心、对抗紧张情绪。松弛的方法很多，主要有以下两种。

1）呼吸放松法。呼吸放松法又称调息放松法，简单易学，也非常有效，关键是将"胸呼吸"变成"腹式慢呼吸"。具体方法是，在座位上舒服地坐好，身体后靠并伸直，将右掌轻轻置于肚脐上，掌心向下，五指并拢，然后开始长长地、慢慢地吸气。吸气时要胀腹，气沉丹田时，保持两秒钟，再轻轻地、慢慢地将气呼出。每天 2 次，每次 4～10 分钟。

2）想象放松法。想象放松是通过对一些安静、舒缓、愉悦的情景的想象以达到身心放松的目的，要尽量运用各种感官，观其形、听其声、嗅其味、触其柔……例如，可以想象自己在森林中漫步，踩在柔软的草地上，阵阵花香扑面而来，你舒展全身，慢慢地做深呼吸。每天可用 5～10 分钟进行练习。

此外，还有音乐放松法、肌肉放松法等。值得注意的是，毕业生在求职过程中一旦自我调节不能发挥作用，应及时去进行心理咨询和寻找专业人员的帮助，及时排解就业过程中心理的矛盾和冲突。

5. 角色扮演法

目前，角色扮演法已成为心理学领域应用较为广泛而有效的方法。角色扮演法是将自己暂时置身于他人的社会位置并以其要求的态度和方式行事，以增进自己对他人社会角色和自身原有社会角色的理解的一种方法。

角色扮演法是培养抗挫折能力的好方法。毕业生遇到就业挫折后，可以在老师的指导下扮演一些知名人士，体验他们在求职中遇到过的挫折，体验他们在挫折情境中的内心情感的转换，帮助自己更好地理解他人在面对挫折时采取的积极态度，通过角色扮演，毕业生可以在活动中不知不觉地掌握抗挫折的行为技能，提升自己承受挫折的能力。

6. 自我激励法

自我激励法主要指用生活中的哲理、榜样的事迹或明智的思想观念来激励自己，同各种消极情绪进行斗争，坚信未来是美好的，勇敢地面对下一次挑战。

一些调查表明，有些毕业生投出的求职简历多达百份，参加的面试平均每人 5 次以上，但能一次成功者很少。因此，失败在求职中是很常见的，也是很正常的，对毕业生来说是一种普遍现象。所以，毕业生在面试失败后，不要惊慌失措，而是要开动脑筋，冷静思考，寻找对策，把每一次的失败看作经验的积累。同时要不断地激励自己，相信“功夫不负有心人”。

（二）对症下药，分析失败原因

1. 外部原因

毕业生求职失败主要有以下外部因素。

1）工作职位有限与毕业生数量不断增多的现实，导致就业竞争压力较大。近年来国家出台了一系列措施，为毕业生提供了更多的职位和机会，但毕业生的数量也在增多，职位增加的速度低于毕业生人数的增长速度。

2）地域、行业的就业差异加剧了求职竞争的激烈程度。目前，我国地区间、行业间的经济发展不平衡，地域、行业提供的就业机会也不均等。

3）招聘单位的一些特殊要求也在一定程度上影响了毕业生的求职择业。例如，用人单位招聘时对工作经验的要求、性别的偏好等，都在一定程度上限制了毕业生的择业范围，有些是明显地把毕业生拒之门外。

2. 内部原因

毕业生求职失败有以下内部原因。

1）对工作职位不切实际的高期望值。一部分毕业生将物质待遇作为择业首要条件，对自己的素质、能力缺乏合理的评价，一味地追求好单位、高薪的职位。

2）个人能力尚待提高。有的毕业生虽然专业对口，但在校学习成绩、外语水平、应聘成绩达不到用人单位的要求。

3）对面试应聘缺乏充分的准备。毕业生缺乏社会锻炼，与用人单位接触和了解的机会不多，对员工聘用程序、行业发展状况和具体岗位信息深入了解不够，不懂求职的相关技巧，仓促求职难度较大。

4）缺乏主动参与竞争的意识。一部分毕业生还习惯于父母亲朋包办、学校老师推荐的求职模式，不善于向用人单位主动推荐自己，或是不能承受暂时的就业挫折。

3. 正确归因，积极行动

个体将失败归因于何种因素，对下一步求职有重要影响。根据维纳的归因理论，如果个体将失败归因于外在环境，则容易产生气愤和敌意，降低以后行动的积极性；如果个体只从主观方面寻找失败的原因，则很容易自卑，产生一些消极的想法。所以，毕业生一定要从内部和外部两方面进行归因，避免对社会、对他人的无谓抱怨，也不要把求职失败完全归因于自身。合理分析内外部的原因，找出外部的有利因素，及早发现自己的不足，及时加以弥补，才有助于合理定位职业、成功就业。

第二节　求职材料准备

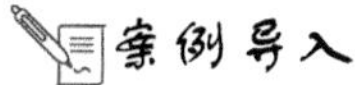

菜鸟的简历

简　　历

姓名：李子一

性别：女

出生日期：1997 年 10 月

现居地：上海市闵行区春申路

联系方式：158××××5678

邮箱：158××××5678@163.com

教育背景：

2015年9月—2018年6月

毕业院校：上海东海职业技术学院

专业：桥梁与隧道工程

学历：大专

实习经历：

1）2016年暑假，在××外语学校担任英语教师。

2）2016年11～12月，在三星公司兼职做手机促销员。

在校实践经验：

1）曾担任班级团支书半年，组织过各种大小团支部活动。

2）担任过某社团宣传部部长，负责组织社团的各种宣传活动。

在校学习情况：

学习成绩优秀。通过了普通话等级考试、计算机等级考试。通过实习和专业课的学习，对桥梁与隧道各方面的施工工艺、施工过程、路堤及挡土墙的施工有了更加深刻的理解，并且能够胜任这方面的工作。

个人技能：

1）工程制图：通过课堂学习和培训，能熟练地应用AutoCAD软件绘制一些比较复杂的图形。

2）工程测量：通过理论知识的学习和实际操作的结合，掌握水准仪、经纬仪和全站仪的操作，能够进行控制测量、施工放样等技术工作。

3）道路建筑材料：了解各种材料的特性，熟练各种土木材料的试验，并能够计算各种配合比和级配。

4）公路工程施工监理：通过课程学习和老师分析的案例，了解监理的原则、方法和程序。

5）公路工程施工：了解公路的选线，掌握公路路基路面的设计，并能够熟练读懂路基路面横断面和纵断面图。

6）公路施工组织设计：通过学习掌握施工的程序，并能编制网络进度计划图和横道图。

这是一位求职者写的简历，求职者把简历写在一页纸上，而且列出了自己的个人信息，包括姓名、联系方式等一些重要的、便于招聘单位了解的内容，同时求职者也把自己的工作经历列得比较详细，这是非常可取的。但是，这份简历还是存在一些问题，主要是以下几个方面。

1）简历中没有写明自己的求职意向。不写明求职意向，招聘单位不知道你要应聘什么职位，很有可能就会直接放弃你的简历。

2）在“实习经历”中，实习经历和所学内容没多大关联。

3）在“在校实践经验”中，笼统介绍了自己所做的工作，没有具体的工作内容，很难有说服力。

4）在“在校学习情况”中，获得奖项没有时间、级别等说明，过于简单。

探索活动

根据求职目标梳理简历素材

简历撰写前，需要做以下准备工作。

1）个人情况盘点，主要包括学习、实习、兼职、项目经历、学生工作、志愿活动等。要总结出各种经历中的成就与失败、学到的能力、积累的经验。

2）了解目标职位情况，主要包括知识、经验、能力、态度、个性等方面的要求。

3）了解目标公司情况，主要包括公司文化、主导产品、服务及客户、发展方向和对个人素质的潜在要求等。

在初步做好准备后，按以下逻辑，准备简历的素材。

1）目标职位：______________________________

2）目标职位的一般要求有哪些？相应需要的硬性条件和优势条件有哪些？

____

____

3）你的实习经历能否使你胜任这个职位？

① 你的实习工作情况：组织或公司名称、工作名称及角色、工作职责和目标任务等情况。

____

____

② 你曾经处理过的问题或任务的难度如何？

____

____

③ 你对工作的投入程度如何？

____

____

④ 你取得的工作业绩（最好量化）有哪些？

____

____

⑤ 证明你能胜任该岗位，能为目标单位创造价值的其他证据有哪些？

____

____

一、简历的结构及内容与写作原则

（一）简历的结构及内容

一般来说，简历由个人基本信息、求职意向、教育背景和荣誉、工作经验和社会实践、培训经历、英语等级及相关证书、自我评价 7 部分组成。

1. 个人基本信息

1）标题：不宜使用“简历”两个字作为标题，应直接用你的名字“×××”。这样显得更突出，更一目了然。

2）出生年月：一定要按实际填写并与身份证上的信息相符。

3）联系电话：把手机和固定电话都写进去。尤其是一定要填上长期使用的固定电话号码以免因更换手机号码，或者手机碰巧没有电，错失招聘人员通知面试的机会。电话号码最好放在靠前醒目的位置，这样便于招聘人员与你联系。

4）邮箱：尽量用自己常用的私人邮箱，不要用各大招聘网站分配的邮箱，否则显得很没有诚意和不专业。

5）户籍所在地：如果是本地生源，务必写上居住地，有些企业或者机关单位会指定只要本地生源。

6）政治面貌：如果应聘的是国有企业或政府单位，而你的政治面貌是党员，则会为你加分。但如果应聘外企就不必填写。

7）学历和专业等其他信息。一般专业对口的，可以填写；不对口时不建议填写。

2. 求职意向

求职意向必须写清楚。很多公司会同时招聘很多职位，对于没有写清楚应聘职位和职位编号的简历，筛选人员无法进行职位分类。因此，这类简历很有可能第一次就被筛掉。

3. 教育背景和荣誉

教育背景和荣誉要填写与求职目标有关的内容，最好是与目标职位有关的成功例子（如团队或个人项目等），以及其他重要的事实（如荣誉、奖励、证书、成就等）。切忌在醒目位置罗列所有课程。

写荣誉时，要注意强调奖励的含金量，可使用数字和比例，以营造比较优势。例如，奖励年级排名前5%的学生等表述，就能突出其含金量。如果奖励众多，要有所选择，注意奖励与职位的相关性，同一种奖励，写一次即可，如多次获得“三好学生”荣誉称号。

4. 工作经验和社会实践

工作经验和社会实践是所有企业都关心和注意的部分。这一项写得好与坏，直接决定他们是否有兴趣把简历的其余部分读下去。

该项主要填写的是在校期间参加各种实践活动的经历，如在校担任过哪些职务、是否参加过志愿者工作、有哪些兼职等，这些经历能很好地说明你具备相关的工作能力，对没有参加工作的毕业生来说是非常重要的，可以视为工作经验。

毕业生写好工作经验和社会实践的技巧如下。

（1）回顾与职位相关的实践经历

仔细思考，罗列出以往所有的实践经历。只要和申请的职位有关，就可以把它写下来，这是丰富你简历的良好素材。例如，你申请的是“市场专员”这个职位，有以下实践经验：①2016年暑假，在××外语学校担任英语教师；②2016年11～12月，在三星公司兼职做手机促销员；③2017年3月，为××咖啡新产品的上市做前期市场调查；④2017年暑期，在××电视台新闻频道实习；⑤2017年9月，参与××学校培训产品的市场推广策划。

经过分析，只有②、③、⑤条是和申请的职位有直接关系的，那么可以把它们提出来进行加工润色，而和目标职位没有直接关系的实践经历，就可以省略。

（2）细致描述社会实践活动

细致描述社会实践活动是工作经历撰写的重点与核心。毕业生在填写简历时，要学会详细描述做过的活动，用序号罗列出来。例如，参加了一场某公司的市场促销活动，可以根据工作内容把它们罗列出来：①新款手机产品性能的讲解；②协助进行现场活动抽奖；③发放并回收新产品上市的市场调查问卷；④收集现场客户资料。这样一来，工作实习的内容就变得丰富多彩了。

（3）用专业术语和数字描述

同一件事情，用不同的方式表达，可能会产生不同的效果。在保证情况属实的情况下，毕业生尽可能用专业化的语言来表达，这样也从侧面反映自身的专业素质。例如，从事“秘书”工作可以表达为“助理”；“传单发放”可以表达为“传播产品信息”等。同时，数字的使用会让整个简历变得更有说服力，更能够吸引招聘主管。以参加市场促销活动为例：

1）在大型市场推广活动中，为潜在顾客进行产品展示和产品性能解说。

2）在展会活动中，参与组织和安排大型抽奖活动，吸引3 000名潜在顾客参加活动。

3）协助公司进行××手机的市场调查，组织 20 人发出 2 000 份调查问卷并有效回收 90%。

4）用多种方式进行客户资料收集、分类，进行客户资料管理。

5. 培训经历

毕业生可以把自己在业余时间学习的与职位有关的课程写进去，如各个名牌企业的认证培训课程（如微软认证系统工程师）、英语进阶课程、计算机课程、海外学历培训课程、管理课程等。但要遵循一个原则——培训经历必须与所申请的职位相关，否则毫无用处。

6. 英语等级及相关证书

英语水平要注明等级。英语四级是企业最基本的要求，英语六级和专业八级要特别说明。

应聘欧美企业的时候，如有托福和雅思成绩尤佳。但最好是托福达到 600 分以上和雅思平均分达到 7 分以上再写进去，并要说明近期没有出国的计划。

应聘日资企业，除了英语四级证书，一般要求国际日语水平测试二级以上，一级可以加分。

如果应聘翻译工作，要有高级翻译、口译等证书。

7. 自我评价

自我评价要符合职位要求，求职意向与所应聘的职位一致。尽量简洁明了，不要主观发挥，更不要写成抒情散文，如“我经过”“我觉得”“通过……我学到了……”等，最好按顺序列出自己的优点和技能。

（二）简历的写作原则

1. 实事求是

真实是简历最基本的要求，诚实的记录和描述能够使招聘人员产生信任感。一些毕业生为了达到较好的包装效果，故意遗漏某一段经历造成履历不连贯，或对经历夸大其词、弄虚作假。费尽心思修饰与事实不符的简历，经不起面试的考验。简历中所表现出的语气要遵循诚恳、自信、礼貌，陈述时既不妄自尊大也不妄自菲薄，要客观评价自己的优势。

2. 自我推销

简历的作用是推销自己、表现自己，你有什么特长，尽量在简历上表现出来，让用人单位发现你的价值。切忌过于谦卑，不好意思向他人陈述自己的优点和成绩。如果不说清楚你能干什么，又有谁会知道你是一个有用的人才。所以，简历上不仅仅要列举你所做过的工作，更应该强调你具有的某项技能及取得的成就和证书。

3. 扬长避短

个人简历应实事求是，决不能虚构。但这并不是说，你要把所有的事情都写在简历上。个人简历的主要作用是让用人单位了解你是否具有担任某项工作的资格，所以，与之无关的对自己不利的内容不用写。

4. 人职匹配

简历从某种角度看就是一篇论述性文章，其中心论点是你是该岗位的最佳人选，而简历中的所有信息都是证据。所以，写简历时要分析目标企业和职位的要求，巧妙突出自己的优势，给用人单位留下鲜明深刻的印象。通常，简历中的求职意向、教育背景及学历、专业、外语水平、计算机水平、实践经历、实习经历、特长、爱好、自我评价，以及其他重要或特殊的信息等都是证明自己是该岗位的最佳人选的关键信息。

5. 简洁凝练

招聘人员每天要面对大量的求职简历，在阅读和筛选时，平均每份简历所用的时间不超过一分钟。对于应届毕业生的简历，衡量的标准是简洁、清晰、篇幅不超过一页。言简意赅、流畅简练、令人一目了然的简历，是最受欢迎的。毕业生在撰写简历前，应根据不同的单位、职位和要求进行必要的分析，突出重点，有针对性地设计简历。

6. 美观规范

作为实用型文体，简历句式以短句为好，文风要平实、稳重，以叙述、说明为主，不可动辄引经据典、抒情议论。不要使用拗口的语句和生僻的字词，更不要有病句、错别字。一份好的简历，版面设计也是一个非常重要的因素，是真正的“第一印象”。版面设计的基本要求是条理清晰、标识明显、段落不要过长、字体大小适中，排版端庄美观、疏密得当，版面不花哨。

二、简历写作与投递技巧

（一）简历写作技巧

1. 劣势分析和应对方法

有的毕业生潜意识里想在简历中做一些虚假的修饰，如没有当过学生会干部的却写上“担任过学生会主席”，这种做法是不可取的。明智的做法是认清自己的优势，正确对待不足或劣势，对简历进行科学取舍、突出重点、合理扬弃，这样既能使简历更有吸引力，又不失真实性。

劣势一：初出校门，缺乏工作经验。

用人单位喜欢工作经验丰富的人。很多毕业生在求职过程中屡次受挫后抱怨：许多企业在招人的时候要求有工作经验，而企业不给我们工作的机会，我们又怎么会有工作经验。

应对方法：

首先，毕业生应尽力扬长避短，重点强调自己最近几年所受的教育和培训的情况，包括与应聘工作有直接关系的课程或活动。

其次，将实习的经历作为相应的工作经验。因为实习期间的工作性质和内容与许多岗位工作相似，实习生经常自主完成多项任务。毕业生可以在这段经历中展现自己有哪些收获或成绩，最好能用具体的数据说明。

最后，列出已掌握的与所应聘的工作有直接关联的知识或技能，以及用这些知识或技能进行了哪些实践活动，取得了哪些成绩。这些知识或技能可以让人事主管看到你的人才价值和可培养潜力。

劣势二：学历或学位问题。

大学本科毕业生是受过高等教育的专业人才，相对于没有受过高等教育的人来说，具有学历上的优势；而相对于硕士研究生来说，其学历又显得较低。

应对方法：

首先，更加明确就业方向。一般而言，高校设立的各个专业都是应用性较强的专业，因此毕业生要明确哪些地区、什么样的单位更需要自己这个专业的人才。

其次，专业和职业更加匹配。重新审视所学专业的培养目标，找到适合自己专业的职业种类，要有明确的目标性，有目的地撰写简历，以提高求职时的竞争力，而不是盲目地追逐热门却不适合自己的职业。

最后，突出个性品质和才能。企业在招聘时，寻找的往往不是最优秀的，而是最合适的。毕业生在简历中要根据所应聘的职位如实描述自己的个性品质，一一列举出与之相关的各种才能、才艺，让招聘人员通过你的简历，看出你就是该岗位的最佳人选。

2. 个性化简历创新之道

在各种简历模板的约束下，许多简历失去了个性。只有个性突出、特征鲜明的简历，才更容易吸引招聘人员的眼球。

（1）为目标企业量身定做

毕业生应认真研究企业的基本情况，找到简历和企业的契合点，满足招聘人员的心理需求。如果简历中出现招聘人员希望看到的元素，既能表明自己的诚意，又能打动人心。例如，你想应聘一家互联网传媒公司，简历上如果能够出现该公司的标志、官方网站的主导色等元素，无疑会让招聘人员眼前一亮，产生情感共鸣。

（2）结合应聘岗位来创意

毕业生应从应聘岗位需要的职业技能和职业修养的角度对简历进行创新。例如，小刘想要应聘一家公司的网站设计岗位，经过前期的准备工作后，小刘发现该公司有对原网站进行改版升级的打算。他利用自己的专业知识并结合公司文化，在比较同行业其他公司网站的基础上，提出了自己对该公司网站改版的意见，并制作了几个网页。当招聘人员看到他的简历时，既被小刘的诚意打动，又意识到他具备应聘岗位的能力，甚至超出了自己的预期。于是马上通知小刘来面试，并准备录用他。

（3）从所学专业上创新

每个专业都有其专业特点和专业语言，毕业生可以从专业角度出发进行求职简历创新，通过简历体现专业素养。例如，小赵学的是会计专业，在应聘时他将自己的简历以会计报表的形式呈现出来。做会计报表是财务人员的基本功，是专业素养的具体体现。招聘人员看到这样的简历，首先对小赵的专业素养有了认识，其次这种新颖的形式也让自己眼前一亮。小赵录取的概率就比其他人大了很多。

简历是一个传递信息的工具，目的就是获得面试的机会。创新并不是一件困难的事情，但要注意简历创新要把握好方向，切不可偏离目标，更不要离谱得使人难以接受，能有效帮助求职者获得面试机会的简历才是成功的简历。

（二）简历的投递技巧

能否获得面试机会，除了简历的质量，简历投递的方式方法对求职成功也有不小的影响。简历投递的途径主要有现场投递和网络投递两种。

1. 现场投递

一般企业不会接受求职者的上门拜访，现场投递最常见的方式就是人才招聘会。毕业生在投递简历前要仔细检查各项信息的完整性，不要忘了贴照片、附上相关证明资料等。

现场投递时还应注意，不要盲目乱投简历。大部分招聘人员会对收集到的简历做一个简单的区分，哪些是要尽快约见的、哪些是予以考虑的、哪些是不予考虑的。毕业生投递完简历要争取和招聘人员做一个简短的交流，留下一个好的印象，这样才有可能争取到面试的机会。

2. 网络投递

网络投递也是最常见的投递方法，毕业生可以从知名的大型招聘网上投递，也可以上专场网络招聘会，还可以直接向用人单位的网站或邮箱投递。有的毕业生在网上投几百上千封简历都石沉大海，有的毕业生投出几份简历就会获得面试通知。网络投递的技巧如下：

1）要有的放矢。首先仔细浏览用人单位的简介、招聘职位的要求、信息发布的时间、有效期等。掌握了这些真实的情况后，再结合自己的实际情况投递简历。用人单位发布招聘信息的第一时间是投递简历的最佳时间。

2）不要向同一家单位申请多个职位。招聘人员不会因为你申请了多个职位而认为你能力超群，相反，会认为你没有目标只是盲目地乱投简历。

3）按用人单位的要求投递简历。有的用人单位对简历格式、附件都做了特别的要求，如果没有按用人单位的要求去做，再精彩的简历也会被直接删除。

4）电子邮件的主题要醒目。如果没有特殊要求，一般情况下写“×××应聘××××”，千万不要空着。

5）把简历存在各大招聘网站上。凡是使用网络招聘的单位，都会主动到网站上搜索所需的人才。当他们需要你所学专业的人才时，就能搜到你的简历并主动与你联系。

6）做好投递记录。一部分毕业生投递简历像天女散花一样，当有一家公司通知面试时，却半天也想不起来是哪家公司。这会让用人单位觉得你不重视这个机会，从而对你的印象大打折扣。建议毕业生做一个投递信息的记录，以免把用人单位弄混。

三、其他求职材料的准备

（一）求职信

求职信是求职者写给用人单位的信，属于商业信函，要求规范与专业，足以吸引招聘人员的目光。求职信的目的是引起用人单位的兴趣，让对方了解自己、相信自己、录用自己。

有效的求职信只要认真地说明 3 个问题就可以：①求职意愿；②集中说明自己与职位相匹配的优势及工作经历等；③请求对方阅读自己的简历并给予面试机会。

毕业生在写求职信的时候，要有正在和某个人对话的感觉。对方读完求职信能感受到你的热情洋溢、彬彬有礼、不卑不亢，认为值得一见。

1. 求职信的内容结构

求职信与商业信函的结构是一致的，同样以称谓及问候起头，然后是正文，再以结束语、落款和撰写日期结尾。正文部分的内容通常也可以从 4 方面入手；开头部分、简要自我介绍、联系方式和结尾部分。求职信的正文中，首先应介绍求职者的身份和写信目的，然后写出自己的优势或长处，并写清楚电话、预约面试的可能时间，或表明希望迅速得到回应，最后在结尾处感谢对方阅读并考虑应聘请求。一封标准的求职信的正文应当包括以下内容。

1）列举写信的理由，包括从何处得知招聘信息，申请的目的和应聘的原因，以及自己希望申请的职位等。让招聘人员对求职者的意图一目了然。

2）自我介绍，说明自己为什么适合申请的职位。要提出自己能为用人单位做些什么，而不是他们能为求职者做些什么，以此打动招聘人员。

3）简明突出优势，即为什么自己比他人更适合这个位置。

4）强调与申请职位相关的经历：包括培训、实践、技能和成就等。用事实和表现证明自己的优势。

5）提出进一步行动的请求。在结尾段落，求职者可以留下能随时联系到自己的电话或地址。同时，对招聘人员表示感谢。招聘人员每天要阅读大量的简历，一句关切的问候会给人留下深刻的印象。

2. 求职信的撰写规则

求职信首先必须有完整的内容结构，撰写人还要掌握一定的写作规则，以免走入误区，收到反效果。一般来说，求职信的撰写规则主要有以下几条。

1）量体裁衣，度身定做。面对不同的招聘单位和具体职位，求职信应在内容侧重点上有所不同，必须有很明确的针对性。求职信不能像简历那样千篇一律，否则很容易被有经验的招聘人员识破并弃置一旁。

2）突出主题，引人入胜。求职信一般只有几秒钟的时间吸引招聘人员继续看下去，要重点突出求职者的背景材料中与用人单位最有关系的内容。通常招聘人员对与其企业有关的信息最为敏感，因此，毕业生要把自己与企业或职位之间最重要的信息表达清楚。

3）言简意赅，避免冗长。求职信最好不要超过一页，除非招聘人员索要进一步的详细信息；内容要短小精悍，避免空泛和啰唆。因为招聘人员的工作量很大，时间宝贵，求职信过长会使其效率大大降低。

4）语句通顺，文字规范。一封好的求职信不仅能体现毕业生清晰的思路和良好的表达能力，还能考察其性格特征和职业化程度。所以，毕业生一定要注意精雕细琢求职信中的措辞和语言，避免错字、别字、病句及文理欠通顺现象的发生。

5）实事求是，切忌吹嘘。从求职信中看到的不只是毕业生的经历，还有品格。诚实是用人单位对新员工最基本的要求。有的求职信没有任何豪言壮语，也没有任何华丽的词汇，却使人觉得亲切、自然、实实在在。

（二）简历附件

简历附件是指简历中所列的各种奖励、证书等凭证，使自己所列事项有凭有据。这个时候毕业生就要准备好成绩单、英语等级证书、计算机等级证书、荣誉证书、奖学金证书、职业资格证明、社会实践证明等各种材料的原件及复印件。当然，并不是所有的简历都必须附上厚厚的附件，毕业生要在明确用人单位及职位要求的基础上，有选择地附上相关资料。

（三）推荐表

推荐表是学校为毕业生准备的推荐资料，能够比较客观、真实地说明情况，一般用人单位也会仔细查看这份资料，正规的用人单位在正式录用时还会让毕业生提交推荐表的原件。

第三节　求职礼仪准备

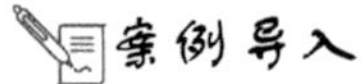

案例导入

小齐面试成功的秘诀

小齐毕业后在一家外企工作，这也是她应聘的第一份工作。和求职中屡屡受挫的同学相比，小齐一次成功。当同学们向她讨教经验时，她说，“细节决定成败”的道理在找工作时也适用。小齐应聘的第一家单位是一家保健品企业。公司只招聘一名客服助理。为了顺利进入面试，小齐事先为自己搭配了大方得体的衣服，“穿衣虽是小事，却体现了对他人的尊重”。面试时，她还特地提前半小时到达，“守约不是大事，却能给人严谨的好印象”。

面试由总经理亲自主持，是一对一的交谈，小齐刚开始也很紧张，因为与她一起前来的应聘者相比，小齐的优势并不突出。当招聘人员要求她介绍下自己的特点时，小齐冷静下来拿实例回答招聘人员：在学校担任就业工作助理期间，负责协助老师组织招聘会，经常从网上挑选、联系、邀请用人单位，在这个过程中，虽遭遇挫折，却在很大程度上锻炼了自己较强的抗挫折能力。

面试结束后，小齐把椅子轻轻搬回原位。这时，主持面试的总经理的脸上发生了微妙的变化，并热情地说“再见”。因为这个细节，她成为唯一被录用的应届毕业生。招聘人员后来告诉她，面试时，考官都会观察应聘者是否迟到。那天她不但没有迟到，还是唯一一个把椅子搬回原位的应聘者。这个小小的举动为她最后的胜出奠定了基础。

探索活动

求职礼仪自我检视

1. 面试准备

1）头发干净自然，如染发则注意颜色和发型不可太标新立异。

2）服饰大方整齐合身（男女皆以时尚大方的套装为宜）。

3）面试前一天修剪指甲，忌涂指甲油。

4）不要佩戴标新立异的装饰物。

5）选择平时习惯穿的皮鞋，出门前一定要擦拭。

2. 面试过程

1）任何情况下都要注意进屋先敲门。

2）待人态度从容，有礼貌。

3）眼睛平视，面带微笑。

4）说话清晰，音量适中。

5）神情专注，切忌边说话边整理头发。

6）手势不宜过多，需要时适度配合。

7）进入面试办公室前，可以嚼一片口香糖，消除口气，缓和紧张的情绪。

3. 面试结束

1）礼貌地与面试官握手并致谢。

2）轻声起立并将座椅轻轻推至原位置。

3）出公司大门时对接待人员表示感谢。

4）24 小时之内发出书面感谢信。

一、求职时的服饰礼仪

（一）求职时的着装原则

参加面试的服饰要符合求职者的身份。面试时，合乎自身形象的着装会给人以干净利落、有专业精神的印象，男生应干练大方，女生应庄重俏丽。着装除应体现仪表美，还应同时兼顾以下方面。

1. 整洁大方

整洁的衣着能反映出一个人振奋、积极向上的精神状态；而褴褛、肮脏的服装，则是一个人颓废、消极、精神空虚的表现。因此，衣服要勤换、勤洗、熨平整，裤子要熨出裤线；衣扣、裤扣要扣好，裤带要系好；穿中山装应扣好风纪扣；穿长袖衬衣衣襟要塞在裤腰内，袖口不要卷起，短袖衫、港衫衣襟不要塞在裤腰内。如果衣冠不整、不洁、不修边幅，不仅显得本人懒惰，缺乏修养，也有损企业的形象，在社交中可能会使对方产生不愉快、不信任的感觉，导致关系疏远。

装饰必须端庄、大方，要让对方感到可亲、可近、可信，乐于与你交往。在社交公关场合，应事先收拾打扮一下，把脸洗干净，头发梳理整齐。男士应刮胡子，女士还可化一点淡妆。一般来说，女服要求色彩丰富，轮廓较优美，面料较讲究，显示出秀丽、文雅、贤淑、温和等气质；男服则要求线条简洁有力，色彩沉着，衣料挺括。

2. 整体和谐

服饰礼仪中所说的服饰，不完全是指日常生活中的衣服和装饰物，主要是指人所表现出的一种状态。服饰礼仪能体现一个人的社会地位、习惯及修养、趣味等。所以我们不能孤立地以衣物的好坏来评价人的美丑，必须从整体的角度来考虑，体现各因素和谐一致，做到适体、入时、从俗。

适体是指追求服饰与人体比例的协调和谐。服饰是美化人体的艺术，只有使服饰的色彩、式样、比例等均适合人体本身的高、矮、胖、瘦，才能把服饰与人体融为有机统一的整体。因此，过肥或过紧的衣衫、过小或过大的裤腿、过高的高跟鞋及不得当的颜色搭配等，都会扭曲人的形体、影响人的形象。

从时是指追求服饰和自然界的协调和谐。人与自然相适应，有春夏秋冬、风雨阴晴的不同服饰。我们应根据四季的变化穿着衣物，不但合时宜，而且可保证人体健康。一般来说，冬天衣服的质地应厚实一点，保暖性强一点，如毛呢等；而春秋衣服的质地则应相对薄些。

从俗是指追求服饰与社会生活环境、民情习俗的协调和谐。我们的着装应努力使服饰体现出新时代的新风貌和特征、各民族的不同习俗和特色、各种场合的不同气氛和特点。

3. 展示个性

服饰能够在很大程度上体现穿着者的个性。在服饰整体统一要求中，追求个性美，可以说是现代生活的一大趋势。

展示个性原则要求着装适应自身形体、年龄、职业的特点，扬长避短，并在此基础上创造和保持自己独有的风格，即在不违反礼仪规范的前提下，在某些方面可体现与众不同的个性，切勿盲目追逐时髦。

（二）男生面试时的服饰礼仪

1. 西装

男生应在平时就准备好一两套得体的西装，应注意选购整套的两件式，颜色应以主流颜色为主，如黑色、灰色或深蓝色，这样在各种场合穿着都不会显得失态。在价钱档次上应符合学生身份，不要盲目攀比。因为用人单位看到求职者的衣着太过讲究，不符合学生身份，对求职者的第一印象也会大打折扣。

2. 衬衫

衬衫以白色或浅色为主，这样好配领带和西裤。男生平时也应该选购一些较合身的衬衫，面试前熨平整，不能给人皱巴巴的感觉。

3. 皮鞋

皮鞋要以舒适大方为主，以黑色为宜，且面试前一天要擦亮。

4. 领带

男生参加面试时一定要在衬衣外打领带，领带以真丝的为好，不能有油污，不能皱巴巴。平时应准备好与西服颜色相衬的领带。

5. 袜子

袜子的颜色也有讲究，穿西装时的袜子必须是深灰色、蓝色、黑色等深颜色的，这样在任何场合都不失礼。

6. 头发

尽量避免在面试前一天理发，以免看上去不够自然。男生女生都应在面试前一天洗干净头发，避免头屑留在头发或衣服上，保持仪容整洁可以给用人单位留下良好的印象。

此外，男生要将胡须剃干净，并且在刮的时候不要刮伤皮肤，指甲应在面试前一天剪整齐。

（三）女生面试时的服饰礼仪

1. 套装

每位女生应准备一两套较正规的套服，以备不时之需。女式套装的花样繁多，每个人可根据自己的喜好来选择，但原则是必须与准上班族的身份相符，颜色鲜艳的服饰会使人显得活泼、有朝气，素色稳重的套装会使人显得大方干练。

2. 化妆

参加面试的女生可以适当地化点淡妆，但不能浓妆艳抹，过于妖娆，这不符合毕业生的形象与身份。

3. 皮鞋

鞋跟不宜过高，夏天面试最好不要穿露出脚趾的凉鞋，更不宜在脚指甲上涂抹指甲油，丝袜以肉色为宜。

4. 包

女生可以背一个装面试材料的包，但要注意包的颜色要与服饰搭配。

5. 手表

面试时不宜佩戴过于花哨的手表，给人过于稚气的感觉。面试前应调准时间，以免迟到。

男女生都不宜在面试时穿 T 恤、牛仔裤、运动鞋，这样会显得不够正式，是不会受招聘人员欢迎的。

二、求职时的举止礼仪

毕业生在参加面试时，要注意以下方面。

（一）保持诚恳态度

进入面试场地，毕业生应始终面带微笑，不要过分紧张，对遇到的每个员工都应彬彬有礼。

（二）注意身体语言

身体语言在人际交流中占50%以上，面试时因身体语言表现不当而暴露弱点也是面试不成功的一个重要因素。身体语言包括说话时的目光接触、身体、姿势和习惯动作、讲话时的嗓音等。

1. 说话时的目光接触

面试时，毕业生应当与面试官保持目光接触，以表示对面试官的尊重。目光接触的技巧是，盯住面试官的鼻梁处，每次 15 秒左右，然后自然地转向其他地方，如望向主考官的手、办公桌等其他地方，然后隔 30 秒左右，再次望向面试官的鼻梁处。切忌目光犹疑、躲避，这是缺乏自信的表现。

2. 身体姿势和习惯动作

毕业生在进出面试办公室时，注意进退礼仪，一定要保持抬头挺胸的姿态和饱满的精神。与面试官交谈时不要频繁地耸肩、手舞足蹈、左顾右盼、坐姿歪斜、晃动双腿等，这都是不好的身体语言。总之，手势不宜过多，需要时适度配合表达即可。

3. 讲话时的嗓音

嗓音可以看出一个人是否紧张，是否自信等，毕业生平时应多练习演讲、交谈，控制说话的语速，不要尖声尖气，声细无力；应保持音调平静，音量适中，回答简练，不带“嗯”“这个”等无关紧要的习惯语，这些都显示出毕业生在自我表达方面的不专业。

三、求职时的面谈礼仪

面谈的礼仪是毕业生开始新工作前，最重要也是最需要学习的内容。因为它关系到毕业生能否顺利踏入社会，找到一份合适满意的工作。

面谈时首先遇到的问题就是何时到达面试的地点比较恰当。一般来讲，比原定时间早 5～10 分钟到达面试地点较好，这样你就有充裕的时间到洗手间整理一下仪表。如果早到，不可在接待区走来走去，会打扰上班的职员，给人留下无所事事、没有规矩的坏印象。

进入面谈会场，要掌握以下几点。

（一）入座的礼仪

进入面试官的办公室时，一定要先敲门再进入，等到面试官示意坐下再就座。如果有指定的座位，坐在指定的座位上即可。如果没有指定的座位，可以选择面试官对面的位子坐下，这样方便与面试官面对面的交谈。千万别反客为主，否则会损坏自己的形象。

不同性别，对于面试就座时的礼仪要求也不同。男性就座时，双膝之间至少要有一拳的距离，双手可分别放在左右膝盖之上，若是面试穿着较正式的西装，应解开上衣纽扣。

女性在面试入座时，双腿并拢并斜放一侧，双脚可稍有前后之差。如果两腿斜向左方，则右脚放在左脚之后；如果两腿斜向右方，则左脚放在右脚之后。这样从正面看双脚是交成一点的，腿部线条更显修长，也显得颇为优雅。若穿着套裙，入座前应收拢裙边再就座，坐下后，上身挺直，头部端正，目光平视面试官。坐稳后，身子一般占座位的 2/3，两手掌心向下，自然放在两腿上，两脚自然放好，两膝并拢，面带微笑，保持自然放松。

（二）自我介绍的分寸

当面试官要求你作自我介绍时，不用像背书似的把简历上的内容再说一遍，这只会令面试官觉得乏味。用舒缓的语气将简历中的重点内容稍加说明即可，如姓名、毕业学校、专业、特长等。面试官想深入了解某一方面时，你再做介绍，用简洁有力的话回答面试官的提问，效果会很好。

（三）回答问题的礼节

保持积极自信的心态，是面试中智慧语言不断迸发的前提。面谈时，讲话要充满自信。回答问题时尽量详细，要按面试官的话题进行交谈。一般情况下，面谈时应该有问必答。当面试官提出的问题令你感到受冒犯或者与工作无关时，可以有礼貌地回问为什么问这样的问题，或者委婉地回答："对不起，我不知道这个问题与我应聘的职位有什么关系，我能不能暂时先不回答这个问题？" 千万不要很生硬地拒绝："我不能回答这样不礼貌的问题。" 或者 "怎么问这么不礼貌的问题！" 对方是面试官，触犯了他就有可能会让自己失去这份工作，即使被录取了，在日后的工作中也会有所不便。此时此刻，不能意气用事，或者表现得不礼貌、不冷静。拒绝是可以的，但语气和态度一定要婉转、温和。

（四）离开的礼节

面试完，要礼貌起身。起立要稳重、安静、自然进入房间可由左边入座，站立时也要站在椅子的左边，无论是就座还是起身都不要发出任何声音。

（五）注意细枝末节

注意站正坐直，不要弯腰低头；双手放在适当的位置，不要玩弄领带、掏耳朵、挖鼻孔、抚弄头发、玩弄面试官递过来的名片等；禁止腿不住晃动等；自己随身携带的公文包或皮包，不要挂在椅子背上，可以把它放在椅子旁边或背后。

拟订求职计划

目标：分析求职要素和个人就业条件，制订个人求职计划。

内容：

1）思考求职必备条件。

2）分析个人求职条件。

3）制订个人求职计划。

要求：采用自我分析与撰写个人求职计划相结合的方法制订求职计划，共分3个阶段。

阶段一：讨论求职必备条件。

1）分组。5～8个同学一组。选出一位小组记录员，记录小组发言情况。

2）小组讨论。小组讨论成功就业需要哪些必备条件。

3）代表发言。小组代表上台板书小组讨论结果，并做简短解释性发言。

阶段二：个人求职条件分析。

1）对个人占有的就业资源分析要中肯，既不要夸大，也不要漏掉，实事求是。

2）对个人就业资源有了中肯的分析后，将个人求职条件进行梳理，填在表9-1中。

表9-1　就业条件分析表

序号	必备条件	要素	规则	个人详细状况
1	目标和策略	目标定位	1）要有明确的短期、中期、长期目标层次 2）至少要在岗位或专业要求、薪酬、工作环境、个人发展等方面有定性和定量要求	
		策略	1）要有实现目标的基本原则 2）要有实现目标的时间要求 3）要有实现目标的基本手段	
2	途径和方法	求职途径	要有至少3种明确的求职途径	
		实施方法	要至少针对3种求职途径，提出具体的实施方法	
3	个人条件	人格和能力	具有能够满足用人单位需要的职业人格和能力	
		职业经验	具有能够满足用人单位需要的职业经验	
		学历	具有能够满足用人单位需要的学历	
		社会关系	具有能够帮助自己就业的社会关系	
		其他	具有求职能力、外貌、言语等有助于求职的条件	

续表

序号	必备条件	要素	规则	个人详细状况
4	就业环境的掌握	本地区就业信息的掌握	要对本地区总体就业情况和求职意向所涉及的岗位信息有所了解	
		其他地区就业信息的掌握	要对其他地区总体就业情况和求职意向所涉及的岗位信息有所了解	

阶段三：撰写个人求职计划。

1）撰写求职计划。依据个人就业资源状况撰写求职计划。

2）互相点评求职计划，随机抽取两份计划进行公开点评。

3）选出优秀的求职计划，供同学们参考。

4）根据个人就业意向和求职目标，制订并完善自己的求职计划时间表，见表 9-2。

表 9-2　求职计划时间表

项目	12 月	1 月	3 月	4 月	5 月
确定行业与职位					
了解职位需求					
投递简历					
参加面试					
电话询问反馈					
确定，录取通知					
签订就业协议					

第十章　提升面试与笔试技能

本章导图

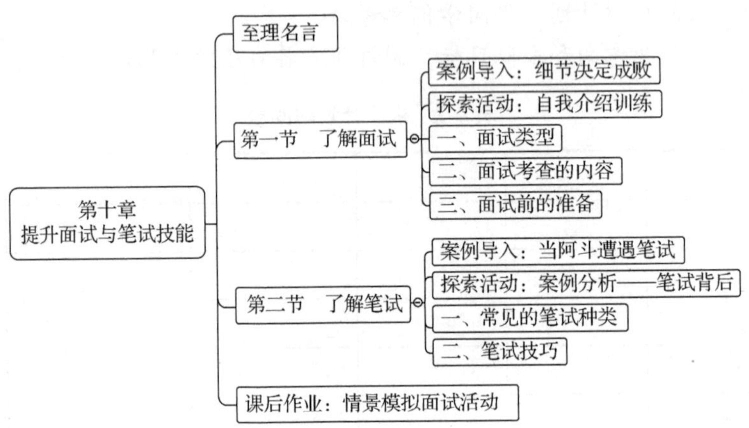

至理名言

多躁者必无沉毅之识，多畏者必无卓越之见，多欲者必无慷慨之节，多言者必无质实之心，多勇者必无文学之雅。

——曾国藩

第一节　了解面试

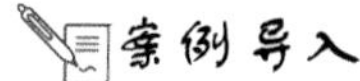

细节决定成败

张同学的求职意向首选是会计师事务所，经过层层筛选，他如愿进入最后一轮面试，去见事务所的负责人。面试当天，由于起晚了，张同学急忙穿上西装，打上领带，随便穿双鞋就出门了。在见负责人的时候，张同学特别紧张，不仅叫错了负责人的名字，临走时还把包忘在了负责人的办公室里。面试结束后，该会计师事务所的负责人觉得张同学今天虽然穿了一套西装，但是脚上穿了一双运动鞋，还叫错了自己的名字，又把包落在自己办公室里。这些情况说明张同学做事不注重细节，不适合从事会计工作。因此，张同学错失了这个难得的工作机会。

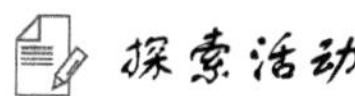

自我介绍训练

活动目的：

1）了解自我介绍在面试中的重要性，做好充分准备。

2）通过模拟训练，掌握自我介绍的技巧，提升面试自信心。

活动步骤：

1）请结合求职目标或已得到面试通知的信息，分析自身优势。

2）用 5 分钟整理自我介绍的思路。

3）假定给你 3 分钟时间做自我介绍，把自我介绍的文字写在下面。

4）练习做自我介绍，直到能流利表达。

5）请其他同学或老师听一遍你的自我介绍，让其给出评价与建议。

6）自我反思与改进练习。

① 我的“故事”是否有趣？如何改进？

② 我的“故事”令人信服吗？如何完善？

③ 还有什么需要补充的？

④ 如何能让自我介绍的效果更好？

自我介绍建议思路：

面试时的自我介绍，重点是要告诉面试官：你适合这个工作岗位，你具备什么样的个人特点、学历、培训经历、工作经历，你能够满足企业的需要。

1）首先报出自己的姓名和身份，让面试官认识你。

2）可以简单地介绍学历、工作经历等基本个人情况，让面试官了解你。然后自然地过渡到一两个自己学习或实习期间圆满完成的事件，以这一两个事件来形象地、明晰地说明自己的经验与能力，突出自己的优点。例如，在学校担任学生干部时成功组织的活动；投入社会实践中，利用自己的专长为社会公众服务；在专业上取得的好成绩及出色的学术成就。

3）要着重结合职业理想说明自己应聘这个职位的原因，让面试官接受你。可以阐述对应聘单位或职务的认识，说明选择这个单位或职务的强烈愿望；还可以阐述如果被录取，将怎样尽职尽责地工作，并不断根据需要完善和发展自己。

自我介绍注意事项。

1）眼神——眼神要坚毅，要敢于与人直视，不要翻白眼。

2）笑容——微笑让人感觉愉悦、自信而放松。

3）声音——声音大而稳，语速中等。普通话要标准，吐字要清晰，忌用方言。

4）情绪——避免情绪起伏波动，以免产生负面影响。

5）开始与结束时要注意个人礼貌和基本修养。

6）时间控制在3分钟为宜。

一、面试类型

在校园招聘中，用人单位采用的面试形式越来越丰富，面试流程也越来越复杂，其目的是提高面试筛选的准确度和效率，降低招聘成本等。对毕业生来说，需要了解企业招聘的面试形式和面试流程，结合自身的实际情况做好面试准备，以便在面试中灵活应对，展现出良好的状态，博得面试官的青睐。

按照面试的开展形式及手段、面试的内容、面试考核的重点等，用人单位在校园招聘中常采用的面试方式及主要特征见表10-1。

表10-1　面试方式及其主要特征

面试方式	主要特征
电话面试	指面试官通过电话来对毕业生进行提问的面试。电话面试一般在笔试之后，是在面对面的面试之前经常采用的面试手段，针对某些特定问题做进一步了解
视频面试	指面试官与毕业生利用计算机，通过视频、摄像头和耳麦，运用语音、视频、文字的即时沟通交流进行的招聘面试
结构化面试	面试官通过设计面试所涉及的内容、试题、评分标准、评分方法、分数等对毕业生进行系统的结构化面试。其主要目的是评估毕业生工作能力的高低及是否能胜任该岗位
无领导小组面试	是一种测评技术，其采用情景模拟的方式对毕业生进行集体面试。该面试会向毕业生提问一个与工作相关的问题，让毕业生进行一定时间的讨论。在这个过程中，多个毕业生需要合作完成某个项目，可能是实际商业环境下的有见地的案例讨论，也可能是集体游戏
情景模拟面试	面试官设置一定的模拟场景，要求毕业生扮演某一角色并进入角色情景中，去处理各种事务及各种问题和矛盾

（一）电话面试

很多用人单位会在正式面试前，通过一个 10～30 分钟的电话面试考察毕业生是否符合要求。电话面试可以有效地考察毕业生的背景和语言表达能力。通常面试官会让毕业生回答一些常规问题或做自我介绍。

毕业生在电话面试时，需要注意以下几个问题。

1. 从容应对，消除紧张

如果毕业生接到面试电话时恰巧不方便通话，大可不必紧张，可以以积极友好的口吻告诉面试官自己现在的情况，请他过几分钟再打过来，或者请他留下联系方式，回拨给他。一般面试官都会同意这样做，毕业生不必为此觉得尴尬或紧张。

2. 美化声音，礼貌应对

声音可以表达出毕业生的情绪和精神状态。一个平淡、乏味、如同背书一样的声音容易让面试官产生负面的印象。毕业生应该学会吐字清晰，语速适中，语气富有亲和力，并使用简洁明了的语言。偶尔听不清楚对方的问题时，可以礼貌地请对方再说一遍，不要因为害怕而不懂装懂。

3. 认真聆听，注意记录

毕业生要学会聆听和记录，在听的过程中提取重要信息。留心面试官提出的问题，不明白的地方及时提问。毕业生需要记录的信息有公司的名称、面试官的姓氏及进一步面试的安排等。

4. 不可忽略的电话面试礼节

打电话的礼节也是很重要的。毕业生要以热情友好的态度与面试官交流，话语中要常常表达出对面试官的尊重。以问候开始，以感谢结束。

5. 把握向面试官提问的机会

面试官通常会给毕业生提问的机会。这个机会不仅仅能帮助毕业生了解更多信息，更是一个展示自我的机会。在这个环节尽量不要沉默，一个好的问题能给面试官留下善于思考的良好印象。

（二）视频面试

视频面试要做的准备和注意事项如图 10-1 所示。

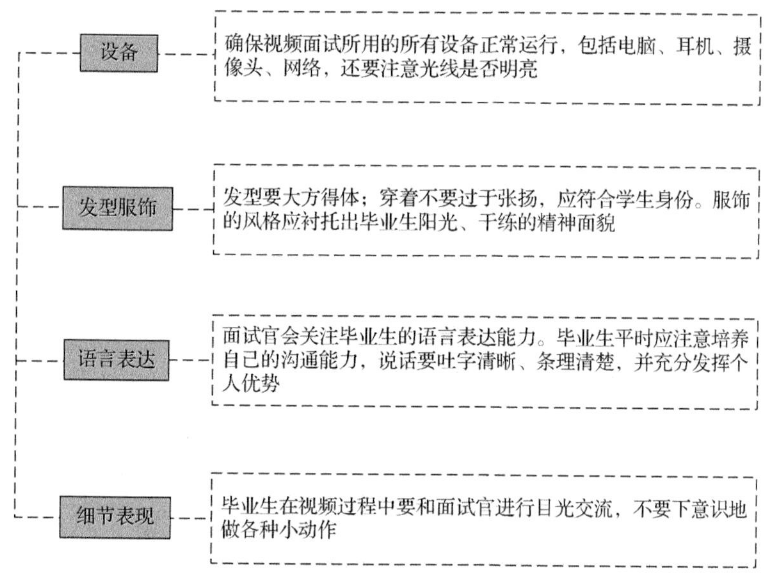

图 10-1　视频面试注意事项

（三）结构化面试

结构化面试也叫标准化面试，由以下几个部分组成：内容、试题、评分标准、评分方法、分数等。用人单位通过具体的内容模块、测评流程和测评要求，能有效地评估毕业生的工作能力。很多外企喜欢采用这种面试方式。

（四）无领导小组面试

无领导小组面试会安排一组毕业生讨论一个与工作相关的问题。在讨论过程中能够充分考察毕业生多方面的能力，如组织协调能力、语言表达能力、辩论能力、情绪控制能力和人际交往能力等。

（五）情景模拟面试

情景模拟面试中，面试官会让毕业生进入一个虚拟的环境，并在其中担任一个角色。在这个工作场景中，让毕业生发挥个人特长，分析解决一个现实问题。在这类面试中，毕业生的优势和劣势都能充分地体现出来。毕业生应对这类面试时，要注意调整好自己的心态，从容自如地应对，既不要一言不发，退缩不前，也不要过分放松；要充分地融入情境，展现自己分析问题、解决问题的能力。

二、面试考查的内容

了解面试官在面试中要测试什么，可以帮助毕业生有意识地提前做好相关准备。面试的考核要素一般有以下几项。

（一）具备的基本素质

1. 仪表举止

仪表举止是指毕业生的衣着、精神状态、风度气质等。仪表端庄，衣着整洁，举止文明的毕业生，一般做事有规律，注意自我约束，责任心强。毕业生应该注意着装得体，举止文雅、大方，表情丰富，回答问题要认真、诚实。

2. 道德品行

道德品行主要考察毕业生的责任感是否强烈，能否令人信任地完成工作；考虑问题是否偏激；情绪是否稳定；对于要求较高的业务能否适应。毕业生回答时应该突出自己的自信心、坚强的意志和强烈的责任感。责任心强的人，一般都会确立与事业有关的奋斗目标，并为之积极努力，且不安于现状，工作中常有创新。缺乏上进心的人，一般都是安于现状，无所事事，不求有功，但求无过，对什么事都不热心。

3. 求职动机

求职动机能让面试官了解毕业生为何来应聘本单位工作，对哪类工作最感兴趣，在工作中追求什么，判断本单位所能提供的职位、工作条件等能否满足其工作要求和期望。

4. 自我控制能力与情绪稳定性

自我控制能力在工作中显得尤为重要。一方面，在遇到上级批评指责、工作有压力或是个人利益受到冲击时，能够克制、容忍，理智地对待，不因情绪波动而影响工作；另一方面工作要有耐心和韧劲。

5. 工作态度

一是了解毕业生学习、工作的态度；二是了解其对应聘职位的态度。如果毕业生在学习或工作中态度不认真，是一个工作做好做坏都无所谓的人，那么在新的工作岗位也很难能勤勤恳恳，认真负责。

面试时面试官还会向毕业生介绍本单位及拟聘职位的情况与要求，讨论有关工薪、福利等求职者关心的问题，以及回答可能问到的其他一些问题等。

（二）具备的相关能力

1. 口头表达能力

口头表达能力包括语言的逻辑性、准确性，以及是否能说服并感染对方。善于表达的毕业生能把自己的思想完整而顺畅地呈现出来，并配合丰富的肢体语言。

2. 综合分析能力

回答面试问题能充分体现出一个人的分析能力。具备这种能力的毕业生可以抓住问题的本质，一针见血，并条理清楚地把分析的内容叙述出来。

3. 思考判断能力

面对多变的环境，员工需要职员具备应对突发事件的能力。因此，毕业生需要准确地思考判断，分析客观情况，做出最合理的决定。回答这类问题时不要冗长拖沓，用简洁的语言，直截了当地指出问题的关键点。

4. 反应能力与应变能力

面试官会考察毕业生对突发问题的反应是否机智，处理是否妥当。

5. 学习能力

一名优秀的职场人必须具备较强的学习能力，快速理解新生事物，在工作中发挥创新精神。一个脱离时代、停滞不前的毕业生不会受到优秀企业的关注。

6. 人际沟通能力

与人沟通相处的能力在工作中是十分重要的。面试官会通过毕业生在社会实践活动中的表现了解这方面的能力。

7. 实践操作能力

实践经验也是用人单位特别重视的。在招聘技术型和技能型人才时，用人单位主要考察毕业生的专业技能和实践操作能力。在校大学生除了要重视专业学习，还要多培养这方面的能力，丰富社会阅历，积累工作经验。

8. 特殊能力

一些行业、职位对毕业生有特殊能力要求。例如，新闻记者要求毕业生具备以下几个方面的特殊能力：①工作快速而高效；②能够适应在各种环境中工作；③文字功底深厚，擅长新闻文体；④推理能力强，能在复杂环境中发现有价值的内容。

（三）与应聘职位的匹配度

1. 个性特征

面试官通过了解毕业生的兴趣、爱好等来了解其个性特征。这对录用后的工作安排非常有好处。

2. 专业知识

面试官要了解毕业生掌握专业知识的深度和广度，其专业知识更新是否符合所要录用职位的要求。作为对笔试的补充，面试对专业知识的考察更具灵活性和深度，所提问题也更接近招聘岗位对专业知识的需求。

3. 工作实践经验

一般面试官会根据毕业生的个人简历或求职登记表，做些相关的提问，了解毕业生有关背景及过去的工作情况，以补充、证实其所具有的实践经验。通过对工作经历与实践经验的了解，还可以考察毕业生的责任感、主动性、思维能力、口头表达能力及遇事的处理能力等。

三、面试前的准备

面试就像一次登台表演，“台上三分钟，台下十年功”，毕业生要以最好的状态，用最好的形式，把最拿手的“好戏”呈现给挑剔的“观众”。

面试准备有信息准备、形象准备、状态准备和问题答案准备 4 个方面。所有的准备都是为了一个目标：以最好的表现留下最好的印象，从而赢得工作机会。

（一）信息准备

面试前全面地调查用人单位，面试时胸有成竹地谈论用人单位，能充分表现出毕业生对该单位的重视和热情。毕业生可通过公司网站、行业网站、招聘宣讲会、经验交流、实地参观等各种方式，尽可能多地搜集用人单位的信息，包括单位的名称、性质、业务、规模、主导产品和服务、地位和经营状况、理念和文化风格、目标和发展方向、竞争对手和竞争优势、面临的主要挑战和问题等。如果用人单位有面向大众开放的商店、办事处、展厅、营业点等，至少要去其中一个地方考察一下，产生一些交互行为。

熟悉招聘广告，逐词逐句分析。毕业生可搜集其他公司类似职位的广告作为对比，找出关于应聘职位的信息，包括职位名称、备选职位、职位任务、工作强度、工作方式、职位要求的知识、职位要求的经验、职位要求的素质、职位的薪水待遇水平，以及其他广告用词用语的含义等。

毕业生应针对单位信息、职位信息、预期问题，准备好对应的简历、求职信、文凭、成绩单、证书、照片、身份证件、荣誉证明、作品等材料。

（二）形象准备

以貌取人是人的天性，在初次见面的几分钟，面试官就会产生对你的第一印象。为了不让形象掩盖自己的才华，毕业生一定要注意自己的形象。

一部分学生喜欢做“真我”，以自己平时的状况去面试。但是面试是正式场合，面试官希望看到的是一个人最好的精神面貌，他们希望招聘的是一个感觉良好、状况良好、充满活力、精力充沛的员工。

具体的形象要求，在不同的行业和企业，是不一样的。大多数企业喜欢西装革履式的职业化形象；有些行业和单位则喜欢略有活力、时尚的形象，如外企。在面试前，毕业生应该及早了解用人单位的形象标准，以便有充分的时间准备。但无论用人单位倾向于哪一种，以下倾向是共同的：一是打扮合乎主流而不是合乎潮流，奇装异服的风险很大；二是打扮应该干净整齐、得体大方，蓬头垢面、气味难闻、鞋带泥灰、邋里邋遢、衣着不合体、不合时宜给人的第一印象会很差；三是如果不能断定企业文化倾向，男生应着深色西装，女生应着正式套装，但衣饰不可过于严肃、艳丽或奢华，总体目标是让人亲近喜爱；四是打扮反映出的精神面貌应该是干练、稳重、活跃，举止姿态要显得健康、沉稳、自信、从容、礼貌。

（三）状态准备

忽然和一个陌生人进行一次正式的、严肃的、似乎是决定命运的交流，难免让人心潮起伏，紧张不安。毕业生在面试前应克服以下不良心态。

1. 自卑

一些毕业生在面试时感到自卑，并罗列出很多对自己不利的内容，学校不好、学历低、专业不对口、成绩不够好、没有干部经历、社会实践少、没有本地户口、见世面少等。其实，毕业生自己的评价标准，甚至是社会普遍的评价标准，和用人单位对员工的评价标准差别往往是很大的。对于自卑的毕业生而言，他的实际情况往往要比自己感觉的好很多，是一种自我否定的力量抑制了个人良好状态的正常发挥。

毕业生要记住：你向面试官推销的不是你的过去，而是你的未来。过去不精彩并不重要，重要的是未来你能不能给用人单位创造价值。在面试前想象自己在理想状态下，在该单位会如何做事、如何创造业绩、如何做人、如何发展。当想清楚这些事情的时候，你就可以信心十足地去面试了。

2. 自傲

有些毕业生自我感觉良好，或者对用人单位不太满意，因而犹豫不决；或者觉得自己优势突出，因而疏忽大意。

面试官都是敏感的，毕业生任何的不满和犹豫，都会被他们看在眼里。面试官只招那些有强烈愿望认可自己单位的毕业生。因此，对于犹豫不决的毕业生来说，一定要认真考虑，如果不想放弃机会，就应该仔细研究用人单位的优势，并做出自己在该单位的发展规划，从而让自己处于渴望进入该公司的状态。

3. 紧张

毕业生除了因自卑引起的紧张，过于重视这个机会，或者担心自己性格内向、不善言辞，也会引起紧张。对于这类紧张，解决的主要办法有两个：一是事先进行模拟面试，让紧张提前产生和释放；二是回想一下哪些事情、哪些方面、哪些活动会让自己感到轻松愉快、信心十足。例如，有的毕业生爱打篮球，那就去打一场篮球，缓解面试前的紧张情绪。

（四）问题答案准备

面试时的大部分问题，实际上都是可以好好准备的。毕业生应该想好以下问题的答案：我对单位有哪些方面的了解，我的了解充分吗？单位是否适合自己？单位哪些地方吸引了我？我对职位了解多少？职位是否适合自己？自己能否胜任该职位？该职位的核心要求是什么？自己竞争该职位有何优势和劣势，如何凸显优势，回避劣势？有哪些证书可以证明自己满足该职位的要求？有哪些例子可以证明自己的知识、经验和素质，足以胜任该职位？自己在该单位 1 年、2 年、5 年的发展计划是怎样的？面试前对各种常见问题进行过深入思考，做到心中有数，并有意识地进行模拟演练，在面试时就不会不知所措、心慌意乱。

第二节　了解笔试

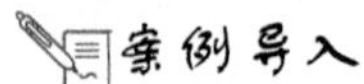

当阿斗遭遇笔试

刚刚大学毕业的阿斗，在几次笔试后，得了“笔试恐惧综合征”，一听到要笔试拔脚就跑。

阿斗第一次应聘的是一家公司的财务助理。笔试题量很大，但是接待的人说，笔试结束后半小时就公布进入面试的名单。拿到试卷，阿斗发现其中一道问答题“为什么要选择这份工作”竟然出现了 3 次。因为时间不够，第二次和第三次出现阿斗都没不做。时间到了，阿斗刚好答完最后一题，为自己的明智之举沾沾自喜。谁知道进入面试的名单上，竟然没有阿斗的名字，阿斗追问原因，负责人解释说财务助理平常从事的工作都很琐碎、枯燥，所以要有耐心，没有把那 3 道题都回答了的首先被淘汰。于是，阿斗的第一次笔试就这样结束了。他安慰自己：反正我又不喜欢这种枯燥的工作。

第二次是应聘一家广告公司的创意人员。笔试试卷发下来，题目不多，只有 10 道题，但是“为什么要选择广告行业”又出现了 3 次。阿斗：又想耍我，幸好有前车之鉴。于是他把 3 道题都回答得一模一样。为了显示自己的耐心，每行的字数还一样，对得整整齐齐。但结果还是名落孙山。这次的解释是，广告是非常讲究创意的，3 道题目答得一模一样就证明你没有创意，一点求新的欲望都没有，不适合在广告公司工作。于是，阿斗又绊倒在同一块石头上。但是阿斗还是很乐观：天将降大任于斯人也，必先苦其心志。

第三次应聘一家超市的主管助理。笔试题目又是这样一题三出，阿斗想了想，事不过三，他很认真，很有创意地想了很久，每道题目都给了不同的答案。但是，又是名落孙山。这次的理由是，主管助理主要是配合主管做事情，那些想法多、朝三暮四的人是做不长久的，难以管理。阿斗这次安慰自己：否极泰来，否极泰来。

第四次是应聘银行产品经理。一看到试卷里又有一题三出，阿斗拍案而起，夺门而出。后来听说这次是印错了题目，他走后就有人进来说其他两道题不用做。这次，阿斗仰天长叹：天欲亡我阿斗啊!

所以，现在阿斗找工作，一看到要笔试就掉头而去：我惹不起还躲不起吗？！

探索活动

案例分析——笔试背后

下面是一则关于笔试的案例：

2019 年，C 公司来某校招聘。经过初步筛选简历后，对 100 多名同学进行笔试考核，笔试是在 3 间教室同时进行的。因为人手不够，该公司负责招聘的人员只能来回监考。有个别学生投机取巧，利用招聘人员巡视的空隙，交头接耳，相互交换答案。但殊不知他们这一行为已经被公司的招聘人员记录在案了。在招聘结束之后，公司负责人谈到这个现象时说道：“我们设立的笔试环节，其中一项考核的就是应聘者的道德品质。在笔试的时候迟到、作弊的学生，我们都会直接淘汰，不接收任何一位道德品质有问题的学生。”

案例分析：

1）你是如何理解这个案例的？

____

____

2）对待笔试，正确的态度应该是什么？

____

____

一、常见的笔试种类

（一）专业能力考试

专业能力考试主要是检验毕业生担任某一职务时是否能达到所要求的专业知识水平和相关的实际能力。例如，招聘行政管理、秘书方面工作的单位，对毕业生进行文字能力的测试；部分单位对某种计算机语言有较高的要求时，有时还会测试毕业生应用特定语言编程的能力。为检验毕业生实际工作能力或专业技术能力，有些用人单位通常还要进行专业技术能力考试。这种考试往往在特定的工作环境中进行。

【练习】

1）阅读一篇文章，写读后感。

2）自编一份请求报告或会议通知。

3）听 5 个人的发言，写一份评价报告。

4）某公司计划在 5 月份赴日本考察，写出需要做哪些准备工作。

从答卷中可看出毕业生的文字表达能力、分析问题能力及逻辑思维能力等。

（二）智商测试

智商测试对毕业生所学专业一般没有特殊要求，但对毕业生的素质要求较高。越来越多的企业认为，专业能力可以通过培训获得，但毕业生是否具有不断接收新知识的能力至关重要。智商测试主要测试毕业生对数字的敏感程度及基本的计算能力，一些特殊的用人单位常常以此来测试毕业生的态度、兴趣、动机、智力、个性等心理素质。

【练习】

1）如图 10-2（a）所示，在图 10-2（b）中选取适当的图形填入图 10-2（a）空白处。

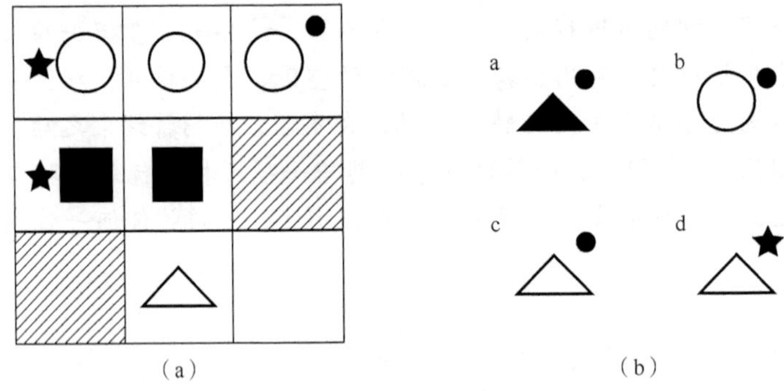

图 10-2　智商测试图

答案：C

2）在括号里填入适当的数字。

1、1、2、3、5、8、（　）

答案：13

（三）综合能力测试

现在越来越多的用人单位采用综合能力测试作为笔试的方式。这种测试既包括专业能力测试，又包括智商和心理测试，还涉及对毕业生自身素质的考核，如道德、价值观、社会知识等。有的考题是对毕业生阅读理解能力、发现问题能力、分析和解决问题能力等的全方位检测。

二、笔试技巧

1. 科学答题

毕业生在拿到笔试试卷后，首先应浏览一遍，了解题目的多少和难易程度，以便掌握答题顺序。然后先回答相对简单的题，后回答难题。这样就不会因先回答难题浪费太多时间，而没有时间做容易的题。遇到较大的综合题或论述题时，应先列出提纲，再逐条撰写。最后，要尽量挤出时间对容易出错的地方进行检查。特别注意不要漏题，更不能跑题，不要出现错别字、语法不通、词不达意等错误。

2. 卷面整洁

毕业生在笔试时应当注意卷面字迹要清晰。书写过于潦草，字迹难以辨认也会影响考试成绩。求职笔试不同于其他专业考试，有的用人单位并不特别在意毕业生得分的高低，反而会注重认真的态度、细致的作风。

3. 恰当分配时间

有时笔试的题量较大，用人单位一方面是为了考查毕业生的知识掌握程度；另一方面是考查毕业生的应试能力，所以毕业生在浏览试卷后，要迅速回答比较容易的题目，余下的时间再认真思考其他题目。对于多模块测试，要注意时间分配，保证各个模块都有时间作答，有的用人单位笔试不是按总分计算成绩，而是按模块分别打分，综合评价。

4. 注意考场纪律

一定要遵从监考人员的指示，在没有得到指令的情况下翻阅试卷，很有可能会被取消笔试资格，很多用人单位非常看重毕业生的守纪与诚信。毕业生要明确，笔试不仅是一次考试，也是求职过程中的一个环节，考场上的表现很有可能会影响之后的面试。

5. 注意心理调节

有的时候毕业生可能会受到同考场内其他情况的影响，如他人早交卷等，这时毕业生要注意调节自己的心理，不要紧张、慌张，相信自己一定能够做好题目。

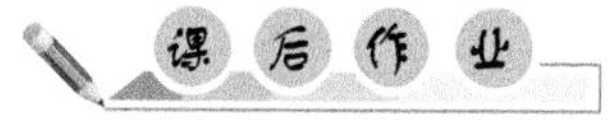

情景模拟面试活动

组织并实施模拟面试。

作业说明：

以班级为单位模拟面试，邀请学长或者老师扮演面试官，体验面试的氛围。通过模拟面试，掌握简历制作技巧、面试流程、面试礼仪等，以最佳的状态面对今后的面试。

组织形式：在教室里模拟企业招聘全过程。

准备事项：桌子和椅子、简历、服饰、面试问题、其他道具。

活动内容：邀请学长或者老师担任面试官，小组同学事先准备好自己的简历，依次应聘。面试过程中回答面试官提出的各种问题，结束后由面试官点评，其他同学也可以参与评议。

面试问题（仅供参考）：

1）谈谈你自己，即介绍一下你自己。

2）你对我们公司了解吗？为什么愿意应聘这个工作？

3）请你用两分钟描述自己的优势和不足。

4）说说你曾做过的最满意的一件事。

5）你的适应能力如何？

6）你周围的人是如何评价你的？

7）你希望得到的薪酬是多少？

8）你想找一份长期的还是临时的工作？

9）5年内你给自己确立的目标是什么？

10）你能为我们公司带来什么？

参 考 文 献

陈德明，祁金利．大学生生涯规划与管理[M]．北京：高等教育出版社，2008.

储克森．职业、就业指导及创业教育[M]．2 版．北京：机械工业出版社，2011.

方伟．大学生职业生涯规划咨询案例教程[M]．北京：北京大学出版社，2008.

高桥，王辉．大学生职业发展与就业指导：教学指南[M]．北京：现代教育出版社，2008.

高桥，葛海燕．大学生就业指导[M]．北京：清华大学出版社，2009.

哈伯德．你属于哪种人[M]．陈书凯，编译．北京：机械工业出版社，2003.

黄敬宝．就业能力与大学生就业：人力资本理论的视角[M]．北京：经济管理出版社，2008.

蒋冀骋，徐超富．大众化条件下高等教育质量保障体系研究[M]．长沙：湖南师范大学出版社，2008.

就业与创业指导课题组．大学生就业与创业指导教程[M]．北京：中国传媒大学出版社，2009.

阚雅玲，吴强，胡伟．职业规划与成功素质训练[M]．北京：机械工业出版社，2009.

卢志鹏．职业生涯规划与就业指导[M]．北京：经济科学出版社，2008.

罗明辉，姚江林，王燕．大学毕业生就业指南[M]．2 版．武汉：华中师范大学出版社，2005.

罗双平．职业选择与事业导航：职业生涯规划技术[M]．北京：机械工业出版社，2007.

李家华，黄天贵．职业指导[M]．北京：高等教育出版社，2005.

李俊琦．职业素质与就业能力训练[M]．北京：清华大学出版社，2009.

里尔登．职业生涯发展与规划[M]．侯志瑾，伍新春，译．北京：高等教育出版社，2005.

曲振国．大学生就业指导与职业生涯规划[M]．北京：清华大学出版社，2015.

孙爽，王豫．大学生职业生涯规划和就业指导[M]．重庆：西南师范大学出版社，2009.

谢元锡．大学生职业素质修养与就业指导[M]．北京：清华大学出版社，2007.

徐振轩，廖忠明．职业规划与就业指导[M]．重庆：西南师范大学出版社，2008.

杨军．大学生全程就业指导教程[M]．北京：北京师范大学出版社，2012.

赵北平．大学生涯规划与职业发展[M]．武汉：武汉大学出版社，2006.

张进辅．青年职业心理发展与测评[M]．重庆：重庆大学出版社，2009.

张国宏．职业素质教程[M]．北京：经济管理出版社，2006.

钟谷兰，杨开．大学生职业生涯发展与规划[M]．上海：华东师范大学出版社，2016.

周文，龚先，方浩帆．素质测评与职业生涯规划[M]．长沙：湖南科学技术出版社，2005.